"十四五"普通高等教育部委级规划教材

同济大学"十四五"规划教材

智能汽车交互设计与评测方法

ZHINENG QICHE JIAOHU SHEJI YU
PINGCE FANGFA

由芳 王建民 闫旭 著

U0747534

中国纺织出版社有限公司

内 容 提 要

本书从智能汽车人机交互设计出发，介绍了智能汽车的历史演进及技术分级标准，深入探讨了智能汽车中的交互理念、设计分析和HMI设计流程。随后引入经典的可用性测试理论和方法，详细讨论了可用性概念、测试方法及国际标准，特别是在智能汽车HMI设计评测中的应用。引入认知相关评测理论，展开包括认知负荷、态势感知、接受度、信任度等在内的驾乘认知行为研究，进行设计分析和HMI表达，对驾驶员认知行为进行人机工效学和可用性方面的评测，实现设计—评测—优化设计的闭环。

无论是已经投身于可用性测试领域的工作人员，特别是那些专注于智能汽车HMI设计评估的专业人士，还是对此领域充满好奇心的初学者，只要您对智能座舱交互设计、可用性测评和认识实验充满兴趣，并希望在这一领域深化理解并拓宽视野，那么您就是本书的目标读者，我们期待您在阅读本书后能够获得丰富的知识和宝贵的启示。

图书在版编目（CIP）数据

智能汽车交互设计与评测方法 / 由芳，王建民，闫旭著 . -- 北京：中国纺织出版社有限公司，2024.8

"十四五"普通高等教育部委级规划教材

ISBN 978-7-5229-1429-9

Ⅰ.①智… Ⅱ.①由… ②王… ③闫… Ⅲ.①汽车工程—人机界面—程序设计—高等学校—教材 ②汽车工程—人机界面—评估方法—高等学校—教材 Ⅳ.① U461 ② TP311.1

中国国家版本馆 CIP 数据核字（2024）第 040996 号

责任编辑：华长印　王安琪　　特约编辑：郑冰雪
责任校对：王花妮　　　　　　　责任印制：王艳丽

中国纺织出版社有限公司出版发行
地址：北京市朝阳区百子湾东里 A407 号楼　邮政编码：100124
销售电话：010—67004422　传真：010—87155801
http://www.c-textilep.com
中国纺织出版社天猫旗舰店
官方微博 http://weibo.com/2119887771
天津千鹤文化传播有限公司印刷　各地新华书店经销
2024 年 8 月第 1 版第 1 次印刷
开本：710×1000　1/16　印张：22.25
字数：308 千字　定价：69.80 元

前言

随着人机交互与用户体验理念的发展和可用性测评方法的不断演进，用户体验设计师、产品经理、软硬件工程师以及界面设计师们愈发认识到，积极采纳并实施可用性测评方法策略能够显著提升产品的易用性，进而优化用户体验。特别是在智能汽车领域，这一需求变得尤为突出与迫切，人们越来越意识到可用性测评方法对于提升智能座舱产品质量的重要性。

基于作者团队多年积累的企业项目实践经验，本书在对传统的网页及移动端的可用性测试进行经验总结的基础上，提出应用于智能汽车中的可用性测试与认知评估方法，从理论、测试、评估三方面循序渐进，全面系统地介绍智能汽车HMI的可用性评测体系。

本书旨在加强可用性测评理论与智能座舱人机交互（HMI）设计实践之间的关联，为广大投身于智能汽车HMI设计评估的专家和学术界研究、设计创新者提供一套全面系统的可用性测评方法体系及实践案例。书中不仅详尽阐述了具有普遍适用性的可用性测评方法，更以智能汽车HMI设计为焦点，深入介绍了如何开展针对认知负荷、态势感知、接受度和信任度等方面的智能座舱人机协作认知设计行为研究，进而将这些研究成果转化并体现在座舱HMI设计的具体实践中。此外，书中还详细说明了如何通过组织严谨的可用性测试，对驾驶员的认知行为和能力进行人机工效方面的评估，从而形成一个从设计到评测再到优化设计的闭环流程，以实现产品的持续改进与提升。

本书共十一章，前五章从理论出发，介绍智能汽车交互设计与评测相关的理论和方法。第一章从智能汽车的发展历程出发，到智能汽车中的交互设计的发展和交互理念的变化，再到智能汽车人机界面设计的流程、方法和原则。第二章介绍可用性测试的基本概念、组成部分、分类，以及可用性测试相关的国际标准。第三章是多种可用性测试方法的解析，如边说边做法的适用范围、纸上原型的实际应用、基于驾驶模拟器的测试的实验方法等；第四章是我们通过多年科研工作总结出来的一套相对完整的可用性流程规范，适用于大多数的可用性测试；第五章对认知心理评估的相关理论与测试方法进行简单的介绍，对于如何将这些理论与智能汽车可用性测试相结合，我们辅以相关案例帮助读者理解；第六章介绍驾驶仿真模拟器的软硬件环境搭建，并提出基于驾驶模拟器的车载任务评测体系。实践篇按照可用性测试的不同发生场景分为五个章节进行介绍。第七章介绍生理测试与眼动测试的原理与方法，并介绍了实验室的应用案例、实验室测试的场地设置与实验过程的描述；第八章介绍了现场测试的实验操作流程，智能汽车的现场测试即为真实驾驶环境的实车测试；第九、十章为智能驾驶模拟器测试，详细地介绍了驾驶模拟器的软硬件搭建与对应的评测体系，通过两个案例说明如何使用驾驶仿真模拟器开展HMI设计方案的可用性评测工作；第十一章通过经典的驾驶场景介绍了专业的封闭测试场的测试过程。

本书包含多个实践案例和多种测试材料，帮助读者对从传统可用性测试过渡到智能汽车中的可用性评测有一个更加清晰的理解，在此基础上，对读者产生一些启发性思考的影响，帮助推进和改善各种产品的可用性测试，达到更优质的用户体验。

著者

2024 年 7 月

目录

4 第四章
可用性测试流程

5 第五章
认知心理与评测方法

6

第六章

实验室
测试

7

第七章

生理与眼动
测试

8

第八章

用户
现场测试

9

第九章

智能座舱 HMI 的驾驶模拟
评测系统与评测方法

10

第十章

驾驶模拟器
评测案例

11

第十一章

封闭
测试场测试

参考文献 329

附 录

致 谢 343

第一章

智能汽车人机交互理论

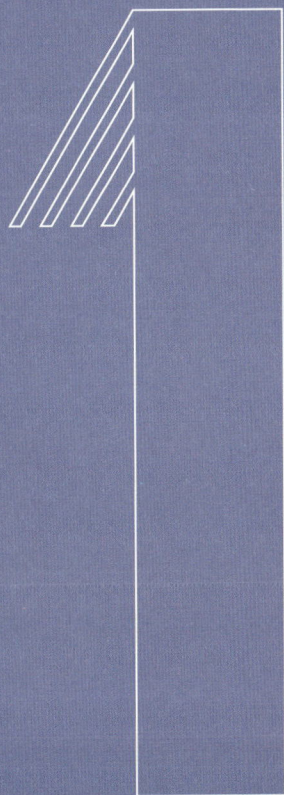

第一节
智能汽车的发展

目前全球机动车保有量不断增加，交通安全、交通拥堵和环境污染的问题日益严重。由汽车交通事故引起的人类死亡率一直居高不下，大部分都是因人为的操作和失误造成的。近年来计算机和互联网技术发展迅猛，智能化无人驾驶和网联化协同驾驶、智能网联汽车等成为解决这些问题的途径。

一、智能汽车概述与发展历史

智能汽车是一个集环境感知、规划决策、多等级辅助驾驶等功能于一体的综合系统，集中运用了计算机、现代传感、信息融合、通信、人工智能及自动控制等技术，是典型的高新技术综合体。目前对智能车辆的研究主要致力于提高汽车的安全性、舒适性，以及提供优良的人车交互界面。近年来，智能车辆已经成为世界车辆工程领域研究的热点和汽车工业增长的新动力，很多发达国家都将其纳入重点发展的智能交通系统当中。

国外最早的汽车自动化研究可以追溯到20世纪20年代。1925年，Houdina Radio Control公司在美国纽约街道上展示了一辆名为"American Wonder"的遥控改装车，并使用无线电控制它穿过了拥挤的街道。第一批真正的自动驾驶车辆的原型则诞生在20世纪80年代。1987年，慕尼黑联邦国防军大学迪克曼（Dickmanns）教授研究组的"VaMoRs"首次在无人的高速公路上以96 km/h的速度完成无人行驶。作为美国国防部资助的地面自主车辆（autonomous land vehicle，ALV）项目的参与成员之一，卡内基梅隆大学于1984年开启了自动驾驶的研究。同年，迪克曼教授研究小组改造的梅赛德斯－奔驰S级汽车完成了从慕尼黑至哥本哈根来回1590km的旅程，其中95%都是自动驾驶。

2004—2007年，美国国防部高级研究计划局发起并赞助了三次无人驾驶机器人大奖赛。尽管比起比赛场景，日常驾驶条件仍远为复杂，但这三次里程碑式的大奖赛依然标志着自动驾驶的发展已经取得了前所未有的成就，并且推动了一系列核心技术的进步。此后，各大公司开始纷纷研发测试自己的自动驾驶车。

2010年，奥迪公司与斯坦福大学合作，无人驾驶的奥迪TTS用时27分钟登上了美国的派克峰，仅比人类的最快纪录落后10分钟。2012年，谷歌改装的丰田普锐斯（Prius）在拉斯维加斯成为首辆通过驾照考试的自动驾驶车。2013年，戴姆勒集团与卡尔斯鲁厄大学合作，利用一辆搭载了立体摄像机和雷达系统梅赛德斯－奔驰S级轿车，成功在完全无人驾驶的状态下从曼海姆途经100km到达普福尔茨海姆，这条路线也是一百多年前由贝尔塔·本茨夫人完成的人类历史上第一次汽车长途旅行的路线。2013年，日产汽车发布了2014款英菲尼迪Q50，这款车型包括了自适应巡航、自动车道保持和防撞系统等，并且是第一批使用虚拟转向系统的车型。同年，丰田公司在CES 2013展会上展示了自动驾驶的原型车。2014年，特斯拉公司发布了第一代AutoPilot系统，它不仅集成了车道保持、自动转向，还能根据路标进行刹车或自动限速，并且于2015年在几乎无人干预的情况下从旧金山行驶到了西雅图。2017年，特斯拉公司在目前所有的车型上都已经配备了未来SAE L5级全自动驾驶所需的传感器和处理器等硬件。

国内最早的智能汽车概念可以追溯到1989年，国防科技大学"自主驾驶技术"团队开始做智能汽车技术研究。在1991—1995年，中国首台无人车ATB-1在清华大学、国防科技大学、北京理工大学、浙江大学和南京理工大学5所院校的合作研究下诞生。1996年，在进行的试验中，ATB-1自主行驶的直道速度最高达到了21km/h，弯道速度最高达到了12km/h。1996—2000年，第二代无人车ATB-2研制成功，该车在结构化道路和乡村道路上都实现了自动驾驶，并具备车道保持、避障、越野及岔路转弯等功能，最高速度达到了74.5km/h。2005年，第三代无人车ATB-3问世，该车在环境感知、障碍物探测，以及轨迹追踪等关键技术上有了很大的提升。2002年，国防科技大学成功研制出了无人车红旗CA7460，该车能够检测出前方车辆并主动进行变道，自主行驶的最高速度达到了170km/h。2003年，清华大学研制的无人车THMR-V具备了城区和高速两种驾驶模式，最高无人驾驶的速度也超过了100km/h。2005年，由上海交通大学和欧盟科研机构合作研制的Cyber C3成为我国首辆城市无人车。

面对新兴互联网企业的挑战，传统车企也纷纷推出了自己的产品与技术来应对。2015年发布的吉利博瑞1.8T旗舰型搭载了先进辅助驾驶系统（advanced driver assistance system，ADAS）功能。2016年7月，上汽发布荣威RX5，主打互联网功能，该车型搭载了与阿里巴巴合作研发的YunOS系统，通过互联网可以实现多媒体播放、预约车位、在线购物及支付等功能。在人机交互方面，荣威RX5支持车外的手机远程控制和车内的语音控制；在安全性方面，也配备了车道偏离警示（LDW）、前方碰撞预警（FCW）和全景摄像头（SVS）等功能。2017年末，广汽发布了iSPACE智能互联电动概念车。该车型搭载了腾讯的"AI in Car"系统，具备智能化的人机交互模式，能够在不同的出行场景下智能识别包括通勤、约会、机场接送、购物停车等驾驶场景，以提供不同的信息。此外，还可以结合微信与QQ，使驾驶员能够在驾驶过程中安全便捷地收发社交信息。

目前，中国智能汽车发展已上升至国家战略层面。2015年9月，国家制造强国建设战略咨询委员会发布《〈中国制造2025〉重点领域技术路线图（2015版）》，提出智能汽车的发展目标。至2020年，驾驶辅助、部分自动驾驶车辆市场占有率达到30%；至2025年，DA、PA车辆占有率保持稳定，高度自主驾驶车辆市场占有率为10%～20%。在2015年举办的第十三届中国汽车产业高峰论坛上，中国汽车工业协会正式提出智能汽车的定义、分级和技术架构，自此明确了智能汽车将形成智能化、网联化两个方向共同发展的技术路线。2017年9月，国家标准化管理委员会发布《国家车联网产业标准体系建设指南（智能网联汽车）（2017）》，明确了智能汽车产业建设的具体结构和要求，为加快推动我国智能汽车发展，发挥了规范和促进的作用。2021年8月20日，《汽车驾驶自动化分级》（GB/T 40429—2021）发布，并于2022年3月1日起实施。

二、智能汽车技术与分级标准

与传统汽车相比，智能汽车搭载了先进的车载环境传感器，具有复杂环境感知能力。车载环境传感器使智能汽车拥有了"眼睛"和"耳朵"，能够实时感知周边交通环境的变化情况。智能系统不仅能感知到驾驶员"盲点"的信息，还能保持全程在线，克服了驾驶员可能出现的注意力不集中的问题。当前智能汽车驾驶辅助系统使用的环境传感器主要有超声波雷达、激光雷达、单目摄像头、双目摄像头，以及计算机视觉图像识别技术等。智能汽车传感器举例如表1-1所示。

表1-1　传感器种类及典型使用情境

传感器	功能	使用情境举例
视频传感器	识别车道线、路边道路标志、交通标志、其他车辆，以及自行车和行人等对象	判断车辆前方障碍物的类别
超声波雷达	精确测量与障碍物间的距离和物体的方位	判断与前车的距离
雷达	识别250m内的对象，精确定位自身位置	测量前车的速度
GPS接收器	感应位置	判断当前汽车位置
光线传感器	感应光线	判断外界光照情况，调节屏幕亮度
温度传感器	感应温度	检测外界温度变化情况

智能汽车要与车联环境沟通，得益于V2X（vehicle to everything）通信技术。它主要有专用短程通信（DSRC）技术和基于蜂窝移动

通信系统的C-V2X（cellular-vehicle to everything）技术。V2X通信技术与车载环境传感器形成互补，扩大了智能汽车对环境的感知范围和时间维度。V2X通信技术主要在车与车、车与基础设施、车与城市云车辆间构建了专用通信系统，实现车间信息共享与协同控制的通信保障机制，从而提升汽车的智能水平，缓解道路拥堵情况。V2X通信技术不仅可以提供驾驶员视线外的交通安全信息，还可以为驾驶员提供实时道路拥堵情况、停车场推荐、位置实时分享等个性化的应用服务。

除此以外，智能决策技术同样必不可少。智能决策技术是建立在上述的环境感知技术和V2X通信技术基础上的，对通过传感器及通信技术收集到的大量数据和反馈信息进行加工整合，利用危险态势分析、行为决策、危险预警等技术，进行智能计算与决策，并依据决策为驾驶员提供信息服务或控制车辆。应用智能决策技术的智能网联汽车系统能够基于当前驾驶情境信息，如车辆周边环境、车辆当前位置、路测感知信息，结合驾驶意图帮助驾驶员进行智能决策，甚至对车辆进行自主控制，达到安全、舒适的行驶目标。目前主流的智能决策方案有基于规则的决策方案和终端到终端的决策方案，其中基于规则的决策方案可解释性较高，需要人工搭建。智能决策技术已被广泛应用在汽车领域，如路径导航系统、自适应巡航控制系统、预测行人保护系统、前方碰撞预警系统、车道保持辅助系统等。

通过V2X通信技术，智能汽车云平台可以实时获得并存储驾驶员信息、车辆信息（位置和运动信息等）以及车辆周边环境信息（道路和交通信息等）。大数据技术是智能汽车的基础支撑技术，主要包括深度学习算法、图像识别、数据融合、智能预测等技术，能够随时随地对各种情境信息进行数据融合和预测，挖掘有效的交通信息，进行信息交换与共享，及时高效地为用户提供各种情境服务。云平台运用大数据技术对这些信息进行整合分析，再将信息反馈给驾驶员和智能网联车系统，实现交通堵塞情况预测、相同路线油耗情况分析、事故多发路段的超前预警、主动安全评测，以及驾驶行为分析等功能。

国际自动机工程师学会（SAE International，原译：美国机动车工程师学会）❶ 2014年发布了对自动驾驶技术的等级划分——SAE J3016标准。在业内看来，自动驾驶技术（Auto-pilot）是一个渐进的过程，最终会发展到无人驾驶。目前，各大车企的自动驾驶更多的是加入各种各样的智能辅助系统，使得汽车能够完成变道、超车等一些特定、单一的"自动驾驶"动作，从而变得更加智能。在SAE J3016标准中，汽车从全人工操作到全自动化主要经历了六个阶段，包括无自动、驾驶辅助、部分自动、条件自动、高度自动和全自动，见表1-2。

表1-2　对道路车辆驾驶的自动化水平综述

水平	级别	描述	执行转向、加减速操作	监测驾驶环境	动态驾驶任务回退操作	系统能力驾驶模式
		人为监测驾驶环境	驾驶员	驾驶员	驾驶员	无
0	无自动	全程由驾驶员执行各种动态驾驶任务的操作				
1	驾驶辅助	加速或减速驾驶辅助系统执行特殊驾驶模式，但仍然由驾驶员完成动态任务的操作	驾驶员与系统	驾驶员	驾驶员	部分系统驾驶模式
2	部分自动	加速和减速驾驶辅助系统执行特殊驾驶模式，但仍然由驾驶员完成动态任务的操作	系统	驾驶员	驾驶员	部分系统驾驶模式
		系统监测驾驶环境				部分系统驾驶模式
3	条件自动	系统执行部分动态驾驶任务，但要求驾驶员能正确回应系统要求适时进行人为干预	系统	系统	驾驶员	
4	高度自动	即使驾驶员不能及时进行干预，自动驾驶系统也能完成动态驾驶任务	系统	系统	系统	部分系统驾驶模式
5	全自动	在任何道路状况和驾驶环境中，自动驾驶系统都能完成所有动态驾驶任务	系统	系统	系统	全系统驾驶模式

❶ SAE International：国际自动机工程师学会（原译：美国汽车工程师学会）

对于条件自动而言，驾驶员要能够及时对系统进行正确的干预操作。即条件自动要求驾驶员在恰当的时机激活自动驾驶系统，而且当系统故障或超出其自动驾驶条件时，驾驶员能及时进行人为动态任务操作。在技术方面，当自动驾驶系统被激活时，驾驶员并不需要监测系统的操作，但要做好接管汽车的准备。同时，系统要预备足够多的时间给驾驶员对汽车提醒进行正确反应（如刹车、转弯等）。例如，装有自动驾驶系统的汽车在走走停停的城市低速驾驶环境里，可以执行完整的动态驾驶任务，不需要驾驶员进行任何操作。

第二节
智能汽车中的交互设计

随着汽车智能化、网联化的发展，消费者对于出行场景有了更多的功能需求，同时越来越多的信息涌入车内，随之而来的便是车内屏幕的不断增加。在多屏化趋势和多通道交互模式下，更要综合考虑智能座舱的人机界面（human machine interface，HMI）信息交互特征，在保证安全驾驶的前提下，为用户提供更好的驾乘体验。

一、智能汽车交互设计的发展

交互是指人类与自然界事物的沟通。其本质是主体与客体间的交流，交互的主体是人类自身，而客体可以是能产生反馈的各种事物。20世纪60年代，计算机的发明带来鼠标、图形界面和窗口等新兴事物及新的人机交互模式，并正式产生了人机交互的概念。

然而从广义上来说，自人类制造机器开始，便有了人机交互，并且这种交互关系的发展严格遵循着相关技术的进步。汽车人机交互的创新与突破一直紧跟着消费电子产品发展的脚步。早期汽车的结构和内饰十分简单，仅有方向盘、车灯和刹车等几项基本操纵功能，对人机交互方面并不重视。随着技术的发展，车载收音机、按钮式收音机、磁带录音机、触控屏、导航、电话、CD播放器等多媒体电子产品逐渐被应用到汽车中。随后，平视显示器（head-up display，HUD）、声控、远程控制、大尺寸触屏等更为先进的智能电子产品被大量应用在汽车上。尤其在大量车载信息系统（in-vehicle information systems，IVIS）应用到驾驶空间之后，汽车正从具有乘用功能的机械产品逐步进化为了一个集信息获取、传递、交流和娱乐为一体的，具有多种功能的交互式空间，汽车人机交互界面呈现出多功能化、集成化、智能化的特点。

　　这样的发展历程也体现着汽车人机关系从"刚性"到"弹性"的转变。"刚性关系"指的是由于早期汽车技术和设计水平的限制，驾驶员在人机关系中并不处于主导地位。率先考虑如何使汽车更方便地制造和运行，致使人在人机关系中并不处于主导位置。人必须按照机器规定的步骤和方式进行操作，如早期福特T型车必须先用右手转动车前的摇杆给引擎加燃料，再换左手转动摇杆启动引擎，否则容易致人受伤。在启动后还需要手动调整火花塞的点火频率，保证引擎能在最合适的状态下顺利运转。这些反映了典型的人适应机器的"刚性关系"。

　　随着互联网和人工智能等一系列新技术的发展，汽车本身已经能够具备一定的"自主性"，通过学习和改变自身以适应特定用户需求，这即是一种"弹性"关系。比如在2017年第十七届上海国际汽车工业展览会上，佛吉亚（Faurecia）展出了一款名为**Active WellnessTM**的智能座椅，可以通过传感器来检测驾驶员和乘客的心跳和呼吸频率，并通过空调系统调节通风和按摩模式帮助驾驶员和乘客放松。机器对人的适应，体现了现如今以人为本的设计理念，并标志着汽车的人机关系已经朝着"弹性"的方向转变。

传统汽车驾驶过程中，重点解决驾驶安全和用户对娱乐等非驾驶类信息的交互需求之间的矛盾。随着车辆智能化和网联化的发展，越来越多的新技术和可能性已经涌入汽车行业之中，各种汽车服务应用集成度不断提高，操作层级日益复杂。驾驶员在驾驶过程中需要处理的信息，如接打电话、操作导航系统、社群系统以及选择娱乐系统等都对汽车的人机交互提出了更高的要求。国内外针对未来半自动驾驶或全自动驾驶的人机交互进行了相关研究和展望。比如伊兰娜拉斯（Llaneras）等对半自动驾驶情况下驾驶员行为进行了实验研究，并据此提出了半自动驾驶人机交互的安全需求；坤（Kun）等回顾了近几年国际汽车人机交互会议上发表的论文，并提出了未来自动驾驶人机交互设计的要求与目标；梅谢利亚科夫（Meschtscherjakov）等基于谷歌自动驾驶模拟器和斯坦福大学开发的无人车，提出了无人驾驶系统下交互设计的概念、潜力和原型；卡洛美（Krome）等提出了针对未来自动驾驶基于情景的人机交互设计流程，并完成了具体交互设计原型；克里斯多芬森（Kristoffersen）等针对网联化汽车的人机界面，利用了更为丰富的信息和交互手段，介绍了新的交互设计概念并完成了具体的设计原型。

随着消费电子产品发展的脚步，车内人机交互界面的发展可以总结为机械按键交互阶段、基于图形显示器的交互阶段、多通道人机交互阶段，以及智能座舱四个阶段。

（一）机械按键交互阶段

从1908年的福特T型车（Ford model T）到1937年福特V8型号车（图1-1），最初的汽车仪表盘是机械式的仪表盘，表盘上显示速度的指针的转轴由一根柔性金属管与变速器上的某个齿轮连接，

图1-1　1937年Ford V8仪表盘

通过齿轮的转速模拟出仪表盘上的车速。当时的人们并不重视仪表盘，基本把它归入电表、水表的功能范畴中，技术上也主要以传统的热式和动磁式（空心线圈机芯）等为主。随后，纯机械式的仪表盘被电磁脉冲的电子仪表盘所取代，并增加了夜光功能。

（二）基于图形显示器交互阶段

汽车的仪表盘和中控显示屏是一辆汽车中最核心的信息交互设备部分，成为用户感知车辆状况、与车辆进行交互的重要媒介，同时也是评测车辆品质、智能性、可用性的主要参考依据，集中体现了汽车新技术的发展趋向。

电子技术不断发展，促使汽车仪表盘从真空荧光显示屏（VFD），发展到液晶显示器（LCD）、薄膜晶体管显示器（TFT）的电气仪表盘时代（图1-2）。21世纪，液晶屏开始普及，大部分厂商开始使用液晶仪表盘，在液晶屏植入后，绝大部分车辆行驶信息开始用虚拟数字显示。

随着触屏技术的发展，其作为一种典型的自然交互形式，逐渐应用于汽车座舱内，驾驶员无须再通过物理按键进行操控。同时，触摸屏可搭载于其他软质材料诸如真皮或布料中，最大程度地实现座舱内饰组装的灵活性。但是目前，触屏交互已经开发出了诸多设计范例。例如特斯拉Model S和Model X都配备了17英寸的中控大屏幕，不仅尺寸大，屏幕显示效果也十分细腻。这块显示屏基本承担了绝大部分车辆行驶和娱乐功能的操作，让驾乘人员方便对车辆进行可视化设置，如图1-3所示。

图1-2 斯柯达明锐RS电气仪表盘

图1-3 特斯拉中控屏

触屏显示的优势是可以解决物理按钮只能担任一个功能进而导致按钮数量增加的问题。但是，由于触屏交互在控制器的识别层面，没有物理控制器那么容易，在反馈上也不如物理按钮和移动设备的振动反馈那么明显，因此触屏交互在汽车内的应用有一定的局限性。

（三）多通道交互阶段

随着智能、网联技术的蓬勃发展，汽车座舱内正发生着一场剧变。传统的按钮、旋钮和把手将逐渐消失，取而代之的是大片触摸屏。未来，触摸屏、语音识别以及手势控制等新智能系统将主导汽车仪表盘。各大车企最新推出的概念车，例如宝马i Vision Future Interaction、讴歌Precision，以及大众T-Cross Breeze。20世纪80年代，凯迪拉克Allante的仪表盘上还密密麻麻排着四十多个按钮。图1-4为标致概念车内部。在这些最新的概念车上，几乎已经看不到传统按钮和旋钮的踪迹了。目前，工程师也开始在量产车型的仪表盘上采用这样的设计。

2016年，IHS Automotive发布的一项研究表明：未来5年，方向盘控制、语音识别、触摸屏和手势控制系统的全球销量将会大幅提升。IHS Automotive对4000名汽车消费者进行了一项调查，这些消费者被问及他们在驾驶过程中更愿意如何使用他们的仪表盘，受访者允许选择多个选项。调查结果显示，75%的购车者更愿意使用汽车的语音识别系统，70%的购车者希望使用中控台的触摸屏，69%的购车者更青睐方向盘控制系统。这个调查揭示了为什么现代汽车厂商不断努力从传统按钮转向触摸屏、方向控制系统、语音识别和手势控制系统等转变。

随着交互方式的增加，基于物理按钮的交互方式面临新的形势和巨大挑战。一个典型的情况是由于新的功能不断涌入汽车内置，按键和旋钮等

图1-4　标致概念车型内部

物理操作器的数量急剧上升。总体说来，经过汽车工业几百年的发展，车辆内部信息整合将是大势所趋，整合后的中控仪表还有多种显示模式，运动模式下转速表和时速表会占据屏幕大部分空间，而信息模式下屏幕的大部分区域则用来显示导航信息等。比如在跑车中司机视线的空余时间更少，对仪表依赖很大；而在入门级车型中，完成信息整合后同时能大幅降低制造成本。

（四）智能驾驶座舱阶段

传统汽车座舱功能区布局碎片化、信息过量化，这样的设置容易给驾驶员和车的交互带来障碍。随着各种技术的发展，集成液晶仪表、AR-HUD、中控屏、后座娱乐屏等多屏融合智能驾驶座舱将会带来更为智能化和安全化的交互体验，并重新定义人机交互方式。

上汽在2017年上海国际汽车工业展览会发布的荣威光之翼是一个具备代表性的未来座舱设计案例，如图1-5所示。它的车载系统基于YunOS Auto打造，是上汽和阿里继2014年合作之后，专门为汽车打造的一套互联网系统。这套系统使得车内服务与移动互联网赋能的交互体验几乎趋于一致：科大讯飞的语音交互系统、高德的地图导航系统、4G在线服务系统，甚至实现支付宝与车辆ID唯一对应，记录下用户的操作习惯，更加"懂你"。通过将移动互联的特质应用在汽车上，打通各个场景，让用户在生活服务方面的连贯性中享有极致体验。例如，通过系统找到停车位。

现代MOBIS是现代集团旗下的零部件供应商，在2019年CES国际消费电子展上，这家企业展示了从未出现过的汽车座舱理念——安装在车顶位置的显示系统（图1-6）。这块被设计在车顶位置的显示系统，能够显示乘客身体状况及导航信息，并且驾驶员

图1-5 荣威光之翼未来驾驶座舱

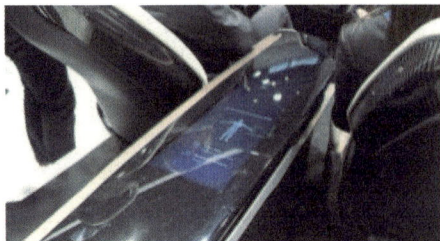

图1-6 现代MOBIS于CES上展示的
汽车座舱理念

抬头即可见。MOBIS给出的一个应用场景是：未来，当驾驶员驾驶着自动驾驶汽车进入高速公路后，座椅自动向后倾斜，驾驶员可以进入休息模式。在这种半躺的模式下，车顶的显示屏可以为驾驶员提供车辆信息。

同年，佛吉亚提出了一个模块化、平台化的未来座舱概念。他们认为，互联化和自动化将从根本上颠覆未来的车上体验。他们的研发重点集中在三个方面。互联性，运用智能人机交互以及集成电子学，强化人、车与外部时间之间的互联性；适应性，帮助驾乘人员适应不同的驾乘情境，重点关注安全性、幸福感和舒适度；预测性，通过传感器和大数据，帮助未来座舱进行学习，自动预测每位驾乘人员的需求与状态，不断优化车上体验。

采埃孚在智能座舱方面主要展出了两项技术，如图1-7所示。一个是利用采埃孚"2020概念"的智能交互驾驶舱，这个技术的灵感源于飞行员使用的航空地平仪等图像显示器；另一个是显示屏位于方向盘中间的概念方向盘，其宗旨是利用手势触发车上的各种功能，比如通过不同手势来控制温度、灯光等。方向盘还巧妙地集成了其他许多功能，例如可检测驾驶员在哪个位置抓握方向盘，以及是否进行了适当抓握，可实现精确的驾驶员手部判断。方向盘轮圈上集成的LED灯带还可以通过颜色对驾驶员进行指示和提醒。

从交互界面角度来看，传统的信息娱乐交互界面为物理界面，主要集中在中控台，交互方式是物理按键操作。近年来，物理界面逐渐向空间界面发展，触屏操作方式逐渐普及，这种情况下各种新

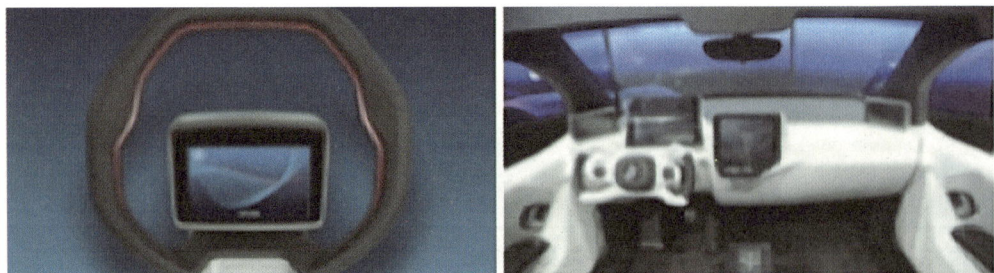

图1-7 采埃孚"2020概念"智能交互驾驶舱与概念方向盘

的人机交互方式不断被开发。操作功能的有限性与日益增多的信息和操作要求的冲突、多信息交互所引起的驾驶负荷（drive workload）和驾驶分心（drive distraction）等问题进一步提升着对驾驶安全的要求。在确保驾驶安全的情况下，需要为用户提供更加自然的交互方式。

进入21世纪之后，随着信息科技的不断发展，作为人工智能、车联网技术、5G技术发展重要的场景载体，智能驾驶座舱在技术研究和产业发展上得到了极大的进步，国内外几乎所有的顶尖车企、科技巨头公司、人工智能企业都在逐步进入智能汽车的研究领域。虽然智能驾驶座舱已逐步应用于特殊的环境场景，如码头、矿区、超市、社区等，但在复杂场景环境中，短期内还无法达到完全的自动驾驶。因为人与机器在信息感知、处理、决策等环节存在着差异，对机器而言，基于智能感知、规则条件及概率计算的决策方式，与人基于情感感知、感性、知性判断机理之间存在巨大差异。因此，研究智能汽车的人机交互设计是非常有必要的。

二、智能汽车的空间信息

人机关系的本质在于人机共存中的交互，作为人类驾驶员与智能汽车之间信息交流、控制活动作用的"面"，人—机界面（HMI）的设计直接关系人机关系的合理性，如何结合人机工程学的理论，从人的生理和心理出发，研究人—机—驾驶环境相互关系和相互作用规律，把人类控制和智能驾驶结合在一起，形成一个更有力、更具有支持性的人—机—环境交互系统，是未来智能汽车HMI设计的一个主要研究方向。同时，随着车内信息渠道的增加，驾驶员需要处理的信息日益增加，面对复杂的驾驶情境，汽车人机界面设计需要解决如何在保证驾驶安全和效率的同时，为驾驶员创造更舒适的交互体验。因此，驾驶员和智能交通系统的人机交互行为研究、交互方式设计，以及两位驾驶员之间在"共驾"模式中的沟通、驾驶任务的分配和驾驶控制权的转换等研究问题成为目前智能座舱

HMI设计的重点，也成为智能汽车能否成功的关键。

（一）车内外空间信息整体分布关系

随着汽车智能系统能感知的信息增加，如复杂的交通环境信息、驾驶辅助安全信息、娱乐通信等，人类面对的信息内容也变得越来越繁杂，这会影响到注意力分配，带来较大的工作负荷，增大了交通事故发生的可能性。在驾驶过程中，人类决策和行为以及汽车系统性能表现都会受到来自人—车—环境动态交互系统中的三个因素方面的影响。三者在驾驶情境下相互作用，进行信息分享与交流，构成一个人—车—环境的信息流闭环，针对该信息流闭环的主要研究对象为人与智能网联汽车间的汽车人机界面交互设计，如图1-8所示。

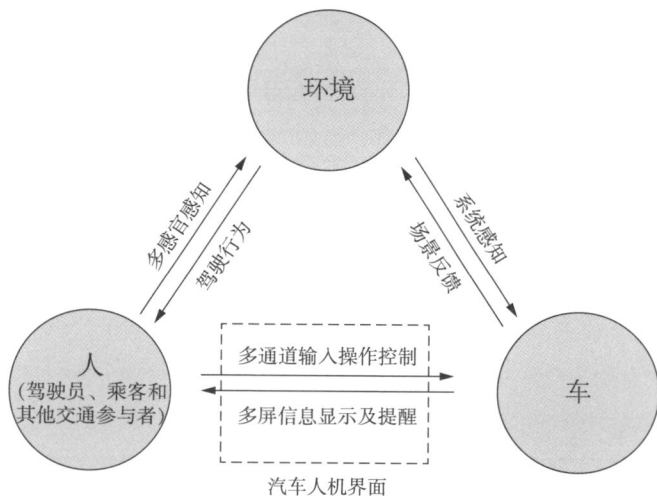

图1-8 智能网联汽车人—车—环境信息流闭环

在智能网联汽车人—车—环境信息流闭环中，人通过多感官对周围环境进行感知。驾驶员会监控道路和交通状况、其他交通者发出的信息等，同时通过踩油门、刹车、转动方向盘等方式控制车辆运动，保证驾驶安全。除此以外，驾驶员及车内乘客还追求听音乐、接收消息等娱乐通信体验。交通参与者通过了解当前交通情境而作出正确的行为决策，避免交通事故的发生。智能网联汽车通过车载传感器以及网联信号等对人、车、环境等情境信息进行感知，将部分信息通过人机界面显示给驾驶员、乘客和交通参与者，部分信息通过系统的智能决策控制车辆，同时将本车信息或遇到的状况反馈到网联环境中。环境随着驾驶员、乘客和交通参与者的行为决策及车辆运动动态改变，实时接收智能网联汽车的信息，同时通过智慧交通系统对海量的交通信息进行分析，实时向智能网联汽车反馈交通道路情况，进行路径诱导及路况异常预警，保证道路畅通，同时也提升用户体验。

人、智能网联汽车和环境构成了典型的人机系统，驾驶安全取决于三者在这一复杂闭环系统中的相互协调作用，协调失败会引发危急情况，甚至导致交通事故，危及人员安全。以人为中心，通过智能网联汽车人机界面使得驾驶员和智能网联汽车共同感知情境信息，协同决策，构造安全舒适的驾驶体验。在复杂多变的驾驶情境下，作为人与智能网联汽车间沟通的桥梁，汽车人机界面需要优先确保驾驶安全，将安全性放在考量标准的首位。通过研究人—车—环境三者的交互关系及信息流闭环，不仅要考虑人的当前情境需求，还需考虑人与汽车系统间的交互，使得信息能够在驾驶员和汽车系统间进行双向交流，在恰当的情境以最佳的方式将复杂的驾驶环境以信息的形式可视化，快速准确地传递给人，从安全性、舒适度、便捷性、效率等多方面对驾驶体验进行提升。

结合用户体验/汽车交互设计实验室多年来针对汽车 HMI 设计所进行的学术研究及实践项目经验，基于人—车—环境动态交互系统，构建出智能网联汽车空间信息设计框架，如图 1-9 所示。

在信息设计框架中，"车"指车辆根据车型、配置而具有固定功能信息架构，包括驾驶信息、控制信息、娱乐信息、报警信息等。"环境"指动态变化的车内外场景。"人"指车内驾驶员、乘客及车外的交通参与者。

根据智能座舱空间信息设计框架，虽然整车的功能信息根据车型、配置而具有固定架构，但是信息的呈现受场景驱动，根据车辆所处场景的不同，不同功能信息在车内及车外的空间中分配与重组后进行 HMI 显示。车内驾驶员或车外的其他交通参与者都可以通

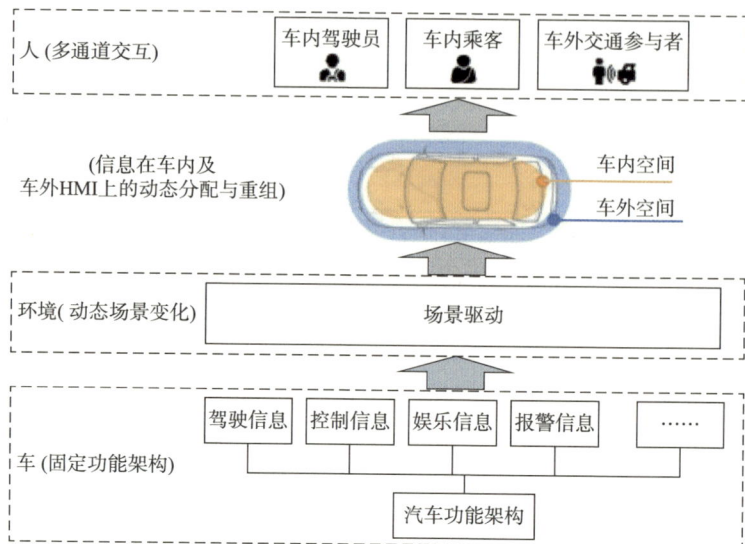

图1-9　智能座舱空间信息设计框架示意图

过动态信息显示与车辆进行多通道交互，从而协调人、车、环境三者，实现高效、快捷的信息流动与读取，保证驾驶安全和舒适。

（二）车内空间信息分布

从车内HMI整体布局设计考虑，首先需要将相似的内容模块化，构建信息模块，同时考虑屏幕之间的信息互动，将信息模块有规律地分布于车内空间。这种方式能够有效节省驾驶员的认知资源，提高驾驶员处理信息的效率和准确性。

根据研究实践，本书总结了车内HMI显示空间及信息布局，如图1-10所示。车内信息模块分区主要考虑仪表盘、中控屏、副驾驶屏、控制屏和抬头显示系统HUD（head up display）。仪表盘信息模块主要负责驾驶基本信息、高级驾驶辅助系统ADAS（advanced driver assistance system）信息、导航信息的显示。中控屏信息模块用于显示娱乐信息和导航信息。副驾驶屏为娱乐信息模块。控制屏为空调控制、车辆控制等控制信息模块。HUD信息模块则主要负责驾驶基本信息和ADAS信息的显示。

在进行设计实践时，需要根据车型及目标用户等的定位，对空

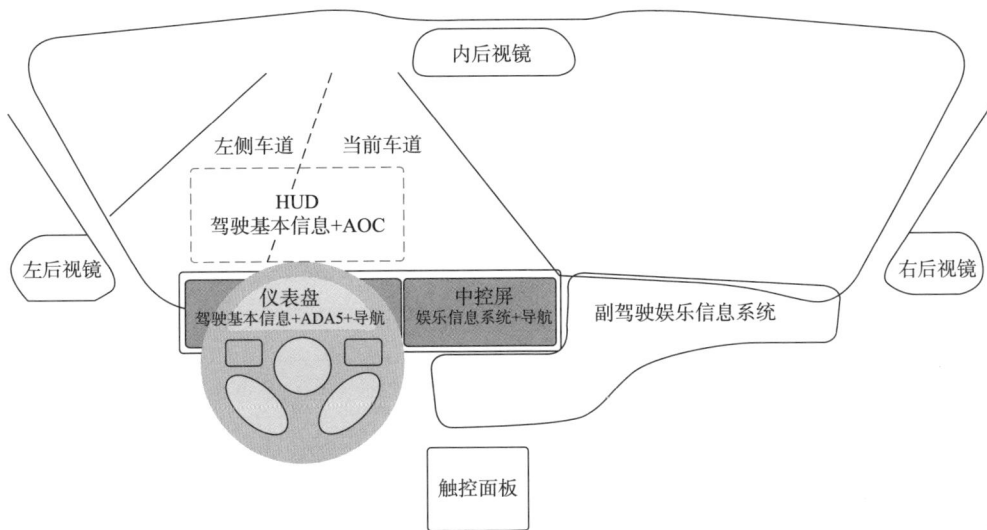

图1-10　车内HMI显示空间及信息布局

间布局及信息模块的划分进行更加具体的设计，这样才能实现更高的安全性和更好的驾驶体验。同时，车内信息的整车空间分布也将为未来的整车HMI设计提供方向。

三、智能汽车中的交互理念

（一）人机界面关系

在进行智能网联汽车交互设计时，首先需要有整车HMI设计思维。从整车的人机交互界面视角出发，考虑整车形态、车内硬件、车内服务、交互方式、信息架构、信息布局、界面元素、界面布局和多屏联动等方面设计和布局各硬件部分的信息形态、规律、交互方式以及传播行为。

同时，HMI设计思维还需要从单一设备出发，延伸到整车层面，人—车层面，再到人—车—环境层面，最后到人—环境—社会层面，进行多维度的整体思考，如图1-11所示。

多维度整体思考，能够使设计师的目光不局限在设计的可用

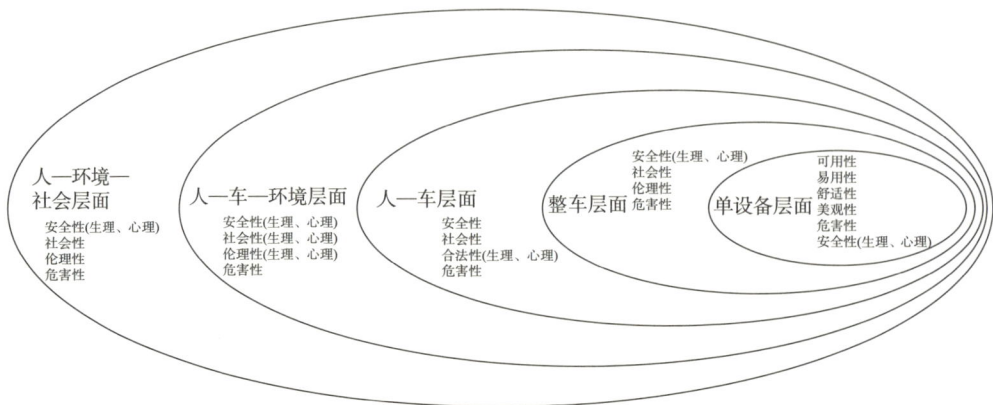

图 1-11　HMI 设计思维

性、易用性、舒适性、美观性等单设备层面，更多地思考社会性、伦理性、合法性等更广阔的人—环境—社会层面，从而使得 HMI 设计不仅获得更好的安全性和用户满意度，也更好地适应市场和社会环境。

（二）人—车—环境交互理念

交互设计的核心理念是给用户提供良好的用户体验。在进行智能汽车的交互设计时，需要在"人—车—环境"综合条件下，以驾驶中的安全性和舒适性为中心，以为消费者提供良好的用户体验为核心目标进行整体 HMI 设计（图 1-12）。

在通过汽车界面进行交互的过程中，人类的心理活动和行为决策与桌面交互或智能手机交互的心理活动和行为存在着很大的差异。形成较大差异的最主要原因是，在人车闭环以外的其他环境因素在频繁地影响着整个交互过程，我们需要花更多精力在检测周围环境、执行驾驶任务和完成其他非驾驶任务中。

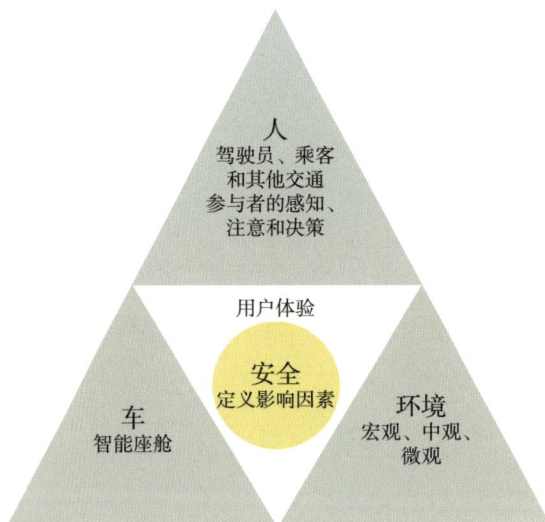

图 1-12　人—车—环境交互理念

人（驾驶员、乘客和交通参与者）、车、环境是影响驾驶安全的主要因素，为了最大限度保证人员安全，汽车人机界面交互设计需要协调"人—车—环境"所组成情境的系统动态关系。

与传统汽车不同，智能网联汽车打破了人—车—环境间的单向关系，建立起新的双向交互的人—车—环境动态关系，如图1-13所示。智能网联汽车交互动态系统中人—车—环境的动态关系包括人与环境的相互关系、人与智能网联汽车的相互关系、智能网联汽车与环境的相互关系以及三者的同时作用关系。

在智能网联汽车交互动态系统中，"人"具有驾驶员、乘客和交通参与者的特质，如生理特征、驾驶经验和能力、行为特征和情绪、认知能力、态度和动机、任务需求和理解、社会角色等；"车"指的是智能座舱的功能，如传感器设置、硬件设备设置、ADAS提醒和控制、车载信息系统提醒和控制、车辆运动，以及交互方式属性，如转动方向盘、控制踏板、触控屏幕等；"环境"指的是影响人和智能网联汽车的周边物理环境、道路状况、交通影响、时间和空间、网联环境、城市信息网络等。

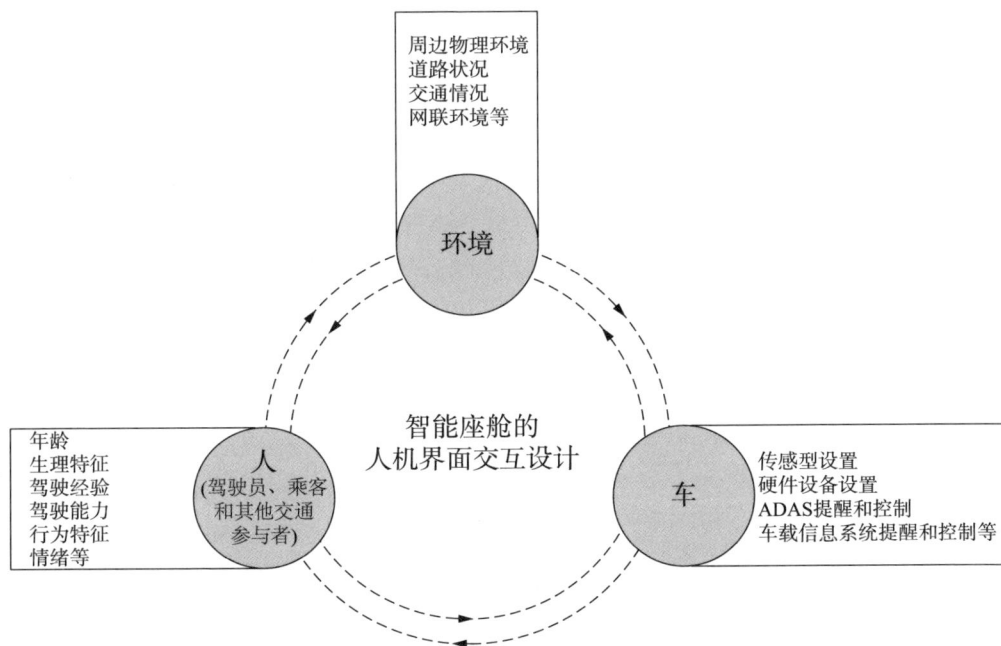

图1-13　智能网联汽车交互动态系统

在驾驶员通过汽车人机界面交互完成特定任务的过程中，人（驾驶员、乘客和交通参与者）、汽车、环境三者在时间和空间中共同起着作用。因此，在汽车人机界面交互设计过程中必须考虑人、汽车、环境这三个主要部分的特征，将人—车—环境融入整个人机界面设计流程中，并贯穿于整个设计的始末，使得人—车—环境的特性能系统地、直接地、准确地作用在把握汽车人机界面设计方向上，并且能够最终体现在汽车人机界面设计的具体设计输出上。通过将设计流程每一阶段的任务分解为驾驶员、智能网联汽车、环境，实现人—车—环境系统的有效交互，保证系统的安全性及舒适性。

（三）"阴阳"与人机交互关系

技术能推动世界进步，但技术在解决人与智能机器功用性问题时，却无法消除两者之间产生的信任度、接受度、伦理性等人类性、社会性问题。当今驾驶员与现有智能驾驶技术在使用过程中的冲突引起的事故频发，因此，越来越多的学者、研发机构开始着手研究人与机器之间的智能协作交互问题。

"人机共协计算（human-engaged computing，HEC）"[1]的框架理念，融合了东方哲学概念"中庸"的有机协同交互（synergized interaction）思想，代表一种"人"与"计算机"达到最佳平衡状态。HEC提出了一种如何激发人的潜力为立足点，进而促进人与计算机双方共同发展的理论思想。HEC同样反映了东方哲学的概念，重点在互补的伙伴关系而不是对立的力量上。在这种东方中庸思想下，面对人与车的交互问题，笔者提出了一个基于东方中庸哲学概念"阴阳"的、研究人与自动驾驶交互问题的新框架——人机协同共驾（human-engaged automated driving，HEAD），旨在达到一种人类参与和自动驾驶参与之间最佳的平衡协同交互。"人机协同共驾"框架由五部分组成——完全手动驾驶（full human）、完全自动驾驶（full automation）、辅助驾驶（driver assistance）、人类监

[1] REN X. Rethinking the Relationship between Humans and Computers [J]. IEEE Computer, 2016, 49(8): 104-108.

管（human supervision）和协同共驾（synergy driving）。这五种交互形式包含了基于人与人工智能体这两个元素不同的交互形态。根据此五个阶段，能划分出人与智能体之间的责任。用 HEAD 框架对此进行诠释，进而更好地展开设计，体现了人与智能体（自动驾驶汽车）更和谐的协作。人机协同共驾框架不仅可以为人们提供一个指导性的思想，同时，也可以基于内容总结出人车交互设计方法。为了验证方法的有效性，本文进行了实践研究，开展了一个关于自动驾驶功能下典型场景的界面设计案例研究，并表明 HEAD 可以建立一个人机共同参与的信息架构，帮助设计师进行更优异的原型与界面设计。

通过以上的研究分析，希望为人车交互设计的未来提供更多思想上的启发，重视人与人工智能的共同存在，将人车协同交互的设计理念，应用在未来的设计工作当中。

东方哲学思想下的"阴阳"概念是古人对宇宙万物运行法则的抽象，是宇宙对立统一及思维法则的哲学范畴。运用东方哲学的"整体性"思维方式能突破技术发展困境的局限，着重强调人在人—机—环境系统的主体价值，从而最大限度地发挥人和人机系统的整体能力，实现真正的人机协同下的人工智能。同时，运用东方哲学思维去处理人与智能汽车的交互问题，极大探索了设计学科介入时设计所起到的作用，为设计学科知识疆域的拓展贡献了重要的力量。

太极图是中国传统阴阳哲学观最典型、最直观的图形化表现。太极模型由一条"S"形曲线分为阴阳交互的两个部分，"S"形曲线恰如其分地表达了宇宙万物（人—自然—人造物）阴阳互生互化、生生不息、对立统一的平衡法则。它维护相生相克关系的整体平衡，主张共生共存的有序发展成为如今人与自然、人与人造物之间的人机交互的指导思想——一种参与式的协作关系。

参与是"一种意识状态，其中人们完全沉浸于其中并与手头的活动保持一致"，并且是一种"互动者在互动过程中开始、维持和终止彼此的感知联系的过程"。❶ 参与是一个沟通过程，"到目前

❶ REN X. Rethinking the Relationship between Humans and Computers [J]. IEEE Computer, 2016, 49(8): 104-108.

为止，人们已经了解了什么，每个交互者（或一起）正在关注什么。"❶ 在自动驾驶研究的范围内，参与是指人类驾驶员以及自动驾驶汽车的智能系统，它们在实现（共享）目标的过程中形成了"协同共生"的关系，参与需要人和智能系统之间一同作用。

如果将人类视为"阳"，将自动驾驶视为"阴"，则它们的相互作用将以协同的方式结合在一起，将人和自动驾驶视为一个整体，并且复合物的（共生）效应将是大于其各部分的总和。运用东方哲学思想下的"阴阳"概念去探讨人与智能汽车交互理论，有助于共同提高人类和自动驾驶的能力（图1-14）。

太极模型中蕴含的交互关系体现在人与自动驾驶之间的交互关系中为增效（synergy）、平衡（balance）和流动（mobility）。

增效，指人与自动驾驶技术之间的协同互动可以产生比单方面工作更加有效率的结果。一方面仅凭自动驾驶技术缺乏人为因素，无法解决自动驾驶中社会、道德、伦理、文化等问题。另一方面，仅仅依靠人类无法有效解决大规模生产的社会问题，人类在生活的各个方面都需要智能系统帮助。通过将人的能力与可扩展性卓越的技术融合，可以使它们达到相互的协同增效。

平衡，意味着在人类能力和自动驾驶技术能力之间寻求最合适的匹配关系，而不是替代关系。如今，很多考虑自动驾驶交互问题的人仍然把重点放到技术上，而低估了人类本身的能力，其结果是在人类驾驶员和自动驾驶技术之间造成了有害的不平衡。自动驾驶并不是完美的，这是因为技术为人类做的决策仍基于大数据的算法和统计分析，为人类挑选"最佳路径"。但人类发展至今除了依靠逻辑计算以外，还有很多不可忽视的能力——判断力、同理心、审美、创造性、道德伦理等，这些是技术所没有的不确定性之美。从中国古人的哲学思

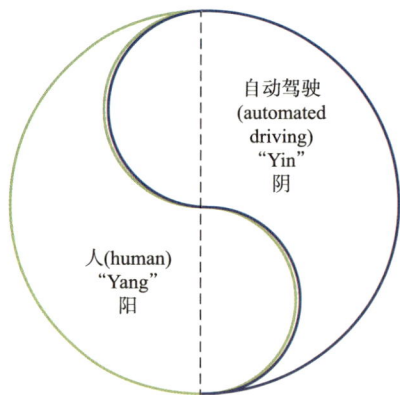

图1-14　人车交互的太极模型

自动驾驶
(automated driving)
"Yin"
阴

人(human)
"Yang"
阳

---

❶ MA X. Towards Human-Engaged AI [C]. Proceedings of the Twenty-Seventh International Joint Conference on Artificial Intelligence (IJCAI-18),2018:5682-5686.

想"阴阳"来说，人与技术（自动驾驶）之间互相平衡是为了促使两者更好地合作，制约与平衡贯彻始终。自动驾驶技术不会成为人类的完全决策者，人类也需要借助自动驾驶来更好地作出判断。通过更充分地考虑人类来恢复平衡，对于实现更大的协同互动是至关重要的，这使得人与技术能够全面发展。

流动，指人与自动驾驶技术之间的关系是一种在时间上各自的任务线相互穿插的交互关系。从人类双手离开方向盘让汽车自己驾驶到人类接管，再到辅助驾驶系统协助人类驾驶，最后在双手离开方向盘让汽车驾驶这整个过程中，从机器主导过渡到人机协作，再过渡到机器主导，人与自动驾驶之间的交互关系也随之流动。

太极图形很好地诠释了人与自动驾驶技术之间不断流动的关系，两股力量相互铆合、相互追赶，动态信息在两者之间不断地传递。在这样一种动态的模式下，两者在环境场景下循环往复，互相促进。

（四）人机协同共驾框架

图1-15阐释了人机协同共驾的理论演变过程及最终框架。最初，研究人车交互都是从人与机器之间连接的界面（interface）去考虑［图1-15（a）］，人类驾驶员与智能汽车是两个元素，交互是两个元素之间接触的线或面。这种考虑方式实则从人和智能汽车各自的角度去考虑，没有统筹两者共生的发展关系。人机协同共驾框

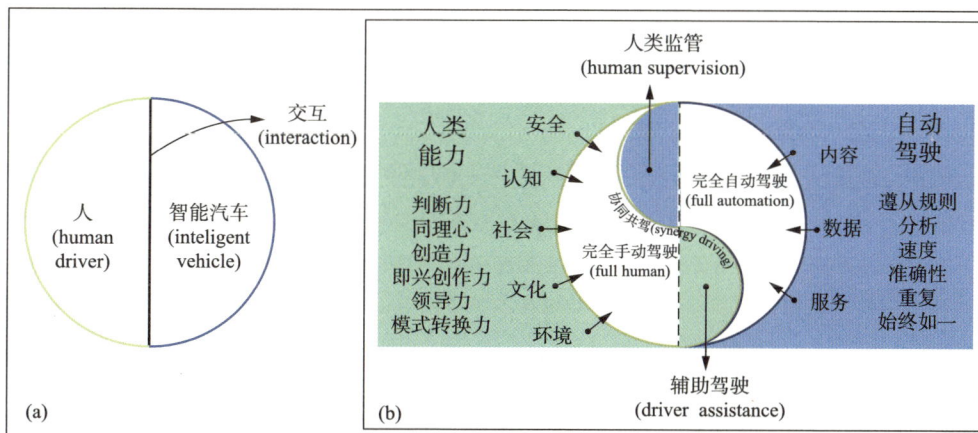

图1-15　HEAD 的框架演变过程

架［图1-15（b）］以太极的模型引入，揭示了正在发生变革的新的交互方式，最终形成人车交互关系互融互通的交互设计框架。

在人机协同共驾框架［图1-15（b）］中，不同级别的自动驾驶智能与对人工智能有着不同参与程度的人类驾驶员相匹配，产生了五个阶段。

完全手动驾驶（full human）这一部分是完全从驾驶员——人类的角度出发来关注驾驶问题的。人类驾驶员仅将汽车视作一个机械产品，凭着对其与当前所处环境的认知处理驾驶问题。人还是一个高级复杂生物，在处理驾驶问题时会考虑"安全""认知""社会""文化""环境"等众多因素的影响，这也是人与人工智能产品之间最大的区别。人的智能不是信息化、自动化的产物，人是智慧的，因为人类有对以上因素的考量，这成为智慧的内核和驱动。

而人的智慧之所以比智能更聪明，是因为他可能预见到这些智能也无法述说的事物反转，出乎智能的意料。而在人的智慧下，人有其特有的判断力、同理心、创造力、即兴创作力、领导力和模式转化力等，皆是人类成为万物之灵的原因。

完全自动驾驶（full automation）是从自动驾驶汽车的智能来看待驾驶问题的。机器本身有卓越的数据处理能力、数据处理的速度、数据重复能力和数据分析能力。机器要变得智能，离不开"内容""数据""服务"三个方面。内容是由单个人所产生的，单个人的内容对于准确地满足个性化的需求是有益的，但是对大多数人的需求满足贡献不大。因此，群体需要数据，众多数据的累积得到了一个群体的倾向，而这决定了智能在未来到底产生什么样的内容和服务好什么样的人和社会。

而自动驾驶固有的能力有遵从规则、分析、速度、准确性、重复和始终如一。因为它以数理逻辑作为基础，固然可以作为人类某些能力的延伸。例如准确性，自动驾驶可以在极其短的时间作出分析和行为反应，规避很多人类因粗心或侥幸心理等带来的风险。

辅助驾驶（driver assistance）是在人驾驶汽车的维度下参与部分汽车的智能系统。自动驾驶充当人类驾驶员的协助者，帮助人减少一些信息量庞大、重复或烦琐的工作。因为车的传感器、摄像头可以弥补人类感知器官的局限，成为人在生理结构能力上的延伸。汽车的智能系统能探测周围环境并向驾驶员传达风险和未知因素的同时，帮助人类处理部分信息的转换，最终由人类来做出决策。并且，遇到机器无法判别的场景或人不相信机器的情况时，都可以由人来接管，人拥有驾驶车辆的绝对主控权。

人类监管（human supervision）是在智能汽车帮助完成大部分驾驶任务的情况下参与的把控。人工智能下的智能汽车取代了人类的驾驶工作，网络中的系统不断地执行任务，反馈给人进行审核与监管。人可以从体力劳动甚至大部分脑力劳动中解放出来。但人工智能的判断有时会与人类的判断冲突，因为人工智能考虑更多的是任务的最优解，甚至会为了达到最佳路径，揣摩人类意图且替人类做出选择。机器没有像人一样深层次的道德、伦理的考量，因此当人工智能与人类的意见不统一时，人类保有最高决策权。

协同共驾（synergy driving）代表所期望的人车交互关系达到的一种最佳平衡状态。人工智能的本质是仿人的，协同共驾是把人的智慧、人的思维逻辑放到人工智能算法里面。这不是再造一个机器的智能，而是按照人的本身逻辑构造自动驾驶的智能。而后，以人和自动驾驶两者的智慧或智能协同参与驾驶活动，高度协同和互惠。在这种均衡状态下，自动驾驶的智能系统不仅可以用来完成某些预想的任务，还可以通过完善和提高人类的能力及潜力，从而实现更互惠的人机交互。

第三节
智能汽车人机界面设计

汽车的移动性使驾驶情境极为复杂且不断变化，驾驶员感知、处理信息和快速决策的难度大大增加。汽车的智能化使驾驶员不再独自做决策，智能系统能通过多种方式为驾驶员提供帮助。而现在智能座舱人机界面的设计多是从系统技术出发，缺乏对人（主要为驾驶员、乘客和其他交通参与者）的考虑。因此，在设计智能座舱人机界面时必须以人为中心，结合智能网联汽车新技术，建立智能网联汽车人机界面适应用户的心理模型，将信息以最佳的方式传达给用户，促进用户与智能网联汽车的双向交流。

一、智能汽车人机界面交互设计流程

为了让人—车—环境系统协调统一，提升智能网联汽车系统的主动性，将人—车—环境系统设计理念始终贯穿整个智能网联汽车人机界面交互设计流程。

结合驾驶情境，智能网联汽车人机界面交互设计流程划分为如图1-16的五个阶段，即探索研究、分析建模、设计框架、设计细化以及测试验证，每个阶段的研究内容都围绕人、车、环境三方面

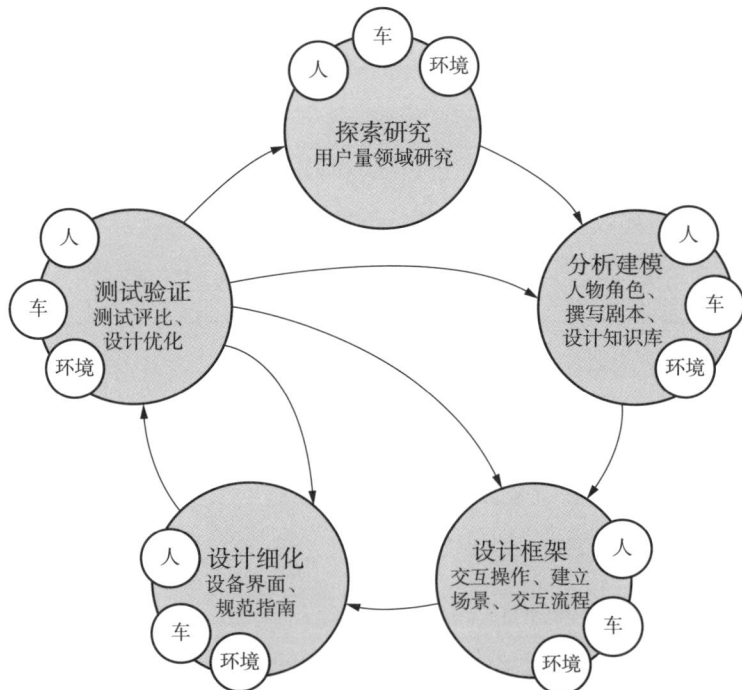

图 1-16　智能网联汽车人机界面交互设计流程

展开，展示了交互设计各个阶段的关键环节以及知识连接，具体内容分述如下：

探索研究：对用户和智能网联汽车领域进行研究，明确目标用户的需求和行为，了解产品前景、环境感知能力、智能网联能力。

分析建模：构造人物角色，结合用户需求和产品功能、发散设计概念，撰写场景剧本，从中提取产品功能及信息需求，构建设计知识库。

设计框架：根据不同驾驶场景下用户对系统的期望及交互操作，构建自适应推理规则库，建立场景与产品功能或信息需求、交互流程的映射规则，定义场景触发的交互流程。

设计细化：根据不同驾驶场景下的交互流程对各个设备界面的形式和设计表达进行细化，提出产品设计规范指南。

测试验证：通过用户测试与评测的显性反馈以及用户操作行为的隐性反馈对推理规则及设计方案进行优化。

二、不同阶段的设计方法

（一）探索研究阶段

研究是设计的基础和依据，特别是对于智能网联汽车设计和开发难度大、周期长、容错率低的领域，充分的探索研究能够有效减少时间和资源的浪费。探索研究阶段主要分为用户研究和应用领域研究两大部分。

1. 用户研究

用户研究的目的是了解目标用户（包括驾驶员、乘客和其他交通参与者）对智能网联汽车应用的态度与想法。

首先，在用户研究阶段，通过用户深度访谈等方法了解智能网联汽车在目标用户生活中的角色，用户对不同驾驶场景的认知描述，发现目标用户对典型驾驶场景认知的关键线索，以及用户在当前场景下对智能网联汽车系统的需求或期望（图1-17）。例如，用

探索研究

分析建模

设计框架

设计细化

测试验证

用户研究	应用领域研究

用户需求1　用户需求2　…　用户需求n　环境感知能力1　环境感知能力2　…　环境感知能力n

人物角色模型　←→　驾驶场景剧本

产品功能及信息需求　　　设计知识库

自适应推理规则库

触发规则1　触发规则2　触发规则3　…　触发规则n

多屏情境原型1　多屏情境原型2　多屏情境原型3　…　多屏情境原型n

多屏情境界面1　多屏情境界面2　多屏情境界面3　…　设计表达n

测试评估　　　用户操作反馈

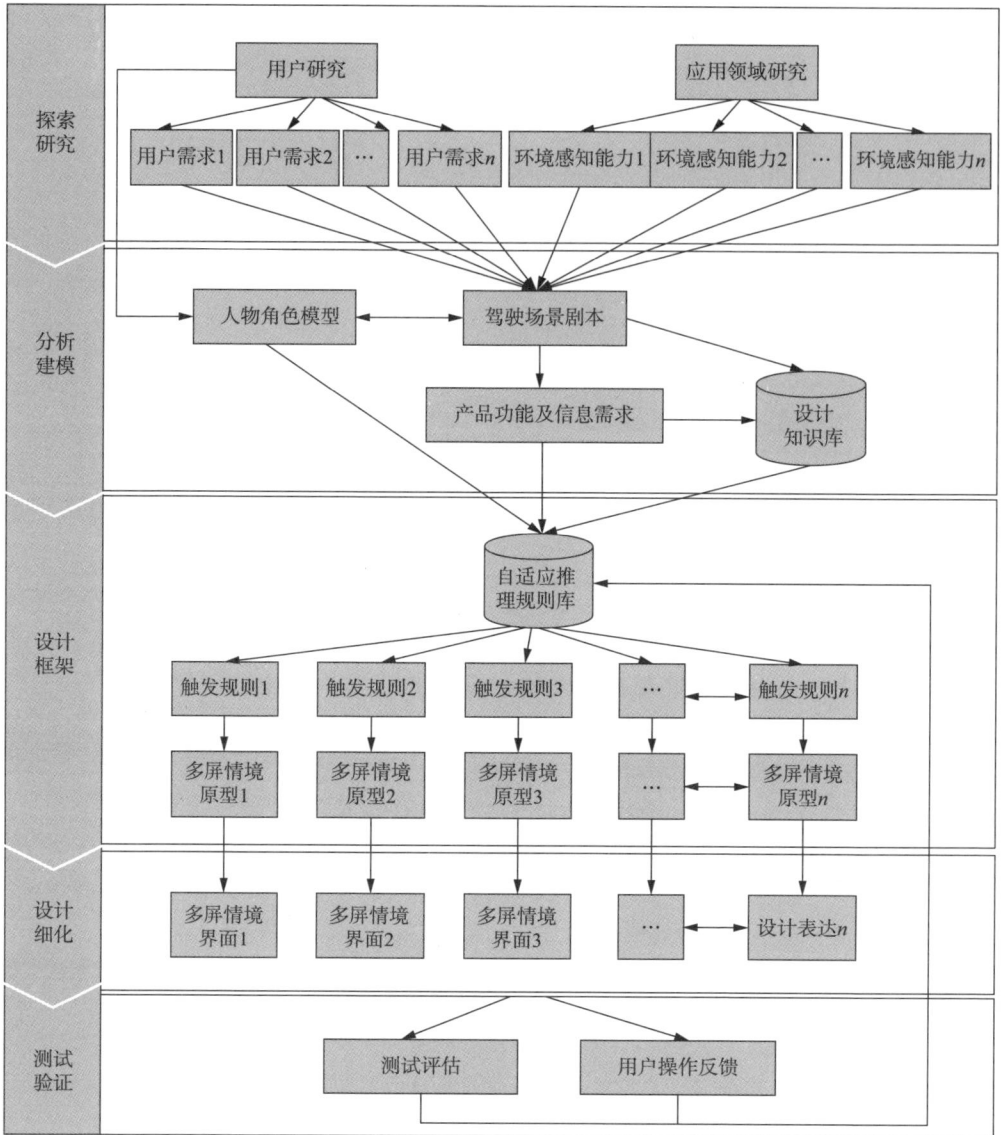

图1-17　智能座舱人机界面交互设计详细流程

户在高速公路上驾驶遇到前方车辆减速，且前方滞留了多辆车，此时用户期望系统能提前给他提供绕开拥堵尽快到达目的地的路径。其次，通过用户观察等方法实时观察目标用户在正常驾驶场景中的真实行为，发现用户在驾驶过程中遇到的问题，分析影响用户驾驶关键决策、用户驾驶行为的因素。这些影响用户驾驶的因素一定程度上反映了用户在当下的场景认知和行为决策的信息需求，通过回溯访谈再进一步了解用户在当前场景中期望获得的信息，作为信息设计的参考。

最后，对用户研究进行归纳总结，梳理出典型驾驶场景，拆解出典型驾驶场景中的关键线索，分析驾驶员、车辆、环境之间的相互关系；通过分析用户不同驾驶场景下的用户特征、心理、行为、目标、动机、能力等，归纳一般用户需求，挖掘用户期望获得的信息及功能帮助，寻找不同场景因素组合与用户需求之间的关系，为后续的设计提供真实可信的依据。

2. 领域研究

领域研究的目的是加强团队对智能网联汽车领域的理解，主要从市场发展基础、竞争产品策略、智能网联技术、相关产业政策4个方面进行研究，如图1-18所示。明确智能网联汽车当前市场情况、当前产品特性、当前技术限制和政策方向，以及产品未来前景、技术发展潜力、基础配套设施未来建设情况，定义产品能具备的能力。

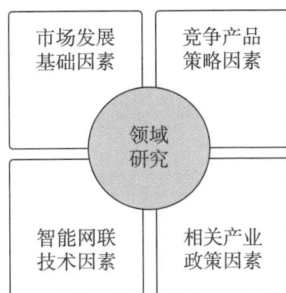

图1-18 智能网联汽车领域研究主要因素

通过市场统计等方法分析产品的市场接受度，确定市场机会。通过竞品分析等方法对市场上的智能网联汽车进行功能特征分析、HMI设计分析和技术逻辑分析，发现产品设计的机会点。通过文献研究等方法研究智能网联汽车当前发展情况、前景发展规划、存在风险、技术限制和发展方向，研究配套基础设施现状、前景规划和网联环境。

明确当前智能网联汽车的智能网联能力和情境感知能力，能够识别到的情境信息，比如当前的时间、天气、道路情况、用户信息、用户位置等。研究系统通过情境感知技术，检测出用户当下的需求，预测用户将要执行的任务的实现模型。

（二）分析建模阶段

1. 用户角色建模

为了确保在设计过程中用户始终是人—车—环境交互系统中的核心，在分析建模阶段首先需要对智能网联汽车系统的目标用户群体有明确的定位，对用户群体的特征分布、驾驶能力等有清晰的认识。人物角色是对目标用户群体的观点、行为、动机等真实特征的刻画，代表了真正的用户，构建人物角色能有效地保证实际设计过程中始终以用户为核心。

通过前期的用户研究，对研究结果进行分析整合，构建用户角色模型，为用户目标及需求设计提供基础。基于角色构建驾驶场景剧本，从故事中提炼出角色的需求。为了使用户角色更真实可信，更贴近真实用户特征，一方面可以依据用户研究结果对角色进行细节丰富，另一方面可以通过大数据对用户行为模式、驾驶习惯、活动偏好等进行精准的分析，根据实际需求选取用户要素，构建更精细的用户角色模型。

2. 头脑风暴

在分析建模阶段，头脑风暴的关键目标是围绕用户需求与智能网联汽车感知能力之间的联系尽可能多地产生创新解决方案，关注用户不同驾驶场景下的行为、需求和期望，考虑产品当前的环境感知能力，提出创新方案。将用户需求与产品当前感知到的环境因素相结合，打破固有的规则，思考用户在产品的感知下会经历什么故事，期望做些什么，发现用户在特定场景下可能想获得哪些创新服务。

讨论结束后，将头脑风暴获得的设计创新点进行整理和记录，应用亲和图等方法对这些大大小小的创新点进行去重、聚类和分解。为了验证这些创新点的合理性，确定创新点的优先次序，可以将这些创新点展示给目标用户或使用人物角色对这些创新点进行评测，得到最核心的设计创新点。

3. 驾驶场景剧本构造与场景节点拆分

驾驶场景剧本是对头脑风暴中产生的可行的设计解决方案进行的细化，是设计解决方案落地过程的载体。构造驾驶场景剧本使团队思考在解决方案实施后，从用户的角度来看，这是一个怎么样的故事，哪些因素在发挥作用，需要考虑用户哪些环节的体验。驾驶场景剧本关注智能网联汽车系统如何帮助用户达到目标，以及如何协助用户完成任务。

在构造了初步的驾驶场景剧本后，需要对其进行技术能力的打磨。考虑产品的环境感知能力以及智能网联能力是否能够支撑这个剧本，能否带来更先进的体验和可能。在完善整个驾驶场景剧本后，通过故事板等方法将剧本按场景节点进行拆分。明确每个节点相关的场景因素，描绘用户在该节点下的关键任务及行为流程，从而构建场景因素与用户目标、产品功能或信息的联系。在确定最终驾驶场景剧本前，邀请目标用户或团队成员对串联场景节点后的剧本进行测试，过滤掉不具有可行性的部分，根据反馈对驾驶场景剧本进行调整。

4. 产品需求定义

通过对驾驶场景剧本及拆分出的场景节点进行分析，提取出当前描绘场景下的产品需求。产品需求主要分为功能需求和信息需求：产品需求明确需求具体的含义，对产品需求进行更完整和详细的描述；功能需求是系统为用户提供的功能性服务，信息需求是系统为用户的信息性服务。而无论是功能性服务和信息性服务都是与用户所处场景紧密关联的，共同达成用户场景的需求服务，因此产品需求出现的时机以及空间位置都与当前触发的场景存在着一定的映射关系。一个场景组合可能触发多个产品需求，而一个产品需求可以在不同的场景中被触发。对于第一种情况，由于驾驶员注意力有限，需要考虑各个产品需求的优先级，对并发需求进行处理。对于第二种情况，需要考虑同一个产品需求在不同场景下的意义，驾驶员的动机、目标或行为的差异。

5. 智能网联汽车驾驶场景知识库建模

为了让智能网联汽车能够理解用户所处的场景，了解用户意图，预测用户需求，需要构建一个场景知识库，帮助智能网联汽车从用户的角度理解场景。场景知识库是存储场景因素及场景因素间内在关系规则等场景知识的数据库，具备学习能力，能够适应不同的用户，为用户提供个性化服务。通过对系统感知的场景因素进行语义转换，对转换后的场景因素进行数据融合，抽象出场景的高级语义，获得明确的复杂场景，从而能够根据这个复杂场景对用户需求、用户行为进行反应，为用户提供相应的信息或服务。如汽车通过感知当前车速，前方障碍物类别、大小、距离、移动方向、移动速度等场景因素，构建当前场景，判断是否为前方碰撞危险情境，如图1-19所示。

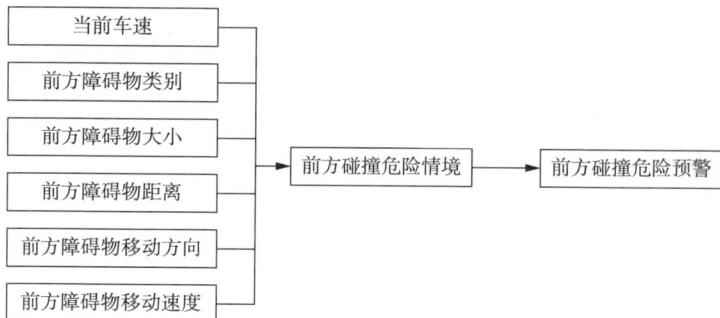

图1-19 前方碰撞危险情境感知

（三）设计框架阶段

1. 自适应推理规则库构建模

　　智能网联汽车系统通过车载传感器、通信网络、系统数据库等获取原始的场景数据，将这些原始场景数据通过处理及数据融合，与场景知识库进行匹配，转化为系统对当前驾驶场景的解释。场景功能及信息是由场景因素触发的，在何种场景下触发何种功能及信息需要由一系列的规则进行定义，即自适应推理规则。

　　自适应推理规则是定义场景与相应功能信息及交互流程之间的映射关系，自适应推理规则库存储并管理着这些规则，根据感知到的场景因素对关联规则进行检索和输出，触发和驱动相关功能信息及交互流程，最终形成与用户进行交互的图形界面。自适应推理规则是根据典型驾驶场景下用户对功能及信息的需求构建的，需要用户参与，为了适应驾驶员个性化需求，推理规则库会根据驾驶员操作反馈信息对推理规则进行增加、删减和修改，由场景因素触发的功能及界面流程交互逻辑如图1-20所示。

　　自适应推理规则用产生式的形式表示为：IF C_M, THEN AS。其中条件部分 C_M 为知识库中的场景因素，行动部分 AS 为具体的自适应功能或信息表示方案，条件部分的场景因素与行动部分的表示方案形成因果逻辑关系。如车辆超速警示信息的自适应推理规则为

"IF（当前车辆位置 = '限速路段' AND 当前车速 > '道路限制速度'），THEN（HUD速度显示颜色 = '红色' AND 仪表盘显示信息 += '超速提醒'）;"表示该路段限速，且当前车速超过限制速度时，HUD上的车速标红，仪表盘显示超速提醒，以达到提醒驾驶员当前已超速，需要进行减速操作。构建自适应推理规则库，建立场景与功能及信息的联系，满足条件才触发相应功能，在相应设备上形成相应界面，以满足用户当前实际场景的需求，降低用户认知负荷，提高信息访问效率。

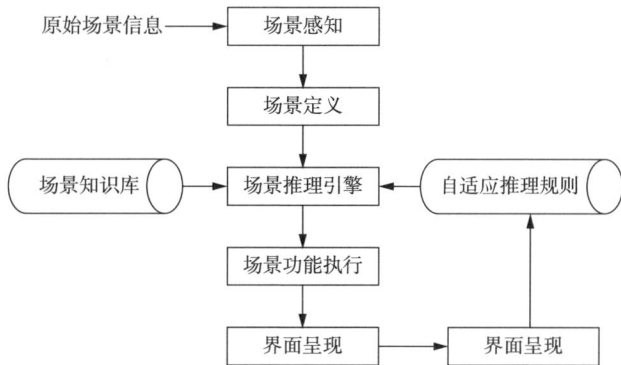

图1-20　由场景因素触发的功能及界面流程交互逻辑

2. 信息架构构建

汽车内部空间信息随汽车智能网联化发展而不断增加，车内交互设备增多，汽车人机界面不仅需要适时为用户提供足够的信息，还要避免对驾驶员产生干扰。这需要构建合理的车内各屏幕的信息架构，并定义各屏幕上的信息与功能组织层级及实现架构。通过合理的信息架构对大量复杂的驾驶信息进行过滤与组织，控制信息数量、内容、关注呈现位置及方式，帮助用户有效地发现及管理车内空间信息，并不干扰正常驾驶行为。

一般在建立信息分类体系的过程中，需要考虑用户的心理模型、用户处理信息的能力、对信息的理解及熟悉程度、使用信息的频率。对于车内信息空间，由于在驾驶过程中，驾驶员对特定功能或信息的需求部分是由特定的驾驶场景所触发的，因此在对车内功能和信息进行组织时，不仅要依据功能模块分类，还需要以典型驾驶场景下用户行为语言作为信息组织依据分类，考虑信息在当前驾驶场景中的优先级及显示区域，使显示的信息与驾驶场景紧密相连。

空间布局上采用模块化设计，基于合理的信息分类体系构建不同的信息模块，将各信息模块在车内空间里的各屏幕进行模块布局，减少驾驶员需要学习、提取和识别的信息量，维护驾驶员认知资源。将与驾驶任务相关的重要或高频的信息模块置于驾驶员的主要视野内，方便驾驶员快速浏览信息，保证视线及注意力保留在当前道路上。与驾驶任务相关的次要信息可置于主要视野附近，而非驾驶任务相关且低频信息可置于驾驶员主要视野外，驾驶员可选择性查看，减少对驾驶员的干扰。

3. 场景原型设计

场景原型设计是根据驾驶场景触发的功能及信息，提出相应的车内多设备体验设计解决方案，包括典型场景下完整的用户交互流程、各设备界面框架及元素布局、各设备间的界面元素联动关系。场景原型将定义好的信息内容转化为界面元素，合理布局界面元素、设计用户使用流程，从而将系统的功能、信息架构、交互逻辑具象化，展示设计概念。场景原型有助于团队对设计概念的理解，能够用于用户测试，及时获得真实反馈，进行低成本的快速迭代。

由于驾驶场景具有复杂多变的特点，可以将驾驶场景拆解为多个节点，场景节点随场景演进而切换节点状态。每个节点下对应一组车内各设备的界面，界面随节点的变化而切换。如在与前车追尾场景中，主要状态变化为车辆与前车距离逐渐减小，可以划分三个节点：车辆接近前车，处于安全距离；车辆与前车距离小于安全距离，可能存在危险；车辆与前车距离过近，即将发生危险。与前车追尾的场景原型由这三个节点下的界面组成，界面交互流程与前车距离减少而推进。在真实使用场景中，界面依据真实场景状态而自适应显示。在进行场景原型设计的过程中，需要从关键路径出发，考虑用户对车内多设备显示内容的认知及使用习惯、用户对反馈信息的理解程度，对用户理想情况下使用智能网联汽车人机界面的体验流程进行设计。

（四）设计细化阶段

设计细化阶段主要针对场景感知所触发的交互流程，构建具体的用户交互细节及其中涉及的界面转换，定义界面风格，保证界面的一致性。

在进行设计细化时，需要考虑当前用户所处的场景及行为状态进行繁简切换的设计。当驾驶员集中于执行驾驶任务时，驾驶员注意力和认知资源十分有限，对信息要求简洁明了，能够快速传达信息。当驾驶员处于等待红灯、路边停车等静止场景时，驾驶员注意力和认知资源相对充足，可以展现更多设计细节。

对于驾驶员注意力有限的场景，需要运用设计表达突显当前场景最需要被关注到的信息，主要从界面元素的形状、大小、色彩、亮度、动态等方面进行设计。界面元素的形状是向用户传达信息的关键，影响用户对界面的辨认和理解。通过分析用户对驾驶辅助信息、行车环境信息、导航信息等认识，设计符合用户认知的图形，以帮助用户对界面元素的快速准确地理解。界面元素的色彩影响着用户对图形的辨认效率及含义理解，通过分析色彩对驾驶员感知危险的影响以及色彩在各个不同设备上的显示效果，选择适当的色彩表达以区别不同界面元素的信息含义，例如正常、潜在危险、危险等警告层级。界面元素的大小、亮度、动态效果在不同程度上表达信息的重要程度，影响界面元素的可见性。其中，动态目标比静止容易发现，但也容易分散用户注意力，需要谨慎表达。通过定义各屏界面风格，保证设计过程中界面风格一致，向驾驶员有效传递恰当的信息。

（五）测试验证阶段

在设计进行的不同阶段都可以对产生的设计方案或概念进行验证，以确保满足用户的需求，对于智能网联汽车开发难度大、周期长的项目意义重大。设计人员需要及时对设计方案或概念进行验证，发现设计方案中的主要问题，从而减少进入开发阶段后对设计方案的调整。测试数据主要通过观察、沟通交流以及实验的方法收集，智能网联汽车人机界面交互设计测试评测主要包括以下内容。

1. 汽车人机界面可用性测试

汽车人机界面可用性测试主要通过观察驾驶员在典型驾驶场景

中使用产品完成典型一系列典型任务，记录被测驾驶员是如何执行不同任务，在执行任务过程中的想法及反应。从驾驶员操作时间、操作路径、出错节点、任务完成度、满意度等不同方面进行分析总结，评测车辆人机界面是否能够舒适且安全地满足驾驶员在当前场景下的需求，让驾驶员在使用产品时产生安全与愉悦的感觉。

2. 用户使用汽车人机界面的表现和性能测试

驾驶员表现和性能测试主要基于研究目的及研究可用资源，从驾驶员的客观响应、主观印象以及车辆状态等变量中选取有代表性的变量进行测量，如速度的标准偏差、车道位置、车道改变、转向盘运动、加速度等。驾驶员表现和性能测试能准确收集驾驶员在用车途中是如何执行任务的数据，对驾驶员行为、生理反应、车辆状态等进行精准量化，可用于评测汽车人机界面的设计是否对驾驶员表现或性能有积极影响。

3. 用户使用汽车人机界面的认知状态（如工作负荷、态势感知、信任度等）评测

驾驶员认知状态评测主要通过测量驾驶员行为评测驾驶员在不同驾驶情境执行任务的工作负荷、态势感知、信任度等情况以及这些因素水平对驾驶员驾驶表现的影响，从而预测人机界面对安全驾驶的影响。

测试评测环境主要驾驶模拟器模拟驾驶试验、控制环境（如封闭测试场）的实车试验、开放道路的实车试验。

三、智能汽车HMI设计的功能、体验、情感层次及原则

（一）交互设计功能、体验、情感层次划分

交互设计关注人与产品、人与服务之间的关系，以"人"为本，搭建起人与物之间的桥梁，起到穿针引线的作用。交互设计的目标可以从"可用性"和"用户体验"两个方面进行分析。

可用性（usability）是交互设计的基础目标，这是产品本身具有的物质特性价值所决定的。它主要体现在产品的"有用"和"好用"两个方面。"有用"具体表现为：功能实用（useful function）、易于操作（easy to operate）、安全有效（safe and effective）三个方面；"好用"具体表现为：易学（easy to learn）、性价比高（cost-effective）、性能可靠（reliable）三点。

可用性是交互设计的基础，但如果产品仅是可用的，并不足以获得更多的用户。设计学领域著名学者D.诺曼（D. Norman）在《情感化设计》一书中认为："当然实用性和可用性也是很重要的，不过如果没有乐趣和快乐、兴奋和喜悦、焦虑和生气、害怕和愤怒，那么我们的生活将是不完整的。"可用性仅仅满足了用户的基本需求，对于成功的交互设计产品来说，还需要考虑用户体验，满足用户更高层次的需求。

用户体验（user experience）强调了产品设计的目的是为用户服务，而不仅仅是实现某些功能。用户需求作为产品设计的核心，贯穿整个设计过程，体现了产品的非物质属性。用户体验目标有以下几个方面：令人满意的（satisfying）、令人愉悦的（enjoyable）、有趣（fun）、引人入胜（entertainment）、有益（helpful）、激励（motivating）、富有美感（aesthetically pleasing）、支持创造力（supportive of creativity）、有价值（rewarding）、情感上满足（emotionally fulfilling）。

衡量用户体验主要从品牌力（branding）、可用性（usability）、功能性（functionality）和内容（content）四个元素入手：产品体现了品牌及体验过程的价值；产品的功能性是否满足用户需求；易用性如何；产品提供的信息及其结构是否准确和合理。

依据以上对可用性和用户体验的分析，可以得到如图1-21所示的交互设计目标的倒金字塔。之所以交互设计的目标是一个倒金字塔，本书认为，各个部分的面积代表不同的子目标对产品成功的重要性，面积越大越重要，但这同时也意味着该目标在实际操作中，越难实现。

用户体验 user experience
令人满意 令人愉悦 有趣 引人入胜 有益 激励
富有美感 支持创造力 有价值 情感上满足
satisfying enjoyable fun entertaining helpful motivating
aesthestically-pleasing supportive-of-creativity
rewarding emotionlly-fulfilling

好用 useful
易于学会操作 性价比高 性能可靠
easy to learn cost-effective
reliable performance

可用 usable
功能实用 易于操作
安全有效
useful function
easy to cooperate
safe and
effective

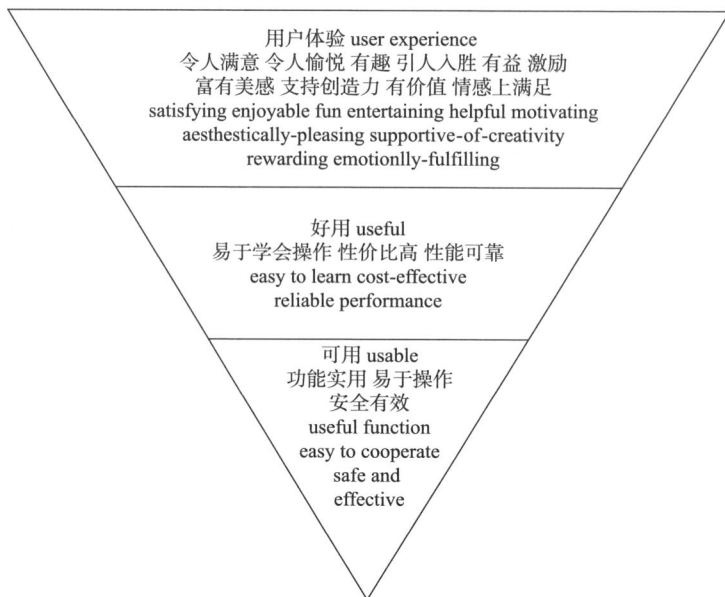

图1-21　交互设计目标的倒金字塔

（二）智能汽车交互设计原则

结合整车HMI设计思维及人—车—环境交互理念的分析，以驾驶安全为核心设计目标，对智能网联汽车人机界面交互设计提出了以下设计原则：

1. 提供系统状态的可见性

与传统汽车不同，智能网联汽车系统具有智能决策和控制能力，可以通过多种方式协助驾驶员。驾驶员对系统过高或过低的信任度会造成系统的滥用或弃用，需要驾驶员明确系统的能力及局限性。在汽车人机界面交互设计中，系统应该对驾驶员的操作行为作出即时的反馈，实时显示汽车系统的运行状态，系统感知到的环境状态与建议的决策，用户可以及时获取系统的异常情况，理解系统运行状态，进行快速检查，合理化驾驶员对系统的信任度和提高对系统的接受度。

2. 保持车内设备间的一致性

在驾驶过程中，驾驶员需要同时面对车内多个可显示信息的设备，不同设备上应用不同的设计语言会给驾驶员带来信息访问的困惑，增加了理解信息的学习成本和信息识别时间。在进行设计时需要保持各个设备间的一致性，遵循统一的设计语言，保持各设备上用语、标签、图标、字体等的一致，实现设备间的一致性，让驾驶员在不同的设备上读取信息时对信息的理解更自信，促进对信息的加工。

3. 增强信息的易读性

汽车行驶的移动性使车内设备处于非稳定的使用环境，车内不同设备在驾驶员的不同位置，观察视角、照明强度、照明角度等因素随行驶环境的改变而变化。不同年龄的驾驶员对信息元素的易读性阈限有差异，易读性弱会增加辨认信息的时间。在进行各设备设计元素的设计时，需要考虑元素的大小、间距、字体种类、背景对比度等的可用效果，确保所有显示信息在不同驾驶情境下都可以清晰地被驾驶员读懂，包括年长的驾驶员。

4. 控制显示信息的数量

驾驶情境瞬息万变，驾驶员的主要注意力需要关注基本的驾驶任务，在设计中需要考虑驾驶员注意力分配的问题。控制界面显示信息的数量，只显示当前驾驶情境下对驾驶员真正必要的信息，保存驾驶员的注意力，最小化驾驶员认读信息的时间，提高驾驶员决策效率，避免不必要信息对驾驶员带来的干扰。

5. 建立信息空间位置预期

由于智能网联汽车内可显示信息的设备的增多，信息分布到了不同设备上，信息空间位置布局设计要遵循用户搜索和浏览信息的习惯，确定各类信息常出现的位置。根据驾驶员对信息显示位置的预期来进行信息布局的设计，使信息的分布合乎驾驶员预期，让驾驶员不需要思考信息的位置，只需要用最少的搜索和识别信息的时间就可以获取到当前情境所需的信息。

6. 确保信息被正确识别并解释

汽车人机界面显示的信息应该贴近驾驶情境，能够被驾驶员快速而正确地识别并解释，识别时间过长或解释错误容易导致驾驶失误。驾驶员通过人机界面获取信息时，会依据相关标签、过往的经验以及当前驾驶情境来识别并解释界面上显示信息的意义。通过设置相关的识别标签可以减少驾驶员识别功能或信息的时间，例如在车辆速度下设置"km/h"的标签。在设计汽车人机界面元素或标签时，需要使用驾驶员熟知的概念和语言，避免晦涩的专业术语或图表。

7. 适时隐藏与激活信息

汽车人机界面显示信息数量和类型的增加给驾驶员带来了较大的认知负荷，信息的适时隐藏能够降低信息信噪比，适时激活出现能让驾驶员聚焦当前任务重要的信息上。系统能够根据驾驶情境适时激活显示特定信息，为驾驶员适时在恰当的设备上提供信息服务，提升信息服务的及时性与有效性，充分利用驾驶员感知的视线范围与设备显示空间。

可用性概述　第二章

第一节
可用性概念

可用性概念在20世纪80年代随着计算机技术发展由人因工程学（又称功效学）提出，这是一门涉及多个领域的学科，包括工业设计、计算机、心理学、人体测量学、统计学等。关于可用性的定义和概念也在不断发展。

1983年的国际标准ISO 9241对可用性做出了以下定义（图2-1）。可用性是特定用户在特定的使用背景下，使用某个产品达到特定目标的有效性、效率和满意度的大小。有效性，即用户达到某特定目标的正确度和完成度。效率，即当用户在一定的正确度和完成下达到特定目标时所消耗的与之相关的资源量。满意度，即使用产品的舒适度和可接受程度。

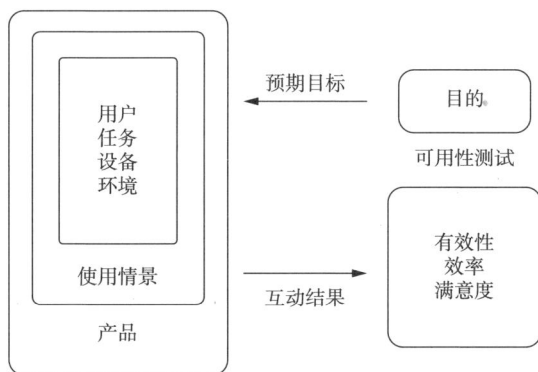

图2-1　ISO 9241建立的可用性因素结构框架

在国际可用性工程领域享有盛誉的著名可用性大师尼尔森（Jakob Nielsen）认为，在某种程度上可用性是一个较窄的概念，它是一个质量属性，用来评价用户能否很好地使用系统的功能。

可用性具有五个属性，直接影响用户对产品或系统的体验。

①可学习性：系统应当容易学习，让用户可以在短时间内开始用系统来做某些事情。

②效率：系统的使用应当高效，当用户学会使用系统之后，可

能具有高的生产力水平。

③可记忆性：系统应当容易记忆，从而使频繁使用系统的用户，在一段时间内没有使用时依旧能够操纵系统，而不用从头学起。

④出错：系统应当具有低的出错率，让用户在使用系统的过程中能少出错，在出错时也能够迅速修复。必须能够防止灾难性错误的发生。

⑤满意度：系统应当使用起来令人愉快，从而让用户在使用时主观上感到满意，喜欢使用系统。

随着互联网的快速发展，还有其他一些重要的属性也逐渐受到重视，如个人情感、社会认同等，因此我们必须以更全面的角度来审视可用性问题。图2-2是我们针对可用性属性建立的新体系模型。

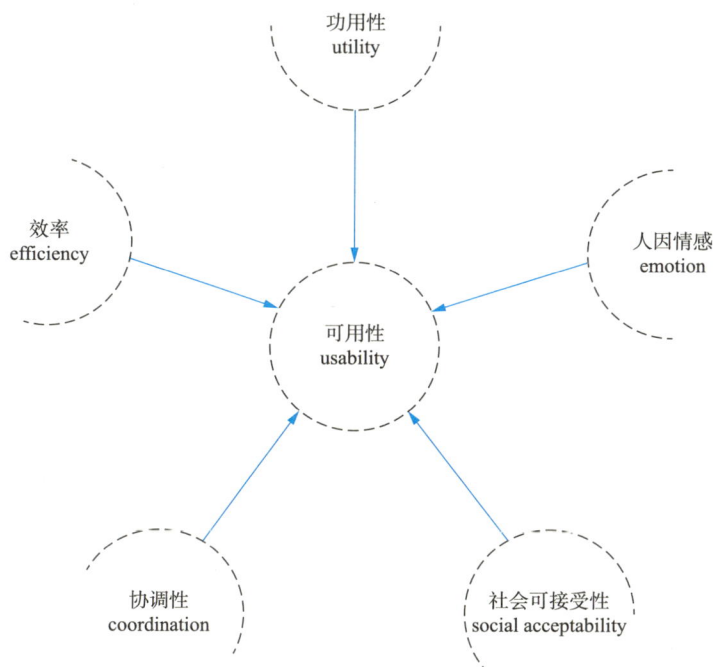

图2-2　可用性的属性模型

功用性指设计是否提供了用户需要的功能；新模型里的效率则包含了易学性、可记忆性和容错性；协调性强调例如在社交类游戏里需要考虑玩家之间的协调性问题；人因情感体现在生理层面上的视觉、触觉、听觉所感知的色彩、形态、质地等，以及在心理层面上的情绪、心境、人格所表现出来的意识、审美、回忆等活动；社会可接受性是从社会网络视角来看待用户与产品交互过程逐渐形成的品牌认同，自我发展和社会同一性等问题。

在产品的设计中，可用性非常值得重视，仅仅满足产品的功用性已经远远不能达到用户的要求。一款可用性好的产品，能够在特定的工作背景下给用户带来便利以及愉悦的体验。因此，一个良好运作的设计团队应当把可用性作为质量系统的一部分来进行产品设计的研发。

可用性概念应用于UX领域的实际测试中，可以进行等级的划分，分级的可用性概念有助于项目区分测试中遇到问题的重要程度，聚焦关键问题，从而提高效率，推进项目有效且向正确的方向推进。下面是部分专家学者对可用性提出的分级方式。

杰夫·鲁宾（Jeff Rubin）有着超过30年的人因工程以及可用性从业经验。在贝尔实验室人类绩效技术中心，他开发了测试方法，并不断改进，致力于软件、文档、培训材料的可用性研究。他提出可用性问题分级法（表2-1）。

表2-1 可用性问题分级法（一）

级别	描述
零级	不是可用性问题
一级	偶尔发生且容易解决，或者问题并不在产品的主要功能上
二级	大部分情况下能够使用，但需要付出较大努力
三级	难以完整使用产品的某一部分
四级	无法使用产品的某一部分

尼尔森提出的可用性问题分级（表2-2）。

表2-2 可用性问题分级法（二）

级别	描述
零级	我不认为这是可用性问题
一级	只是美化问题：除非有多余时间，否则不需要解决

级别	描述
二级	很小的可用性问题：解决的优先级较低
三级	主要可用性问题：重要，需要优先解决
四级	关键可用性问题：在产品发布之前必须解决

　　杜马（Dumas）和瑞迪施（Redish）使用了四个关键等级，至今仍被用户研究员引用得较多。第一个等级为最严重的等级，表示最严重的问题，第四个等级为最轻的严重性（表2-3）。

表2-3　关键等级

严重等级	描述
一级	阻止任务的完成
二级	造成较大的延迟或挫折
三级	问题对可用性有较小的影响
四级	微小且可能的改进点或建议

第二节
可用性测试

　　可用性测试首次出现在1981年，当时施乐公司在Xerox Star工作站（Xerox 8010 Information System）的开发过程中引入了可用性测试的流程。1984年，美国财务软件公司Intuit Inc.在其个人财务管理软件Quicke的开发过程中引入了可用性测试的环节。斯考特·库克（Scott Cook，Intuit Inc.公司的创立者之一）也曾经表示"我们在1984年做了可用性测试，比其他人早了5年的时间"。经过了30年的发展和应用，可用性测试已成为产品（服务）设计开发和改进维护各个阶段必不可少的重要环节。

广义的可用性测试是基于一定的可用性准则，评估产品的一种技术，用于探讨一个客观参与者与一个设计在交互测试过程中的相互影响，是一个结构化的过程。主要通过方法来进行区别，不同的可用性测试方法在产品研发和设计过程的运用、使用时机和所产生的作用是不同的，在定性和定量上的侧重点也不同。而狭义的可用性测试一般指用户测试，就是让用户真正地使用软件系统，由实验人员对实验过程进行观察、记录和测量。

尼尔森在《可用性工程》一书中定义可用性测试（图2-3）是一项通过用户的使用来评估产品的技术，因为它反映了用户的真实使用体验，所以可以视为一种不可或缺的可用性检验过程。产品的可用性是能够被定义、形成文档而且能够核实的。根据ISO 9241-11：2018号国际标准，一个可用性测量的描述应该包括：在特定的使用背景下，有效性、效率和满意度的具体数值或者对象。通常情况下，对有效性、效率和满意度需要逐个进行至少一次的测量。只有对有效性、效率和满意度进行了测量，才能评估一个工作系统中的组建对整个工作系统的影响是怎样的。

可用性测试作为产品团队的切入点，引导产品真正走向用户，从而获得用户意见以提升产品整体的体验感。

各交互系统的设计及开发都与可用性测试密切相关，可用性测试可以适用于整个工作系统中使用的产品，如图2-4所示。在设计

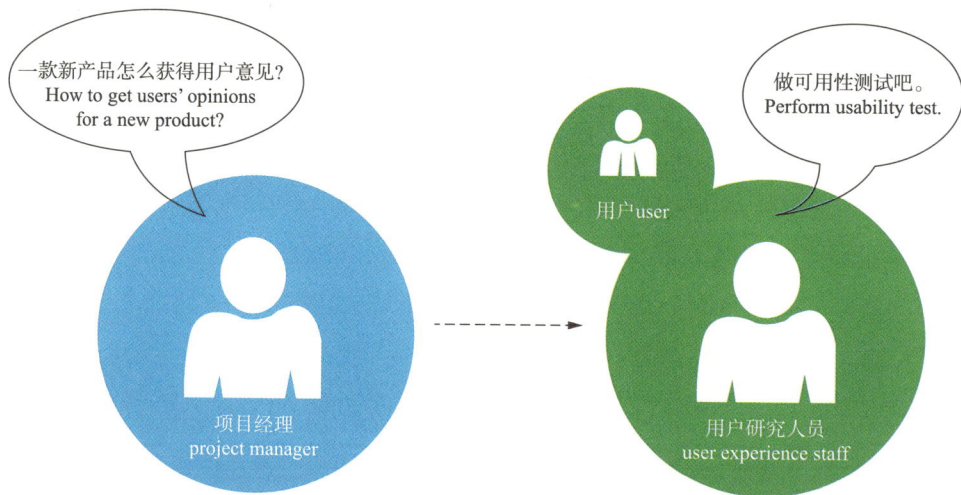

一款新产品怎么获得用户意见?
How to get users' opinions for a new product?

做可用性测试吧。
Perform usability test.

用户user

项目经理
project manager

用户研究人员
user experience staff

图2-3 可用性测试的定位

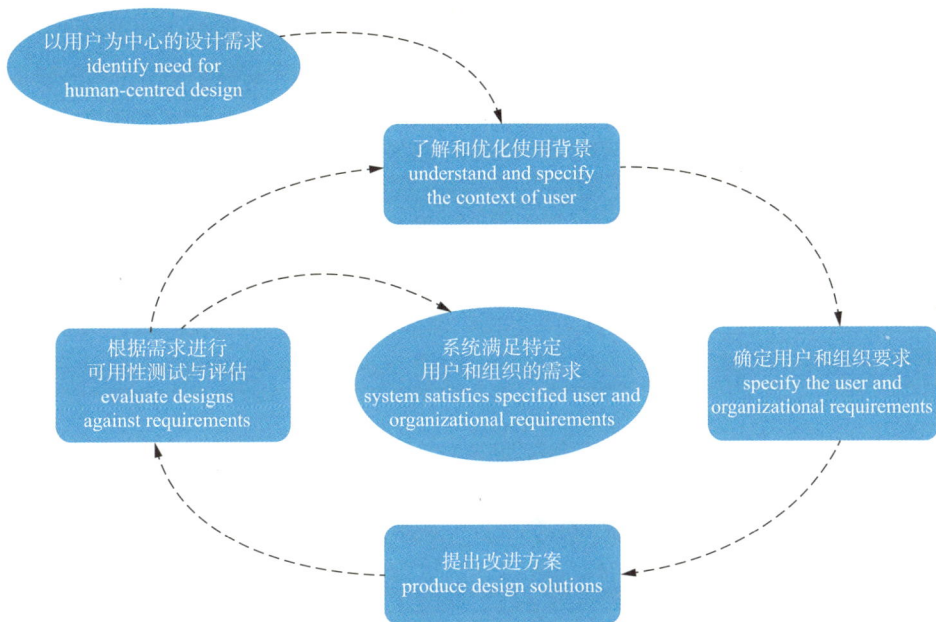

图2-4 以用户为中心设计活动的相互依赖

初期进行的可用性测试主要是为了获取用户意见来指导设计，使设计方案更贴合用户需求，而此阶段的可用性测试主要是利用一些模拟系统来完成。当完成原型后，可用性测试能够针对原型提出反馈意见，以改进设计方案，直到系统满足设定的用户和组织需求。同时，可用性测试能够为以后的产品设计提供指导与参考。

由此可看出，可用性测试在设计流程中每个阶段都发挥着不可忽视的作用，包括开始新设计之前对旧设计的测试、早期对竞争对手的设计测试、低保真原型到高保真原型的多次迭代测试和最终设计的测试等。因此，适时进行既快又便宜的测试很重要。

一、可用性测试的三个组成部分

一个典型的可用性测试主要有三个组成部分，包括代表性用户、代表性任务和观察者，招募有代表性的用户来完成产品的典型任务，然后观察并记录下各种信息，界定出可用性问题，最后提出使产品更易用的解决方案。ISO 9241-11：2018标准明确定义了用户就是测试过程中与产品进行交互的人；任务是为了达到目标而必须进行的活动，可以是物理活动，也可以是认知活动。另外，可用性测试很讲究产品的使用环境，不同的环境很大程度上决定了具体采用哪种可用性测试方法，不同的测试环境也会直接影响测试结果。因此，当应用背景不同时，其测量出的可用性等级也可能会有显著的不同。使用环境是用户、目标、任务、设备（硬件、软件和原料），以及使用产品的物理环境和社会环境，如图2-5所示。

图2-5　可用性测试进行中
（在尽可能不对用户产生干扰的前提下，观察用户完成具体的任务。记录用户的操作行为、操作结果、个人感受，诸如遇到的困难等。）

从用户、任务特点和使用背景三者之间交互复杂性的角度看，可用性测试显得尤为重要。概括地说，可用性测试的作用主要体现在以下三个方面：

①获取反馈意见以改进设计方案。

②评估产品是否实现用户和客户机构的需求目标。

③为了适应变化的用户需求，必须对系统进行不断的调整，而可用性测试则能够通过收集各种有关用户需求的数据以获得反馈，为提升产品可用性性能指标提供数据来源。

二、可用性测试分类

可用性测试有时也会被称为可用性评估，根据评估的时机不同，可用性评估一般被分为两种：形成性可用性评估和总结性可用性评估。这两种评估在产品设计、实现和测试整个开发流程中都起着重要作用。同时，他们也有着作为可用性测试的共同属性（图2-6）。

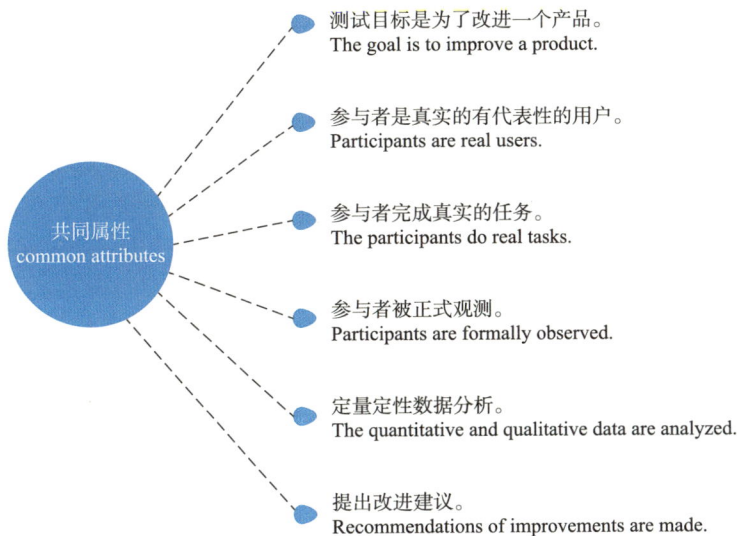

测试目标是为了改进一个产品。
The goal is to improve a product.

参与者是真实的有代表性的用户。
Participants are real users.

参与者完成真实的任务。
The participants do real tasks.

参与者被正式观测。
Participants are formally observed.

定量定性数据分析。
The quantitative and qualitative data are analyzed.

提出改进建议。
Recommendations of improvements are made.

共同属性
common attributes

图2-6 可用性测试的共同属性

（一）形成性可用性评估

形成性可用性评估一般是在设计完成之前进行，且越早进行效果越好，用于获得用户对产品或服务的反馈意见。在评估过程中，尽可能地发现可用性问题，然后提出改进意见。如果有必要，可能会重复多次形成性可用性评估。

形成性可用性评估关注的一些问题如图2-7所示。

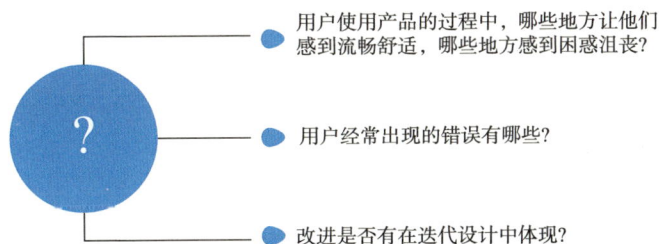

用户使用产品的过程中，哪些地方让他们感到流畅舒适，哪些地方感到困惑沮丧？

用户经常出现的错误有哪些？

改进是否有在迭代设计中体现？

图2-7 形成性可用性评估的问题

形成性可用性评估的目的是收集定性数据，即对可用性问题发生的状况及原因做定性的调查，查找出错的原因，然后改进界面设计。

（二）总结性可用性评估

总结性可用性评估则是在设计完成之后进行，大多采用较严格且更加正式的定量评价，对产品的使用效率、有效性和用户满意度进行度量，引导形成关于产品的可用性特性文档。

总结性可用性评估将会回答如图2-8所示问题：

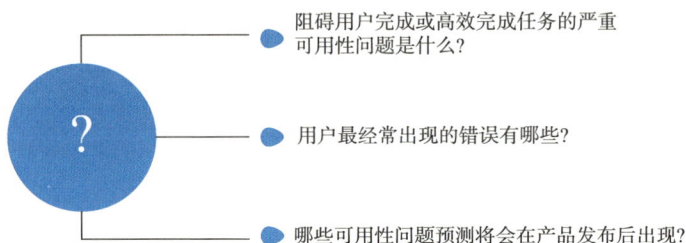

阻碍用户完成或高效完成任务的严重可用性问题是什么？

?

用户最经常出现的错误有哪些？

哪些可用性问题预测将会在产品发布后出现？

图2-8　总结性可用性评估的问题

总结性可用性评估通过走查用户需求和对比设计等收集定量数据，例如反应时间、错误率，来评定产品的整体质量。

（三）两种可用性评估对比（表2-4）

可用性测试实质上结合了定性研究和定量研究两种方法的特点，两种成分的占有比例取决于使用目的和细节上的操作方式。定量研究的思路是基于对一定数量样本的测量，以将研究所得的结论推广至总体。除了强调样本的代表性，还对样本的数量有具体的要求，同时会考虑抽样误差、置信度、置信区间的度量。并且定量研究过程中非常注重对某些自变量操控及无关变量的控制。而定性研究重视对主观意义的理解（如背后隐藏的原因），采用解释建构的方法，比如访谈法等。

表2-4　形成性可用性测试与总结性可用性测试比较

类型	形成性可用性测试	总结性可用性测试
目的	在产品迭代开发的过程中发现问题、分析原因，并提出修改建议	根据一系列的标准对产品进行评估

类型	形成性可用性测试	总结性可用性测试
推论	发现的问题和原因有代表性，但数量比例推论至总体要慎重	测试结论（数量比例）可推论至目标总体
样本	5~8人小样本	大样本，几十甚至几百人
指标	可用性问题的列表、优先级	任务完成情况（时长、成败等）、转化率
重点	观察和发现	评价和比较
研究范式	定性、定量研究范式	更多定量研究范式

平时工作中以"形成性可用性"测试为主，即便它稍微偏向于定性研究，但在允许的范围内，应尽可能地遵循着定量研究的方法去实施。量化研究一直是科学研究的主要范式，定量研究使整个测试过程的严谨性得到保证，结论的客观程度相对更高。具体做法如下：

1. 在任务的设置上

因为参与者可能存在差别较大的亚群体，不可能要求完成完全相同的任务。但必定会设置大部分基本的、都需要完成的公共任务，再针对不同亚群体设置少量的特殊任务。在后期统计分析的时候，基本的公共任务则可以进行数量化的统计，并横向比较。

2. 在测试过程中

关注参与者完成任务时的相关行为，用数字来记录（以0、0.5、1分别表示失败、帮助/提示下成功、成功）。主张尽量少的言语及体态姿势的干扰，只在必要时进行适当地言语交流。

3. 在报告呈现

对任务完成情况（效率、完成率）统计呈现，对不同任务的完成情况进行比较，对亚群体间的任务完成情况进行比较，对所有可用性问题按数量化指标进行排序等。或者比较迭代前后独特问题的频次是否减少，以及严重程度高的等级里面可用性问题数量的变化情况。

4. 测试过后

通常还会收集用户自我报告式的数据，作为"感知可用性"的一个总体反映。

第三节
可用性测试国际标准

随着可用性的广泛应用，与其相关的各项标准逐渐制定并发布使用。通过标准化UCD和可用性测试流程，使其为各项目开发发挥积极作用，从而获得贴近用户需求、被用户所喜欢使用的产品。

根据目前标准的发布实施情况，以用户为中心设计及可用性相关的国际标准共有38项。从比例上看，1995—1999年相关标准的发布量最大。2000年后，相关标准的制定情况发展稳定。其中，2008年新发布实施的有3项，都是属于ISO 9241标准系列的一部分。图2-9总结说明了UCD及可用性相关标准在国外的制定情况。

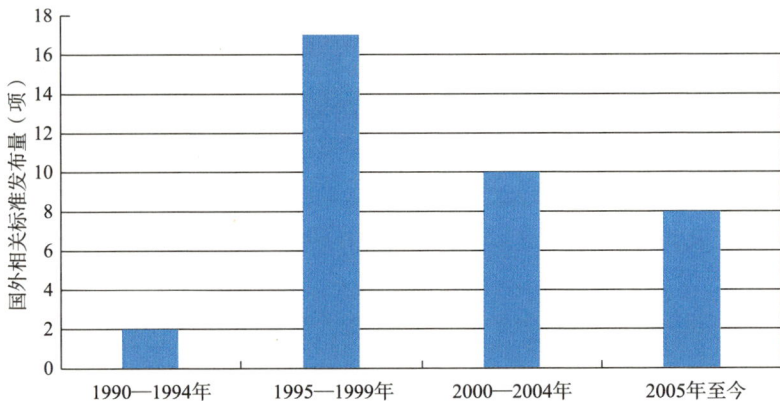

图2-9　UCD及可用性相关标准国外制定情况

对比国外标准的制定情况，我国UCD及可用性相关标准发展起步较晚，2000年后才有相关标准的发布实施。总体上看，国内UCD及可用性相关标准共有13项，都是GB国家标准。根据其内容，这13项国家标准均等同采用相应的ISO国际标准。等同采用（IDT）指的是我国标准与国际标准在技术内容和文本结构上相同，或者与国际标准在技术内容上相同，只存在少量编辑性修改。因此，我国目前有关可用性标准发展滞后，没有自主制定的UCD及可用性相关标准。图2-10总结说明了UCD及可用性相关标准在国内的制定情况。

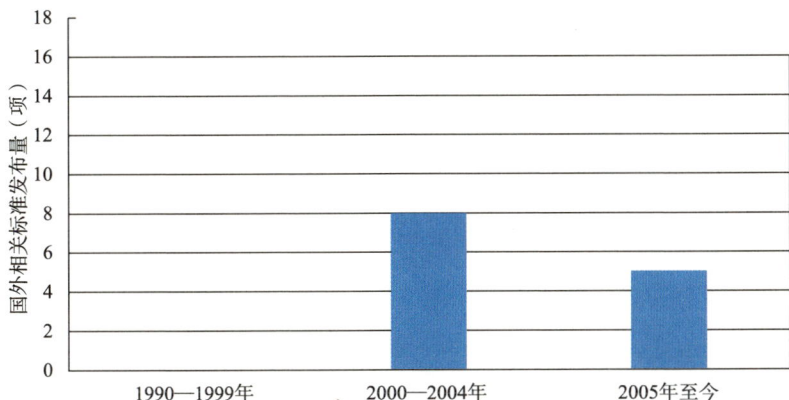

图2-10　UCD及可用性相关标准国内制定情况

一、可用性相关标准分类依据

以用户为中心设计过程，就是一个实现可用性的过程。在项目开发期间，通过开展以用户为中心设计的各项活动，让项目开发过程始终体现用户需求，使产品实现设定的可用性目标。

一个以用户为中心设计的过程主要包括以下活动：

1.了解和细化使用背景

2.确定目标用户和组织要求及设定可用性目标

3.提出设计方案

4.可用性测试与评估

本文以上述UCD的4个阶段活动为依据，对目前可用性相关标准进行分类，并总结各标准的主要内容（图2-11）。

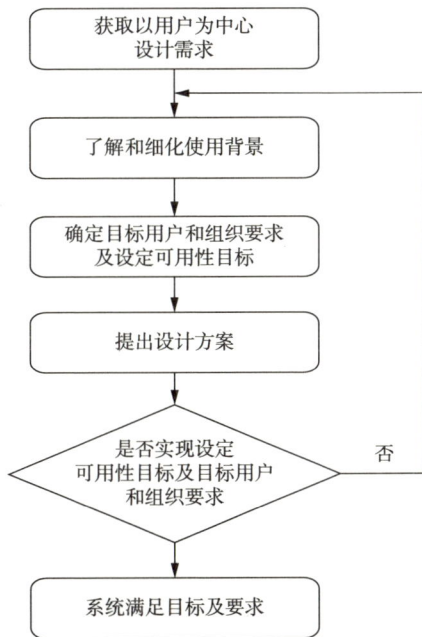

图2-11　以用户为中心设计活动

二、可用性相关标准主要内容

可用性相关标准有GB/T 18976-2003、GB/T 18978.1-2003和ISO/TR 18529:2000 Ergonomics（表2-5），这3个标准综合说明了以用户为中心设计的整个过程，标准内容涉及UCD各基本活动。

表2-5　3个可用性相关标准

国家标准号	名称	国际标准号
GB/T 18976-2003	以人为中心的交互系统设计过程	ISO 13407:1999, IDT
GB/T 18978.1-2003	使用视觉显示终端（VDTs）办公的 人类工效学要求 第1部分：概述	ISO 9241-1:1997, IDT
GB/T 23700-2009	人—系统交互人类工效学 以人为中心的生命周期过程描述	ISO/TR 18529:2000
GB/T 18976-2003（现行） 20210921-T-469（正在审查）	人—系统交互工效学 第210部分：以人为中心的交互系统设计	ISO 9241-210:2019

1. GB/T 18976-2003（ISO 13407:1999，IDT）

以用户为中心设计，阐述了设计原则、UCD活动、活动之间的依赖关系以及每阶段活动需考虑的事宜。使用该标准，能够让项目管理者从整体上了解人类工效学等技术对设计的重要性和相关性，从而更好地进行以用户为中心设计项目的策划和管理。

2. GB/T 18978.1-2003（ISO 9241-1:1997，IDT）

该国家标准等同于国际标准ISO 9241-1:1997。而ISO 9241为系列标准，总共包括21部分。其中第1至17部分是有关使用视觉显示终端（VDTs）办公的系统各方面的人类工效学设计要求，内容涉及硬件、软件、环境以及通用性等规范要求。在以用户为中心设计的不同阶段活动，可以应用ISO 9241的相应部分对VDTs进行设计，使其更符合人的需求。

（1）概要介绍GB/T 18978各部分标准，分别给出了每部分的概要和应用范围。

（2）提供GB/T 18978使用指南，从通用指南、设计和评价特定要求以及用户绩效测试三个方面，给出了标准的使用建议。

3. GB/T 23700-2009（ISO/TR 18529:2000）

该标准定义了如何描述UCD各活动。每个活动描述由目标陈述（purpose statement）和一系列的基本程序（base practices）组成。

该标准还针对ISO 13407中以人为中心设计的4项活动，给出每个进程描述。以下是规范用户和组织要求活动在ISO/TR 18529的定义描述：

进程：规范用户和组织要求

目标陈述（purpose statement）：确定组织和其他相关人员对系统的要求，要求充分考虑系统中各相关人员的需求、能力和工作环境。如图2-12所示，ISO/TR 18529中的进程定义格式：

基本程序（base practices）：

①明确系统目标，并制作相关文档。

②分析系统中各相关人员。

③评估各相关人员所承担的风险。

④定义系统用途。

⑤生成组织和系统中相关人员要求。

⑥设定使用质量目标。

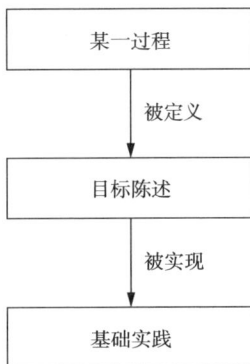

图2-12　进程定义格式

4. GB/T 18976-2003（现行）（ISO 9241-210:2019）

该标准提出了如何有效组织和使用以人为中心的设计，提供了大量的人体工程学和可用性知识，使系统达到有用和可用。

该标准是对现有系统设计方法的补充，可以合并到各种不同的方法中，如面向对象、瀑布式和快速应用程序开发。

该标准提出了在任何交互系统的设计过程中，如果决定采用以人为本的开发方式，应进行四项以人为本的设计活动，下图为各以人为中心的设计活动的相互依赖性（图2-13）：

①理解并规定使用上下文。

②规定用户要求。

③提出设计方案。

④评估设计。

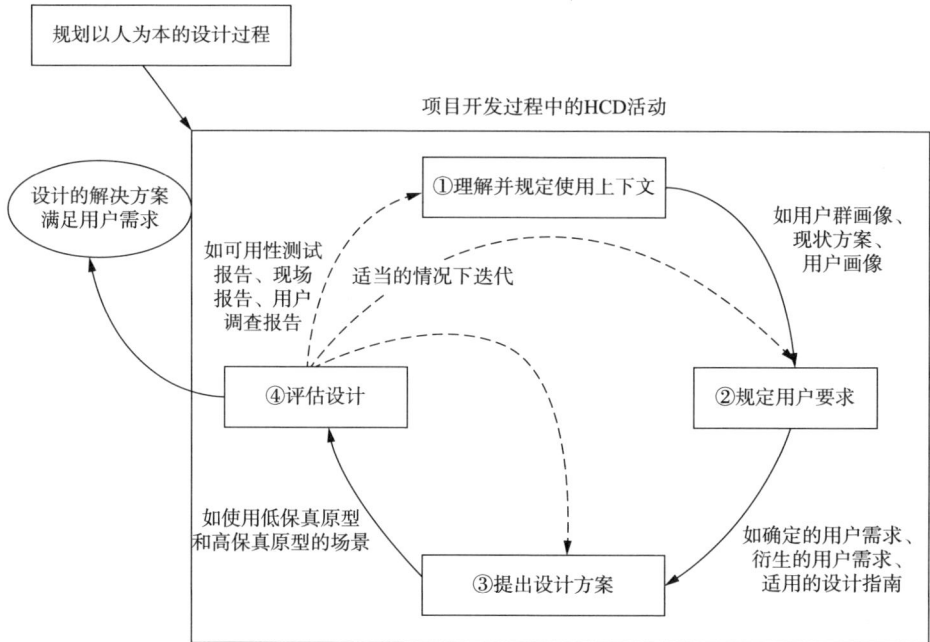

图2-13 以人为中心的设计活动的相互依赖性

三、了解和细化使用背景

本阶段活动通过了解、细化及确定系统的使用背景，从而指导系统设计及评价。系统使用背景主要包括目标用户特征、任务和系统使用环境，其中，使用环境又包括硬件、软件和社会环境等。

与了解和细化使用背景活动相关的标准如表2-6所示。

表2-6 与了解和细化使用背景活动相关的标准

国家标准号	名称	国际标准号
GB/T 18978.2-2004	使用视觉显示终端（VDTs）办公的人类工效学要求 第2部分：任务要求指南	ISO 9241-2:1992, IDT

国家标准号	名称	国际标准号
（无对应的国家标准）	Ergonomic requirements for office work with visual display terminals（VDTs） Part 3: Visual display requirements Part 4:Keyboard requirements Part 5: Workstation layout and postural requirements Part 6: Guidance on the work environment Part 7: Requirements for display with reflections Part 8: Requirements for displayed colours Part 9: Requirements for non–keyboard input devices	ISO 9241-3~9
GB/T 18978.400–2012	人—系统交互工效学 第400部分：物理输入设备的原则和要求	ISO 9241-400-2007
GB/T 32265.1–2015	日用产品的易操作性 第1部分：针对使用情境和用户特征的设计要求	ISO 20282-1:2006
（无对应的国家标准）	Medical devices — Application of usability engineering to medical devices	IEC 62366:2015

1. GB/T 18978.2-2004（ISO 9241-2:1992，IDT）

该标准旨在把人类工效学的技术知识应用到任务设计中，以提高单个用户的效率和舒适性。

2. GB/T 18978.2-2004主要内容

（1）给出任务设计的目标。

（2）良好任务设计的特性：

－ 识别用户群的经验和能力；

－ 提供各种合适的技能、能力和活动的应用；

－ 确保所执行的任务被识别为整体工作单元而不是零碎片段；

－ 为用户确定优先次序、操作速度和程序方面提供适度的自主性；

－ 以用户可理解的术语对任务绩效提供足够的反馈；

－ 为与任务有关的现有技能的提高和新技能的获得提供机会。

（3）从组织、工作设备和物理工作条件以及人员三方面，阐述如何制定有关任务设计的有效计划。

3. ISO 9241 Part 3-9, Part 400

ISO 9241第3至9部分从硬件和环境等方面描述了有关应用视觉显示终端办公的系统使用背景,为该类型的系统开发和设计提供指导原则。而第400部分则集中说明关于物理输入设备的要求,该部分适用于人机交互系统,适用范围不仅限于VDTs。

4. ISO 20282-1:2006

该标准从易操作性角度,针对日常用品,提出设计要求和指导原则。

5. ISO 20282-1:2006主要内容

(1)易操作性定义:操作有效性、操作效率和操作满意度。

(2)从目标、与其他设备相关性、物理环境因素和社会环境因素四个方面,说明日常用品使用背景。

(3)阐述了如何确定目标用户群和区分用户特性(表2-7)。

表2-7　用户特性表

用户特性	心理和社会特性						物理和感官特性					人口统计	
用户子特性	认知能力	知识和经验			文化区别	读写能力	语言	人体尺寸	生理机制	视觉能力	听觉能力	左右撇子	年龄	性别
	—	用户期望和智力模型	传统观念	对待新颖事物的态度	—	—	—	—	—	—	—	—	—	—

四、确定目标用户和组织要求及设定可用性目标

本阶段活动是在确定使用背景的基础上,进一步明确与使用背景相关的用户和组织要求,建立可用性设计目标等。

与确定用户和组织要求活动相关的标准如表2-8所示。

表2-8 与确定用户和组织要求活动相关的标准

国家标准号	名称	国际标准号
GB/T 18978.11-2004	使用视觉显示终端（VDTs）办公的人类工效学要求 第11部分：可用性指南	ISO 9241-11:1998, IDT
GB/T 18978.11-2023	人—系统交互工效学 第11部分：可用性：定义和概念	ISO 9241-11:2018
GB/T 25000.10-2016	系统与软件工程 系统与软件质量要求和评价（SQuaRE） 第10部分：系统与软件质量模型	ISO/IEC 25010:2011
GB/T 25000.22-2019	系统与软件工程 系统与软件质量要求和评价（SQuaRE） 第22部分：使用质量测量	ISO/IEC 25022:2016
（无对应的国家标准）	Information technology — Accessibility considerations for people with disabilities：Part 1: User needs summary	ISO/IEC 29138-1-2009

1. GB/T 18978.11-2004（ISO 9241-11:1998, IDT）

（1）对可用性进行定义，并给出可用性框架（图2-14）。

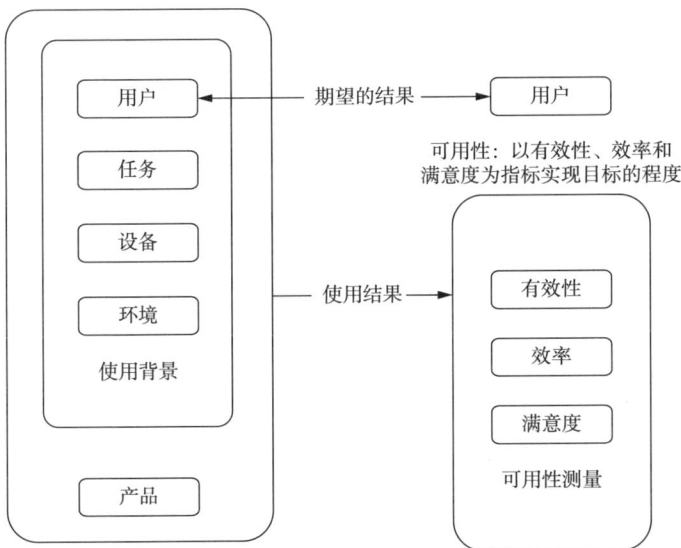

图2-14 可用性框架

（2）概述可用性活动及各阶段活动输入文件（图2-15）。

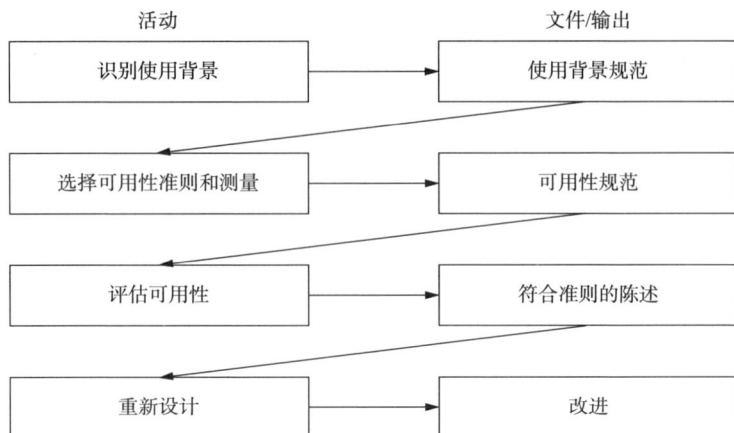

活动　　　　　　　　　　　　文件/输出

识别使用背景　　→　　使用背景规范

选择可用性准则和测量　　→　　可用性规范

评估可用性　　→　　符合准则的陈述

重新设计　　→　　改进

图2-15　可用性活动和相关文件

2. GB/T 18978.11-2023（ISO 9241-11:2018）（该标准取消并替代了前版ISO 9241-11:1998）

对可用性进行定义：可用性是指系统、产品或服务在特定的使用环境中，能够被特定的用户使用，以有效、高效和满意的方式实现特定的目标。同时，给出了可用性框架，如图2-16所示。

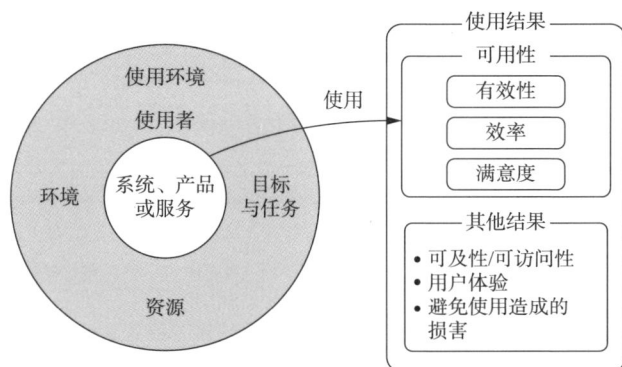

图2-16　可用性框架

提出实现可用性的程度取决于以下特征：系统、产品或服务的：

- 目标
- 任务
- 用户
- 参考资料
- 使用环境

3. GB/T 16260.1（ISO/IEC 9126-1:2001，IDT）

GB/T 16260.1描述了软件产品的质量模型，把软件产品质量分为两部分：一是内部质量和外部质量，二是使用质量。该标准针对这两种产品质量，分别规定了其特性和子特性，并对特性作简要解释。该标准废止于2017年5月1日，由GB/T 25000.10-2016（修改采用ISO/IEC国际标准：ISO/IEC 25010:2011）全部替代。

GB/T 16260.1-2006主要内容如下：

（1）从总体上说明软件产品质量模型框架，如图2-17所示。

（2）描述了外部和内部质量模型（图2-18），并概括解释其特性和子特性。

根据GB/T 16260.1-2006内容，功能性和效率的某些方面也会影响易用性，但在该标准中没有被分类到易用性中。这里可以理解为可用性在软件产品中的具体体现，因此，与GB/T 18978.11-2004中普遍意义上的可用性概念有所不同。

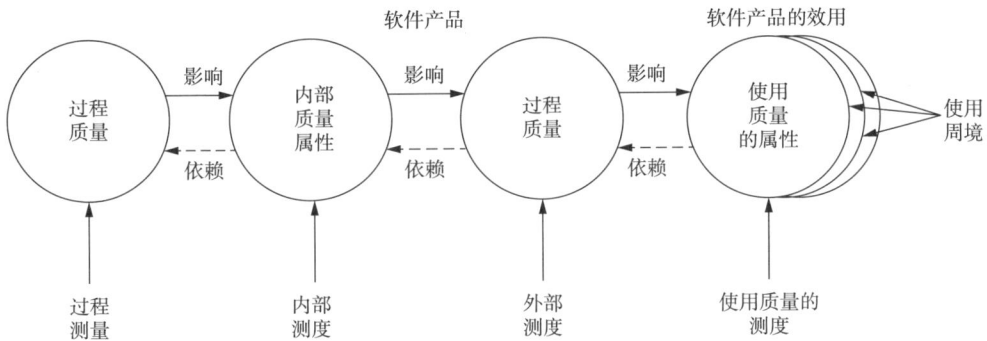

图2-17　生命周期中的质量

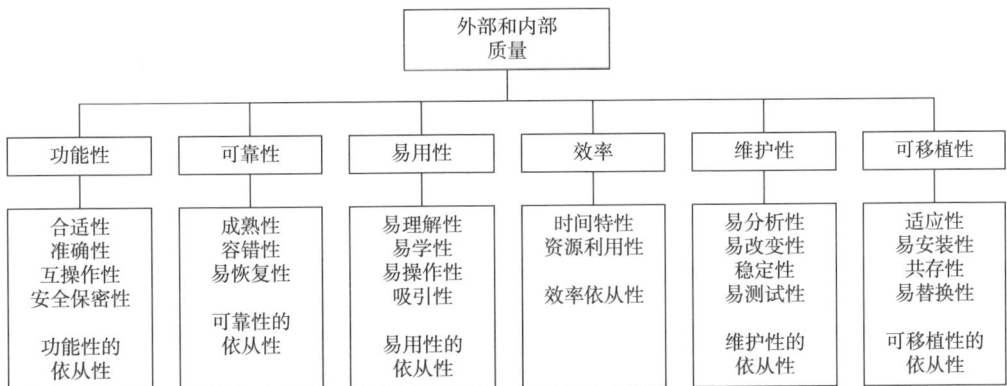

图2-18　用户特性表外部和内部质量的质量模型

（3）描述了使用质量模型（图2-19），并概括介绍使用质量的4个特性。

图2-19　使用质量的质量模型

4. GB/T 16260.4-2006（ISO/IEC TR 9126-4:2004，IDT）

在GB/T 16260.4-2006中，使用质量的特性包括有效性、生产率、安全性和满意度。该标准分别对每个特性给出度量指标。而GB/T 18978.11-2004中定义的可用性则体现为有效性、效率和满意度3个方面。因此，从软件产品的角度上看，可参考GB/T 16260.4-2006中规定的度量指标作为可用性测试的度量参数设定。该标准废止于2021年3月2日，由GB/T 25000.22-2019（修改采用ISO/IEC国际标准：ISO/IEC 25022:2016）全部替代。

GB/T 16260.4-2006对使用质量4个特性的度量指标概括如下：

（1）有效性度量。

评估在特定的使用周境中，用户执行任务时是否能够准确和完全地达到规定的目标。

- 任务有效性
- 任务完成量
- 出错频率

（2）生产率度量。

评估在特定的使用周境中用户消耗的与所达到的有效性相关的资源。

- 任务时间
- 任务效率
- 经济生产率
- 生产比例
- 相对的用户效率

（3）安全性度量。

评估在特定的使用周境中对人、业务、软件、财产或环境产生伤害的风险级别。

（4）满意度度量。

评估在特定的使用周境中用户对产品使用的态度。

● 满意度标度

● 满意度问卷

● 选用度

5. ISO/IEC 29138-1-2009

列出一系列残疾人士的使用需要，确定了为残疾人提供无障碍服务需要考虑的一系列用户需求。

五、提出设计方案

本阶段活动围绕设定的可用性目标，在细化的使用背景上，充分考虑当前各技术水平，综合选取合适的技术，为系统提出设计方案。

与提出设计方案活动相关的标准如表2-9所示。

表2-9　与提出设计方案活动相关的标准

国家标准号	名称	国际标准号
GB/T 21051-2007	人—系统交互工效学 支持以人为中心设计的可用性方法	ISO/TR 16982:2002, IDT
GB/T 18978.2-2004	使用视觉显示终端（VDTs）办公的人类工效学要求 第2部分:任务要求指南	ISO 9241-2:1992, IDT
GB/T 18978.10-2004	使用视觉显示终端（VDTs）办公的人类工效学要求 第10部分:对话原则	ISO 9241-10:1996, IDT
GB/T 18978.12-2009	使用视觉显示终端（VDTs）办公的人类工效学要求 第12部分：信息呈现	ISO 9241-12:1998
GB/T 18978.13-2009	使用视觉显示终端（VDTs）办公的人类工效学要求 第13部分：用户指南	ISO 9241-13:1998
（无对应的国家标准）	Ergonomic requirements for office work with visual display terminals（VDTs）: Part 14: Menu dialogues Part 15: Command dialogues Part 17: Form filling dialogues	ISO 9241

国家标准号	名称	国际标准号
GB/T 18978.16-2018	使用视觉显示终端（VDTs）办公的人类工效学要求 第16部分：直接操作对话	ISO 9241-16:1999
20230412-T-469（计划号）	人—系统交互工效学 第20部分：无障碍设计的工效学方法	ISO 9241-20:2021
（无对应的国家标准）	Ergonomics of human–system interaction： Part 110-2020: Interaction principles Part 112-2017:Principles for the presentation of information Part 125-2017:Guidance on visual presentation of information	ISO 9241
GB/T 18978.143-2018	人—系统交互工效学 第143部分：表单	ISO 9241-143:2012
（无对应的国家标准）	Ergonomics of human–system interaction： Part 151-2008: Guidance on World Wide Web user interfaces Part 154-2013:Part 154: Interactive voice response (IVR) applications Part 161-2016：Guidance on visual user–interface elements Part 410-2008: Design criteria for physical input devices	ISO 9241
（无对应的国家标准）	Ergonomics of human–system interaction— Guidance on accessibility for human–computer interfaces	ISO/TS 16071:2003
（无对应的国家标准）	Medical devices—Application of usability engineering to medical devices	IEC 62366:2015

1. GB/T 21051-2007

该标准总结出用于设计和评估的支持UCD的各种可用性方法，以是否有用户直接参与为依据对方法进行分类，如表2-10所示。然后，从生命周期阶段、用户特征和任务特征等各种影响因素说明如何选取合适方法。

表2-10　GB/T 21051-2007中的可用性方法分类

有用户直接参与	无用户直接参与
● 用户观察 ● 绩效考量 ● 关键时间分析 ● 问卷 ● 访谈 ● 出生思维 ● 协同设计和评估 ● 创造性方法	● 创造性方法 ● 基于文档的方法 ● 基于模型的方法 ● 专家评估 ● 自动评估

2.ISO 9241 Part 12-17，20，110，112，125，143，151，154，161，410

ISO 9241第12至17部分在使用视觉显示终端（VDTs）办公系统的使用背景上，根据人类工效学相关原理和技术，对该系统的各部分提出设计要求和指导原则。

ISO 9241的第20、151和400部分则适用于各种交互系统提出设计要求及原则。ISO 9241的第110、112、125、143、151、154、171则适用于对所提供的信息的指导。

● 第20部分：提出了特定于易访问性的要求和建议。

● 第110部分：提出了适用于跨应用领域和特定技术的用户与系统之间交互的原则和一般建议。

● 第112部分：提出了适用于ICT中通常使用的三种主要应用形式（视觉、听觉和触觉）的信息表示的原则和一般建议。

● 第125部分：提出了特定于信息可视化表示的要求和建议。

● 第143部分：提出了特定于对话技术的要求和建议。

● 第151、154部分：提出了特定于应用程序领域的要求和建议。

ISO 9241的第161部分提供对用户界面元素的可用性的指导和一般建议。它补充了现有的系统设计、方法或过程，可以在任何类型的用户界面策略中引用，而不管用户界面使用的技术是什么。

六、可用性测试与评估

根据要求评估设计方案是以用户为中心设计的重要环节，其作用主要包括三方面：获取反馈意见以改进设计方案、评估产品是否实现用户和客户机构的需求目标以及为提高产品的质量提供数据来源。

与本阶段活动相关的标准如表2-11所示。

表2-11 与可用性测试与评估相关的标准

国家标准号	名称	国际标准号
GB/T 18978.11-2004	使用视觉显示终端（VDTs）办公的人类工效学要求 第11部分：可用性指南	ISO 9241-11:1998, IDT
（无对应的国家标准）	Ergonomics of human-system interaction Part11: Usability: Definitions and concepts	ISO 9241-11:2018
GB/T 25000.10-2016	系统与软件工程 系统与软件质量要求和评价（SQuaRE）第10部分：系统与软件质量模型	ISO/IEC 25010:2011
GB/T 25000.23-2019	系统与软件工程 系统与软件质量要求和评价（SQuaRE）第23部分：系统与软件产品质量测量	ISO/IEC 25023:2016
GB/T 25000.22-2019	系统与软件工程 系统与软件质量要求和评价（SQuaRE）第22部分：使用质量测量	ISO/IEC 25022:2016
GB/T 21051-2007	人—系统交互工效学 支持以人为中心设计的可用性方法	ISO/TR 16982:2002, IDT
GB/T 25000.40-2018	系统与软件工程 系统与软件质量要求和评价（SQuaRE）第40部分：评价过程	ISO/IEC 25040:2011
GB/T 25000.41-2018	系统与软件工程 系统与软件质量要求和评价（SQuaRE）第41部分：开发方、需方和独立评价方评价指南	ISO/IEC 25041:2012
（无对应的国家标准）	Common Industry Format（CIF）for usability test reports	ISO/IEC 25062:2006

国家标准号	名称	国际标准号
（无对应的国家标准）	Ease of operation of everyday products： Part 2: Test method for walk-up-and-use products	ISO/TS 20282-2:2006
（无对应的国家标准）	Information technology—Process assessment Part 3: Guidance on performing an assessment	ISO/IEC 15504-3:2004

除了上述标准以外，针对视觉显示终端的测试与评估，还可以应用 ISO 9241 各部分确定测试任务和指标要求等。

1. ISO/IEC 25062:2006

该标准提供了可用性测试报告的通用格式。在该通用格式中，从可用性测试所收集得到的量化数据能够有条理地被呈现。报告框架组成如下：

（1）标题页。

● 测试产品版本和名称

● 测试时间和执行者

● 咨询者联系方式等

（2）测试执行概要。

● 测试总结

● 产品描述

● 方法概述

● 结果（以平均数呈现）

（3）介绍。

● 完整的产品描述

● 测试对象描述

（4）方法。

● 被测者信息

● 测试中产品的使用环境（包括任务和测试设备）

● 测试管理工具

（5）实验设计。

● 程序

● 给予被测者的测试概要说明

● 被测者任务说明

● 可用性参数

（6）结果。

● 数据分析

● 结果表示（包括行为结果和满意度结果）

（7）附录。

2. ISO/TS 20282-2:2006

该标准针对日常用品设计，描述了一个清晰的可用性测试流程。

（1）明确测试产品。

（2）确定产品的使用背景（目标用户、任务和环境）。

（3）检查目标用户是否具备使用测试产品的能力特性。

（4）决定测试一组还是多组用户。

（5）明确有哪些必需的测试度量，这些度量是否有要求值，以及是否需要比较两组测试结果。

（6）选取能够代表产品目标用户群的测试用户。

（7）设计测试流程，其中应说明具代表性的测试用户在测试环境中，如何使用产品实现其使用目标。

（8）记录成功率、任务完成时间和满意度（使用问卷）。

（9）计算操作有效性（成功率）、操作效率（任务完成时间中数）和操作满意度（问卷得分平均数）。

（10）编写全面的测试报告和简要的测试总结。

附录二总结了当今我国国家标准和国际标准的对应关系及基本信息。

当今，有关各技术的规范文件主要分为标准（standards）、原理和准则（principles）及指导建议（guidelines）三种。标准（standards）是指在产品和实践中被广泛认可和采用的规范性文件。后两者则是由非官方组织制定的关于某技术和知识有用的建议。本书仅对相关标准作总结和介绍，并未涉及对原理和准则及指导建议的讨论。

对目前标准的发展状况进行分析，可以得出有关可用性的标准以通用性为主，缺乏针对特定软件及系统的可用性标准规范。不同的设备具有不同的特性，因此，针对具体应用的可用性设计及测试标准将是以用户为中心及可用性标准制定的趋势。

纵观全文，国内有关可用性的标准普遍为等同采用相应的国际标准。但是，无论国际标准还是我国的国家标准，都缺少针对具体设备及系统的可用性标准。因此，我国应将可用性结合到具体应用中，制定相关的标准规范。这样，既能使可用性更广泛的被应用到具体设计中，又能突破我国可用性相关标准发展滞后的现状。

可用性测试
定性方法

随着各项新媒体技术与人机交互领域的蓬勃发展，从软件到硬件的智能产品层出不穷，给生活带来新鲜和便利的同时也暴露出一些快速更迭下可用性与用户体验的问题。

在交互设计项目过程中，根据以往经验，用户反馈和可用性测试对于发现交互框架中的主要问题及某些方面的细化（比如按钮标签、操作顺序和优先级等）是很有帮助的。但是一方面，要想进行全方位的评估十分困难；另一方面，虽然一切可视化设计都建立在前期调研所得的用户需求上，但难免掺杂着设计人员的主观因素。因此，为了使最终的设计更适合市场趋势与用户期望，需要对设计的原型进行测试评估。借助一系列评估指标体系和可用性测试方法，可以对可用性测试结果进行度量，包括定量的指标和定性的指标，以不同的指标衡量产品或服务的不同方面，例如易用性、可用性、愉悦感等。

一般意义上的定量评估是指对事物进行全面深入的定量分析后，在量化的基础上制定出量标，按一定的量标进行评估，或采用数学模型方法进行评估。在设计评估中，定量评估给对象进行的测定是较为合理和科学的。定量能使目标明确化，从而避免评估中的主观随意性。在具体的评估过程中，有些定量的测定会受到测试者心理因素的影响，而且在系统后台提取的用户数据并不能完全反映用户操作时的真实动机，这会使原来已经清晰的评估变得模糊，进而降低评估的可信度和效果。因此，只有将评估指标定性和定量结合，二者相辅相成，才能够得出一个较为理想的评估体系。

定性可弥补定量无法描述的指标。在设计评估中，有些指标诸如用户行为、用户动机以及心理因素等很难定量。它通过人的大脑对难以量化指标进行分析和判断，能够解决量化中不能解决的许多复杂问题。定性评估最重要的对象是专家与用户。专家们的定性意见是实践经验的概括，能反映出一些数字所无法反映的客观事实。一个用户的意见也许只是抱怨，不过如果若干用户都有相同的意见就可能说明某个设计确实存在着不足。很多设计人员对自己的作品过于自信而忽视了对其进行充分的评估，仅靠用户最后对产品的一两次评估并不能全面反映出产品的可用性。所以在可用性测试和评估这一过程中，通常是将定量定性评估结合起来进行，例如定量评估中的用户测试法和定性评估中的访谈法，两者一般综合使用。从乔布斯掀起用户体验时代至今，可用性在很大程度上决定了产品的生存，可用性测试已经成为项目流程中必不可少的一环。不过请记住，可用性测试的核心是评估，并非创造。它不能替代交互设计，亦不是产生伟大产品的源泉，而是用来评估既有设计思想的有效性及完整性的一种方法。

本书涉及的方法大致可以分为用户调查、用户测试和专家评审。用户调查包括问卷调查、用户/专家访谈、焦点小组等，是社会科学研究和人机交互学中比较常用的技术，适用于快速评估，以了解事实、行为和看法。用户测试是从用户的角度出发进行评估，在所有的可用性评估法中最有效。用户测试常用的方法包括实验室测试、自然观察法、边说边做法和协同交互法。实验室测试和自然观察法根据测试的地点不同来区分。边说边做法和协同交互法是心理学研究所用的研究方法，现在被人机交互界的可用性研究者广泛使用来评估产品或服务设计。专家评审分为认知走查和启发式评估。认知走查是可用性专家从用户学习使用系统的角度逐步检查使用系统执行的过程，主要用来发现新用户可能遇到的问题，从而找出可用性问题。启发式评估也不需要用户参与，由专家进行"角色扮演"模拟用户使用产品，并通过一组启发式原则来评估系统的可用性，从中找出潜在的问题，成本相对较低，且较为快捷。

每种方法都有各自的优势，但在实际运用中，要根据实际项目情况选择一组能够互补和相互衔接的方法，并综合考虑设计所处的阶段灵活执行各种方法，使得以用户为中心的设计理念得到充分的体现。

第一节
问卷法

　　用户调查是询问用户使用系统时的体验（可通过访谈或问卷的形式），一般是在可用性测试前为获得用户对系统或产品的主观感受而使用的辅助手段（图3-1）。

　　调查问卷常用于统计数据和用户意见，也可用来调查用户在使用产品或服务之后的满意度和遇到的可用性问题，其优点是在较短时间内收集到大量的数据，从而获取用户的反馈，如图3-2所示。在学术论文中常见的可用性问卷包括：用户交互满意度问卷、计算机系统可用性问卷和软件可用性测量目录。问卷法使用起来远没有想象得简单，需要经过认真的设计，特别是问卷的内容结构一定要紧密结合调查目的，否则收集到的数据最后反而毫无价值。

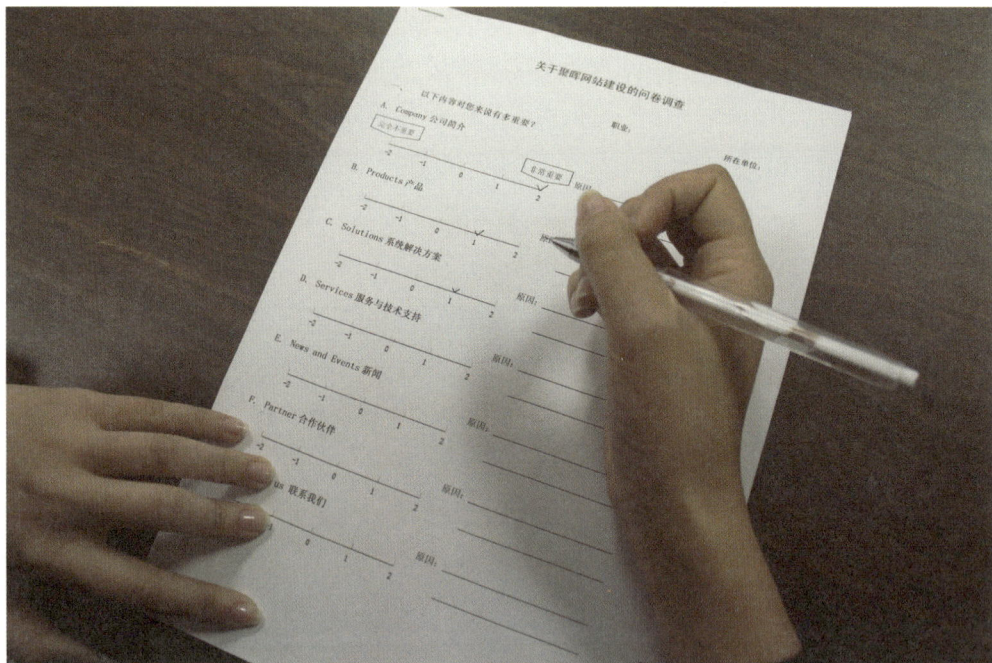

图3-1　用户正在做问卷

1根据访谈设计问卷 design questionnaire according to interview	2试调查 trial investigation	3 调查信度效度 reliability and validity investgation	4 小批量抽样调查 small quantities of sample surveys	5 正式抽样调查 official sample survey	6 调查总结 summary of questionnaire
调查结构框架 investigate the structural framework 转化调查因素为问题 conversion factors for the survey questions	选择试调查对象 select the test survey objects 了解修改建议 understanding of the proposed changes 优化问卷 optimization questionnaire	是否真实全面有用 if full of useful and real 是否稳定一致 if stable and consistent	抽样调查 sample survey 信效度分析 reliability and validity analysis 修改调查问卷 modified questionnaire	确定抽样人群 determine the sample population 描述抽样方法 sampling method described 确定抽样量大小 determine the size of the sample volume 实施取样计划 implementation of the sampling plan 收集取样数据 sampling clata collected	数据分析 data analysis 信效度分析 reliability and validity 得出结论 concluded

图3-2　问卷调查流程图

一、适用范围

（1）以书面的形式向被访人提出问题，并要求被访人以书面或口头形式回答问题。

（2）应用于测试的早期阶段。

（3）在较大的范围同时使用于众多的被访人。

二、优点

（1）不用面对面的交流。

（2）可以用来为主要利益相关者文档提供信息。

（3）可以用来确认提出的解决方案是否被采纳。

（4）可以用从一对一访谈中获得的反馈进行再一次的检查。

（5）可以用较少的费用扩大到较大的群体。

三、缺点

（1）模糊的问题将会得到对设计毫无用处的模糊答案。

（2）人们不喜欢很长的问卷调查。

（3）封闭式问题限制了答案。

（4）开放式问题难以被量化。

在设计问卷时，我们应该首先根据初步访谈确定目标用户群，然后根据不同的用户类型量身定做不同的针对性问卷，即列出问卷调查的目的。可以按照表3-1的模式列出问卷问题的大纲、厘清每一类型问题的目的、对将来设计的影响等，明确设计者想从问卷调查中获取哪些用户信息。为问卷的正式撰写提供依据。问卷问题类型可以分为开放型问题、导入型问题、过渡型问题、关键型问题以及结束型问题，指定回答的格式、问题的个数、时间限制和难易程度等。具体的问卷设计步骤如图3-3所示。

表3-1　问卷设计模版

问题类型 type of question	用户类型 type of user				目的 goal	影射至界面 interface refletion
	类型一	类型二	类型三	类型四		
开放型问题 open question						
导入型问题 engaged question						
过渡型问题 transitional problem						
关键型问题 important question						
结束型问题 ending question						

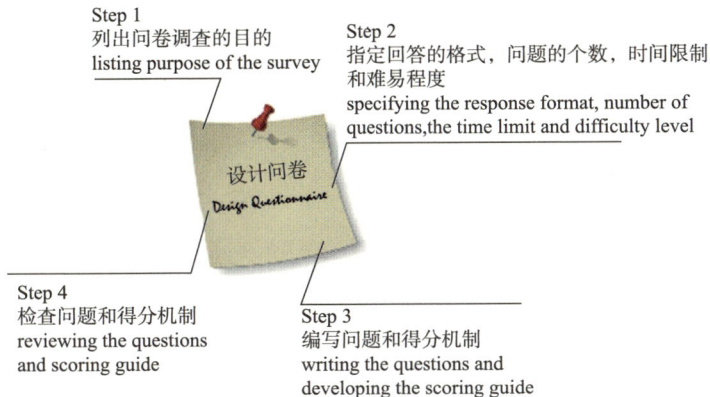

Step 1
列出问卷调查的目的
listing purpose of the survey

Step 2
指定回答的格式，问题的个数，时间限制
和难易程度
specifying the response format, number of
questions,the time limit and difficulty level

设计问卷
Design Questionnaire

Step 4
检查问题和得分机制
reviewing the questions
and scoring guide

Step 3
编写问题和得分机制
writing the questions and
developing the scoring guide

图3-3　问卷设计四个步骤

案例：企业网站设计初期的用户问卷调查

在某企业网站优化建设项目中，项目组在前期研究中对该企业的市场部负责人进行了深度访谈，根据访谈结果，将该企业网站的用户群聚焦为高收入人群、系统集成商、房地产商和政府官员四种类型，因此在问卷调查中分别对四类用户进行问卷调查，列出问题清单，如表3-2所示。

表3-2　问题清单

问题类型	用户类型				目的	影射至界面
	房地产商	系统集成商	高收入人群	政府官员		
开放型问题	请问贵公司希望通过网站达到什么目标？ 贵公司希望在不同用户心里是怎样的形象？ 请描述一下您印象中典型的客户的特征。（概括） 请回想您印象最深刻的一个客户，他们什么特征或者说过什么话语让您印象深刻？（举例）				用户总体特征	整体风格
导入型问题	1.跟您沟通的是他们本人吗？还是秘书？他们的年龄、学科背景、交流方式通常是怎样的？ 2.他们一开始是怎么知道你们的服务与产品的？合作方式通常是怎样的？	1.跟您沟通的是他们本人吗？还是秘书？他们年龄、职业背景、交流方式通常是怎样的？ 2.他们一开始是怎么知道你们的服务与产品的？合作方式通常是怎样的？	1.在维修过程中，跟您沟通的是男主人？还是女主人、保姆或其他人？他们的特征是怎样的？（他们的年龄、职业、居住环境、生活习惯） 2.客户是怎么知道你们的服务与产品的？他们认为通过朋友介绍、网络、普通广告还是其他方式比较可靠？	1.跟您沟通的是什么级别的政府官员？请描述一下他的总体特征。 2.他们之前听说过你们的服务与产品吗？通常是通过什么方式得知？展销会、交易会，还是其他？	用户细致特征，进行用户细分	是否需要个性化页面，例如公司介绍的风格和产品展示

第三章　可用性测试定性方法

问题类型	用户类型				目的	影射至界面
	房地产商	系统集成商	高收入人群	政府官员		
过渡型问题	当客户一开始接触你们的服务与产品时，他们的第一印象是怎样的？		当客户一开始接触你们的服务与产品时，他们的第一印象是怎样的？能为他们的生活带来什么不同？	1.当他们开始接触你们的服务与产品时，第一印象是怎样的？ 2.听完你们的介绍后他们对你们的企业有什么评价？	用户的观点和态度	信息的优先级、信息关联、页面跳转
关键型问题	1.回想一下，客户最常问的关于你们的服务与产品的问题是哪些？价格？稳定性？其他？ 2.通常维修是哪些原因？（客户处理不当？产品稳定性？） 3.客户会不会在场？他们提出什么意见或者建议？ 4.回想一下客户有没有提出在哪些地方增加什么设备？ 5.在你们介绍的时候，客户会对怎样的表现方式感兴趣？三维实体模型演示？虚拟的广告片？纸质的宣传册？ 6.他们希望看到你们的服务和产品的那些功能效果？希望看到服务的整个流程或者产品的整体效果还是产品的单一效果？			1.在你们介绍的时候，客户会对怎样的表现方式感兴趣？三维实体模型演示？虚拟的广告片？纸质的宣传册？ 2.他们希望看到服务和产品的哪些功能效果？ 3.他们通常关心你们公司哪方面信息？	用户的需求和目标	信息的优先级、信息关联、页面跳转
	最后是什么因素促使他们购买？给楼盘增加卖点？让楼盘价格提升？成交量增加？	最后是什么因素促使他们购买？	哪些因素最后促使客户决定购买你们的服务与产品？给了他们安全感？享受家庭娱乐？为了便利？			
	讨论展示方式					
结束型问题	请问还有没有什么补充的？ 是否有您想说又没有机会说的内容？					

最终形成的问卷内容如下：

高收入人群问卷调查

1. 您使用互联网的频率

A. 每天　　B. 每周3~4日　　C. 每周1~2日　　D. 每月少于4日

2. 您平均每日使用互联网的时间

A. 1~2小时　　　　B. 3~4小时

C. 5~6小时　　　　D. 6小时以上

3. 您初次与我们网站接触的方式是什么

A. 互联网　　　　　　　　B. 报刊/杂志

C. 传单/海报　　　　　　　D. 电视　　　　　　E. 朋友介绍

F. 商店　　　　　　　　　G. 其他 ＿＿＿＿＿＿

4. 您对智能家居的理解程度

A. 熟知　　　B. 有一定了解　　C. 听说过　　　　D. 不了解

5. 您希望在网站上面可以获取哪些信息

A. 企业文化　　　　　　B. 产品信息（型号、价格等）

C. 服务/技术支持　　　D. 解决方案　　　E. 相关新闻

F. 联系方式　　　　　G. 招聘信息　　　H. 其他 ＿＿＿＿＿＿

6. 您认为网站起到什么作用

A. 了解产品信息　　　　　　B. 了解智能家居的行业动态

C. 了解服务/技术支持　　　　D. 了解企业

E. 其他 ＿＿＿＿＿＿

7. 什么会促使您访问网站

A. 购买相关产品　　　　　　B. 了解行业动态

C. 了解企业　　　　　　　　D. 寻求解决方案

E. 联系　　　　　　　　　　F. 其他 ＿＿＿＿＿＿

8. 您一般通过什么途径了解智能家居的信息

A. 通过经常访问的网站的友情链接

B. 通过相关杂志报刊　　　C. 通过相关展会和宣传单

D. 通过业内伙伴、朋友介绍　E. 通过客户代表介绍

F. 通过搜索引擎（如google，百度等）

G. 其他 ＿＿＿＿＿＿

9. 您认为网站内容哪方面的特性是最重要的

A. 内容的丰富程度　　　　　B. 内容的实效性

C. 内容的吸引性　　　　　　D. 内容的针对性

10. 如果你想购买智能家居产品，你会通过什么途径

A. 联系厂商（如拨打客服热线等）

B. 联系当地代理商　　C. 通过房地产商(或装修工程师)联系

D. 通过对这方面熟悉的朋友联系　　　E. 其他 ＿＿＿＿＿＿

11. 如果你想了解产品的信息，你希望从怎样的分类方式入手

A. 系列分类 　　　　　B. 系统分类 　　　　　C. 功能分类

D. 适合户型分类 　　　E. 其他 _____

12. 对于智能家居产品，哪些是你关注的方面

A. 功能 　　　　　　　　B. 品牌的可信度

C. 使用的难易程度 　　　D. 其他用户的评价

E. 售后服务 　　　　　　F. 其他 _____

13. 初次接触的原因是什么，如果是购买了产品，买了什么

_____

_____

14. 您知道其他同行业的品牌或网站吗，您对它们有什么看法

_____

_____

_____

15. 您的年龄 _____

16. 您的最高受教育程度

A. 高中 　　　B. 大专 　　　C. 本科 　　　D. 硕士

E. 博士 　　　F. 其他 _____

17. 您所从事的行业 _____

18. 简单描述您的性格

_____

_____

_____

19. 简单描述您的生活习惯/爱好

_____

_____

_____

第二节
访谈法

访谈即直接一对一地询问，以了解用户的习惯、感受，收集用户更深层次的需求，如图3-4所示。访谈法对访谈者自身的要求比较高。访谈法本身的运用比较灵活，根据访谈对象的不同，可分为用户访谈和专家访谈。根据访谈的途径不同，又可分为电话访谈或是面对面的深度访谈。下一节介绍的焦点小组也是访谈法的一种，即集体访谈。访谈法重点在于把情景任务转换成具体的访谈问题清单，并事先准备好观察要点。

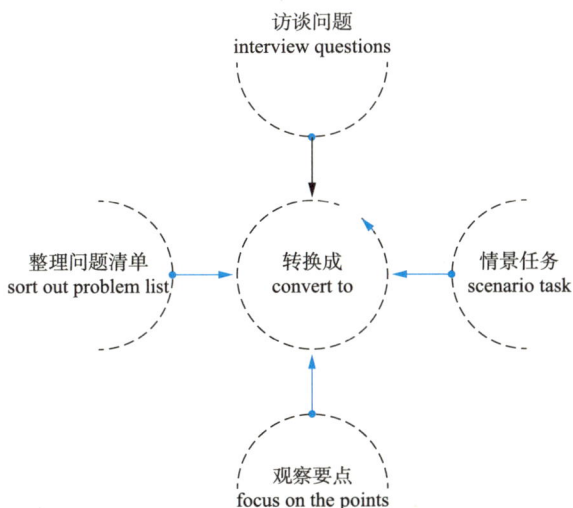

图3-4 访谈法

一、可能会遇到的问题

在访谈中，用户可能出于各种各样的原因，对设计者说的话并不一定真实。所以，在与用户交流的过程中，除了收集被访者的口头语言信息，对身体语言的观察也是深入了解用户的重要手段。

另外，事先准备好要访问的问题，即共性问题；数据的统计要真实；结果分析要全面，在表述共性的同时，也不能忽略个别的特殊情况。

值得注意的是，若是严格按照事先计划好的问题进行访谈，则会失去对很多细节的解答。下面是一个按计划进行的访谈（图3-5）。

图3-5 访谈现场

（营造轻松的访谈环境，一对一访谈的同时，可安排一名工作人员负责记录，最好同时用录音笔记录访谈过程。）

采访人员：请问您平时主要用手机的相机功能做什么呢？

用户：基本都是做一些小事。比如给我家的小猫拍照，出门的时候偶尔也会用一下。对了，也拍过公交车的时刻表。

采访人员：那您使用相机功能的频率高吗？

用户：倒也不是完全不用，大概一周会用两三次吧。

采访人员：您觉得手机的相册有什么不太好用的地方吗？

用户：拍出来的效果不怎么样，另外还有……（下略）

上文的采访人员事先准备好了问题，但是问卷调查只有在本身已有假设的情况下才会有效。然而，在用户调查的第一阶段，还没有任何假设。

正因如此，在读了上述的简短访谈后，肯定会有不少疑问。比如，小猫的照片打算做什么呢？"出门的时候"是去哪里？为什么不是拍地铁的时刻表而是公交车的时刻表呢？……

如果想搞清楚这些"为什么"，很显然这种事先计划好的访谈肯定是不够的。

二、专家访谈

通过对某领域的专家进行访谈，有代表性地收集经验丰富的专家型用户的意见和想法，在短时间内对将要进行设计的新领域做必要的了解，作为改进或者创新的参考依据。

专家应具有以下特征：

（1）专家一般应有一定工作时间的专业经验，在某个产品领域的行为方面具有代表性，熟悉各种功能，能够全面熟练地完成各种任务。

（2）具有计算机和任务的全局性知识，了解行业情况，了解该产品的发展历史，能够评价和检验该产品。

（3）专家不仅熟悉一种产品，而且了解同类产品，能够进行横向比较，分析特长、缺点等情况。

（4）专家具有某些操作绝招，有创新能力，考虑过如何改进设计。

专家访谈的运用是为了使设计师能够尽快了解该行业的全局情况、发展情况、用户需要、该产品的研发过程、设计过程和制造方面的情况及问题（如何入门、如何做事情、经验性的判断和结论、这个做法是否可行、大概会出现什么问题、有几分把握）。因为专家用户有着丰富的经验，掌握着可用性方面的系统经验（全局性、评价性、预测性的问题）。通常以创新为产品最终目的的，多采用面对面访谈的方式，以开放性问题为主；以改进为产品最终目的的，多采用度量问卷的方式，由专家评价和检验。

访谈提纲的设计通常可以分为两个阶段：

第1阶段：明晰事件/实践的重要细节信息，使得收集的数据能够呈收敛状态。

在初期阶段，访谈问题的针对性相对较低，访谈问题的设置需要与受访者的身份相一致，以高效地完成数据的采集工作。从事件/实践产生的外部环境背景、行为主体、发展脉络、里程碑以及最终结果等视角出发设计访谈问题。

第2阶段：对第1阶段通过访谈识别出来的关键问题和概念进

行深度访谈。

通过第1阶段的访谈，在对数据进行初步分析的基础上结合自己在访谈中的感受和兴趣分析出其中的关键问题、关键概念等，并将这些问题作为进一步的问题。在第2阶段的访谈中则需要针对这些识别出来的关键问题和概念做深度访谈，从内涵、特征、关系等视角对识别出的关键问题和概念做进一步的提炼、凝聚和升华。

三、访谈步骤

1. 接收任务书

2. 制定访谈提纲

（1）确定访谈目的。

（2）建立调查因素结构。

（3）列出问题清单。

3. 预约被访者

4. 正式访问

（1）访问员整理现场问卷、录音。

（2）访问员一对一地与被访者进行现场访问。

（3）对收回的问卷、录音都要亲自过目。

5. 访问后的整理工作，记录存档留底

6. 访问后续工作

（1）结果整理。

（2）需求分析。

（3）得出结论。

案例：校园场景下智能无人物流快递车的用户访谈

在基于校园场景下智能无人物流快递车系统的服务设计研究中，为了进一步了解在校园内，主要用户群体对物流快递服务的需求与痛点，在研究时选择了6位代表性用户进行了用户访谈，希望通过深入访谈，了解用户对校园内物流快递服务的所有需求，为接下来的产品服务系统设计提供明确的方向和内容。

访谈对象：18~24岁在校学生。

访谈目的：调查当前校园内物流快递服务的主要用户群体对待该服务的看法与理解、自身的行为习惯、需求偏好等，配合角色模型进行系统分析。

访谈工具：面对面记录访谈、摄像机、录音笔、计算机等相关工具。

访谈的内容如表3-3所示。

表3-3　用户访谈问题列表

序号	问题
1	您的性别、年龄、驾龄、所在城市
2	您的生活作息状态、日常安排行程、兴趣爱好和习惯
3	您对当前校园内物流快递服务的满意度、存在哪些具体问题
4	您最希望校园内物流快递服务在哪些方面可以得到改善，遇到过哪些困难
5	您是否使用过或者了解无人车技术，有什么样的看法
6	您对未来校园内快递服务有哪些畅想、期望什么样的物流快递服务形式

对6位用户的访谈结果总结和整理如下：

（1）您的生活作息状态、日常的安排行程、兴趣爱好和习惯：根据每天的课程表，在有课的时间会去教学楼上课，根据之后的课程表安排会选择去图书馆自习与休息，因为教学楼和宿舍楼区域相隔较远，不太愿意回宿舍楼。会经常使用物流快递服务，至少每半个月要进行一次网购，购置生活用品。

（2）您对当前校园内物流快递服务的满意度、存在哪些具体的问题：不满意、不太满意，主要存在的问题在于快递的寄取流程十分麻烦、时间安排上有冲突、取寄件地点太远不顺路、物流快递服务人员态度不好、取寄件高峰期间拥堵、效率低下等。

使用物流快递服务遇到的困难，如表3-4所示。

表3-4　用户访谈反映问题

序号	问题	详细说明
1	快递点太远、不顺路	物流快递服务站点距离教学区、住宿区远，而且不顺路，需要花大量的时间在路程上
2	高峰期间效率低	高峰期间使用快递服务的人多，造成拥堵，取寄件时间久，效率低
3	时间段冲突	允许取寄件的时间段用户往往有其他的事情，不能够完成取寄件任务
4	服务流程繁琐	大部分取寄件流程需要到现场完成表单的填写，尤其是寄件
5	服务人员态度不佳	偶尔碰到服务人员的态度不好，十分影响用户心情和用户体验

关于人车技术在货物运输方面的运用，受访者表示，如果这些技术在保障安全性的前提下能够为自己的生活带来更高的效率和便利，愿意去尝试和体验。

访谈总结分析：大部分的在校学生都拥有相对固定和规律的生活作息，主要以教学楼、宿舍楼、食堂、运动场、商业广场作为主要活动的地点。对校园内的物流快递服务使用的依赖度较高，但是满意度较低，主要体现在寄取件服务流程中的时间、效率、使用感受和体验等。多数用户只有在下课时间才可以去物流快递服务站点寄取件，但通常高峰期效率低下。因为快递点较远且不顺路，多数用户会选择暂时不取，造成了物流快递站点货物的堆积。他们对新技术、新科技的认知程度较高并有着开放的心态，对新技术的安全性非常重视，是尝试使用和体验的前提条件。同时，也希望无人车货物运输能够为自己的生活带来更高的效率和便利体验。

第三节
焦点小组

焦点小组是常用的可用性评价之一，即将一组人集合起来围绕着某一主题进行讨论，获得一些定性数据，从而了解用户对一个产品或服务的看法和态度。通常用于产品功能的界定、工作流程的模拟、用户需求的发现、产品原型的接受度测试、用户模型的建立等。图3-6为焦点小组实施流程。

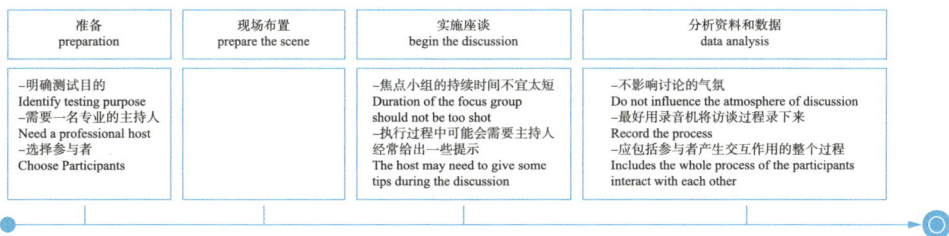

准备 preparation	现场布置 prepare the scene	实施座谈 begin the discussion	分析资料和数据 data analysis
–明确测试目的 Identify testing purpose –需要一名专业的主持人 Need a professional host –选择参与者 Choose Participants		–焦点小组的持续时间不宜太短 Duration of the focus group should not be too shot –执行过程中可能会需要主持人经常给出一些提示 The host may need to give some tips during the discussion	–不影响讨论的气氛 Do not influence the atmosphere of discussion –最好用录音机将访谈过程录下来 Record the process –应包括参与者产生交互作用的整个过程 Includes the whole process of the participants interact with each other

图3-6 焦点小组实施流程

一、准备

1. 明确测试目的

列出一张清单，包括要讨论的问题及各类数据收集目标。

2. 一名专业的主持人

3. 选择参与者

（1）不少于6个用户，最好多个小组。

（2）有研究目标所要求的经验或信息。

（3）能够在小组中进行交流。

（4）如果没有必要，应该把有"专家"行为倾向的人排除在外，如律师、记者等，因为他们很容易"健谈"过多而占用发言时间，增加主持人的控制难度。

第三章 可用性测试定性方法

089

二、现场布置

不同的测试项目需要不同的现场布置。每次座谈前，把参与者的名字写在桌牌上，预先放置妥当，既有利于现场秩序的调控，也方便记录和数据分析处理。

三、实施座谈

（1）焦点小组的持续时间不宜太短，长时间在任务上的深入讨论可以产生广泛的交互作用。

（2）执行过程中可能会需要主持人经常给出一些提示，但要注意的是，提示仅仅是用来激起更多谈话的手段，而不要引起参与者特别的反应。

四、分析资料和数据

（1）保证数据收集过程没有影响到讨论的气氛。

（2）在不影响访谈真实性的前提下，最好用录音机将访谈过程录下来。

（3）收集的数据不仅仅是讨论的内容，还应包括参与者产生交互作用的整个过程。

五、优点

（1）获得的信息量大、质量较高，资料收集快、效率高。

（2）可以将整个过程录制下来，以便于事后进行分析和科学检测。

（3）参与者能畅所欲言，以准确地表达自己的看法。

（4）是互动式讨论，有利于多方面多角度听取建议。

六、注意事项

（1）焦点小组的目的决定了所需要的信息，从而决定了需要的被访者和主持人。

（2）曾经参加过焦点小组的人是不适合的参与者。

（3）主持人应把握会场气氛。

（4）数据和资料的分析要求主持人与分析员共同参与。

案例：针对虚拟培训系统设计的焦点小组讨论

此案例来自UXLab在2014年的虚拟培训系统项目，由于该系统的目标用户属于专业性很强的领域，在设计前期的需求分析阶段，为了快速有效地分析设计目标，项目组召集了专家及项目人员共同进行了一次焦点小组讨论，表3-5的讨论提纲和图3-7拍摄于这次焦点小组讨论现场都是此次焦点小组探讨的成果。

时间：10:00~11:30

参与人员：全体

流程：观看视频—演示

表3-5　焦点小组讨论提纲

一级因素	二级因素	问题
预测性	功能	1. "虚拟全息3D"的显示方式，与你们之前使用的软件/工具相比，可能会对用户目标产生哪些辅助作用？可能会存在哪些缺点？
		2.是否需要对某个零件的尺寸进行测量？
		3.是否有必要显示部件索引目录以及模型工程图？
		4.除了显示模型的结构及部件，您认为用户还需要哪些功能？比如自定义组装等。
		5.通过自主组装的测试模式能否有效检验用户对飞船结构的了解程度？录像功能是否有必要？还缺少哪些必要的或者需要的功能？

续表

一级因素	二级因素	问题
预测性	界面	6.用户希望在什么位置显示意图引导？如按键上、按键旁、屏幕上部、屏幕下部等。
		7.某个部件的信息是否需要实时显示？
		8.对不同结构的部件以颜色区分是否必要？
	交互	9.用户希望对单个零件进行哪些操作？
		10.用户在使用过程可能会出现哪些错误情景（操作失误)？

图3-7　焦点小组现场
（与非焦点小组不同的是，焦点小组由主持人进行一定的引导，提出一个焦点问题，然后让参与者进行开放性讨论）

第四节
边说边做法

　　边说边做法是指用户在完成任务的过程中说出自己的想法、感受和意见，可用于可用性测试的整个进程。这一过程类似于"出声思维"，出声思维是心理学领域进行测试时常用的一种方法，它要求被测试者在解决问题的同时用言语表达自己的所思所想，以便测试者快速捕捉到被试者内心真实的思考过程（图3-8）。

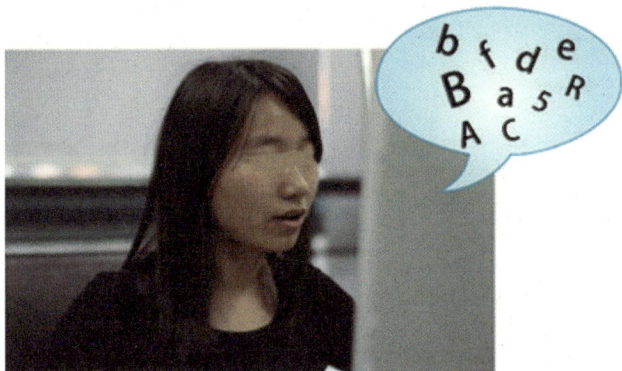

图3-8　边说边做法
（用户进行操作的同时，说出心中的思维过程）

但边说边做法并非适用于所有的测试场景，其不宜使用的情况如下：

（1）认知负荷重的任务。

（2）长时间的测试。

（3）不宜说观点。

（4）对小孩做的测试。

使用边说边做法的优点：

（1）能更好地理解用户与产品交互时的心理模型（这有助于推进更好的产品设计）。

（2）查找主要的可用性问题。

（3）查找问题的原因。

（4）依靠课题专家查找他们不知道自己知道的事。

（5）项目中期设计变化的测试。

案例：某网站设计改版的可用性测试

此案例来自UXLab在2012年的某网站可用性测试项目，该网站在信息架构、布局等方面做了较大幅度的改版，为了了解用户对新版本的接受程度以及设计本身的可用性，招募了用户进行测试。距离用户比较近的观察员负责照看用户；在测试过程中被试者可以边做边说出自己的感受，由比较远的观察员则观察记录测试中发生的事，如图3-9所示。

图3-9 边说边做实验现场

第五节
协同交互法

协同交互法（图3-10）是基于观察用户在服务体验中的一种方法（它要求用户执行给定的任务，由此评估者可以记录用户的想法）。该方法是边说边做法的扩展，需要两个用户同时操作同一个系统或产品。

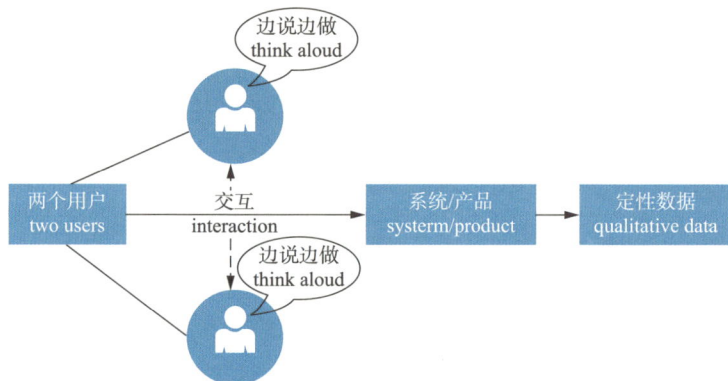

图3-10 协同交互流程

一、适用时机

（1）测试那些支持协同工作的系统或工具。

（2）尼克森认为在涉及儿童的评估性研究里，招募两个用户同时进行可用性测试会更有用，因为这将使他们能够在一个更加自然的交际环境里进行操作。

二、优点

（1）测试形式比只用单一的用户进行的标准边说边做测试得更加自然一点，因为人们习惯于在共同解决问题时把自己的想法讲出来。

（2）减少参与者对周围设备如录音机等的意识，创造更加非正式的自然氛围。

（3）执行任务相同的情况下，协同交互法比边说边做法在更短的时间内获得更多的优质回馈、更高效。

第六节
纸上原型测试

原型测试是一种快速方便的测试方法。原型除了带给客户感官上的东西外，还能在做深入调整前收集反馈。编码的代价是很大的，系统重构的代价则更大，可能会导致项目的目标无法完成。但是在原型中改变一些重要的交互行为或布局等所花费的也只是一点点沟通的时间，并且通常一个人就能对原型进行构建和维护，不会打断其他进度。

纸上原型是低保真原型的一种，虽然纸上界面的效果很粗糙，但通过纸面的转换能使用户得到系统真实的反馈，允许多次评估和迭代，从而得到改善设计的信息。

一、纸上原型的优点

（1）使用较早且经常使用。

（2）易于创建，花费小。

（3）从纸上模型中可以看出设计思想。

（4）不需要特殊知识，任何小组成员都能创建。

二、纸上原型的缺点

（1）不是交互式的。

（2）不能计算响应时间。

（3）不能处理界面问题，如颜色和字体大小。

案例：商务随行App优化方案的纸上原型测试

此案例来自UXLab在2012年的商务随行App优化项目，项目组主要针对其"在线购物"和"订单管理"两大功能模块进行流程优化设计。该App主要用于营业员购买公司对外销售的商品，已有App的购买流程与网页版基本上保持一致，在移动设计和使用场景的角度上显得冗余，项目组对购买流程进行简化后，就着手绘制纸上原型，快速测试界面元素呈现的合理性，并收集反馈，再根据手绘纸上的原型基础经过多次迭代固化成定稿，如图3-11所示。

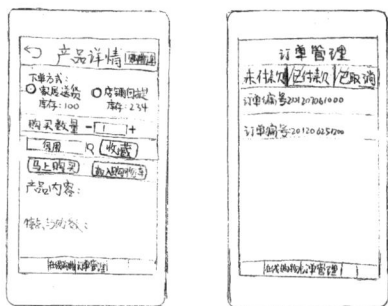

图3-11　商务随行App手绘纸上原型

第七节
桌面原型测试

不同于纸上原型设计，桌面原型工具设计是一种基于桌面原型工具，实现网页或移动端软件应用原型设计的设计方式，能够帮助UX/UI设计师独自或以团队协作的方式创建和提升应用原型设计。使用桌面原型工具创建的软件应用原型一般具有丰富的动效和细节，常常被设计师们用来测试其软件原型方案的可行性和实用性，这样的测试方法被称作桌面原型测试。桌面原型按原型的保真度又分为低保真原型和高保真原型。低保真（Lo-fi）原型设计是将高级设计概念转换为有形的、可测试物的简便快捷方法。它首要的、也是最重要的作用是——检查和测试产品功能，而不是产品的视觉外观。高保真（Hi-fi）原型的呈现和功能，尽可能类似于发布的实际产品。当团队能深入了解产品的预期，需要与真实用户一起测试，或获得利益相关者的最终设计批准时，通常会创建高保真原型。

一、桌面原型工具设计的优点

（1）详细展现应用软件细节。

（2）快速添加个各式交互、动画和转化，原型更加直观生动，也更接近软件最终成品。

（3）方便软件可行性和实用性测试。

（4）简单实现原型预览、云端同步和分享。

（5）实现团队协作。

二、桌面原型工具设计的缺点

（1）需要一定的时间学习原型工具。

（2）成本和投入相对更高。

案例：车载社交系统的桌面原型测试

此案例来自UXLab在2012年的车载社交项目，通过调查以广州地区为主的中国智能手机使用人群的使用习惯及偏好，探索智能手机应用程序在车载GPS终端平台上的可行性及优化设计。项目组根据该产品的社交定位、流程以及当时车载系统主流的设计风格设计了高保真原型，并对高保真原型进行用户测试以查找交互逻辑与视觉呈现上的可用性问题。图3-12为车载社交系统高保真原型界面。

图3-12　车载社交系统高保真原型界面

第八节
认知走查

认知走查即可用性专业人员将自己"扮演"成用户，通过一定的任务对界面进行检查评估，再通过分析用户的心理加工过程来评价用户界面，最适用于界面设计的初期。该方法首先要定义目标用户、代表性的测试任务、每个任务正确的行动顺序和用户界面，然后走查用户在完成任务的过程中在什么方面出现问题并提供相应的解释。认知走查往往是通过提出一系列的问题来达成测试目的，例如：

（1）用户能否建立达到任务的目的?

（2）用户能否获得有效的行动计划?

（3）用户能否采用适当的操作步骤?

（4）用户能否根据系统的反馈信息完成任务?

（5）系统能否从偏差和用户错误中恢复?

一、优缺点

（1）优点：能够使用任何低保真原型，包括纸原型。

（2）缺点：评价人不是真实的用户，不能很好地代表用户。

二、操作步骤

1. 准备

（1）定义用户群。

（2）选择样本任务。

（3）确定任务操作的正确序列。

（4）确定每个操作前后的界面状态。

2. 分析

（1）为每个操作构建"成功的故事"或失败的故事，并解释原因;

（2）记录问题，原因和假设。

3. 后续

消除问题，修改界面设计。

案例：商务随行App优化方案的认知走查

来自UXLab在2012年的商务随行App优化项目，项目重点为对"在线购物"和"订单管理"两大功能模块进行流程优化设计。项目组通过前期设计调研并对购买流程进行简化并设计出原型后，利用纸上原型进行专业人员的认知走查，如图3-13所示，可用性专业人员通过完成一个或多个任务，发现一些细节或流程方面的问题，逐步检查改进后的流程是否符合用户认知。

图3-13　认知走查
（可用性专业人员通过完成一个或多个任务，发现一些细节或流程方面的问题）

第九节
启发式评估法

启发式评估法是可用性专家使用预定的一系列标准，来衡量一个设计的可用性，是一个非常迅速并且低成本的方法以解决可用性问题。

一、原则

可用性测试的鼻祖尼尔森总结了十条用于启发式评估的可用性原则。

1. 系统状态的可见性

系统状态的可视性原则是指系统必须在一定的时间内作出适当的反馈，必须把现在正在执行的内容通知给用户。这个规则要求把系统的状态反馈给用户。而且这些反馈必须做到迅速且内容合适。

2. 系统与真实世界相对应

系统和现实的协调原则是指系统不应该使用指向系统的语言，必须使用用户很熟悉的词汇、句子来和用户对话。必须遵循现实中用户的习惯，用自然且符合逻辑的顺序来把系统信息反馈给用户。例如 Mac 和 Windows 中的"垃圾箱"、在线商店中的"购物车"等。

3. 用户可自由控制

用户往往会误执行了系统的某个功能，这时需要一个显著的"紧急退出"操作，使得在后果无法挽回之前，能阻止系统继续执行用户的误操作。另外，系统应支持"撤消操作"和"重做"。

4. 连续性和标准化

系统的同样一件事物不应该使用不同的语句、状态和操作，而使得用户产生疑惑。一般应遵循系统平台的惯例。

5. 预防错误

应该在开始前就防止错误的发生，事后再好的错误信息也不如这种防患于未然的设计。考虑设置某些条件限制来防止用户产生错误，或者在用户选择提交操作前帮助用户检查确认。

6. 可识别性

通过对对象、操作和选择的可视化，使得用户的记忆负担降到最低。在连续的操作中，不应强制用户记住某些信息。系统的使用说明应该很显著或者在适当的时候很容易获取。

7. 灵活性与有效性

快捷方式（对于初级用户来说是不可见的）——对专家用户来说往往能提高操作的速度，这样使得系统能够兼顾初级用户和专家用户。允许用户通过定制让那些频繁的操作快捷化。

8. 美学与最少化设计

操作中不应该包含不相关的信息和很少用到的需求。每一个额外的信息都会与操作中的相关信息形成竞争，从而弱化了主要信息的可见度。

9. 协助用户认知、判断及修复错误

错误信息应该使用通俗的语言表达（非代码），明确地说明问题，并有建设性地提出解决方案。

10. 帮助文档

即使系统能够在不需要帮助文档的情况下很好地被用户使用，也有必要提供帮助提示和文档。这些信息都应该很容易地被搜索到，整合集成到用户的任务中，并列出具体的操作步骤，而不是庞大笼统的文档。

二、注意事项

（1）有研究表明，每个评审人员平均可以发现35％的可用性问题，而5个评审人员可以发现大约75％的可用性问题，如图3-14所示。

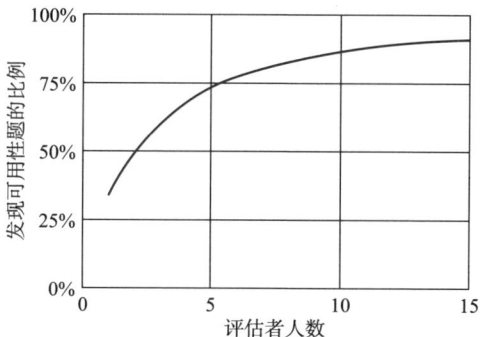

图3-14　确定评估人员的数量❶

（2）具有可用性知识又具有和被测产品相关专业知识的"双重专家"是最有效的，可以比只有可用性知识的专家多发现大约20％的可用性问题。

---

❶ 图片来源于 Jakob Nielsen 的 How to conduct a heuristic evaluation. 曲线显示启发式评估法使用不同数量的评估人员评估界面时发现可用性问题的比例通过启发式。该曲线是通过研究六个案例得出的平均值。

（3）评估人员不能简单地说他们不喜欢什么，必须依据可用性原则解释为什么不喜欢。

（4）每人的评估都结束之后，评估人员才可以交流并将独立的报告综合得到最后的报告。

（5）在报告中应该包括可用性问题的描述、问题的严重度、改进的建议。

（6）启发式评估是个主观的评估过程，带有太多个人因素，因此，无论如何都应试图从用户的角度出发，以同理心扮演用户（表3-6）。

表3-6　启发式评估参照体系表

分类 sorting	基本指标 basic indicators	描述 description	Nilsen原则 the principle of Nilsen
流程性/ 页面性指标 process/ page index	可识别性	用户可以看见和发现相关信息，并将该信息和其他信息区分开来	依赖识别而非记忆
	可理解性	用户理解该信息的内容，用户理解的信息和真实世界信息逻辑保持一致，容易学习	与真实世界相符
	可操作性	用户可以进行正确操作	预防错误发生，帮助用户识别、诊断和修复错误
	灵活/容错性	用户可以自由选择合适的操作方式，允许用户出错，可以撤销返回	用户的控制权和自主权，使用的灵活性和有效性
	反馈	用户知道自己完成了相关操作	系统状态可视性
	视觉与体验	评估产品的外观、色彩、风格、质感等方面的视觉体验	美观精练的设计
流程性/ 页面性指标 process/ page index	帮助信息	有帮助信息，利于检索，可以理解的帮助信息	帮助及文档
整体性指标 integrity index	操作一致性	相似的操作方式	一致性与标准化
	视觉一致性	相似的外观、色彩、风格、质感等	一致性与标准化
	文案一致性	相似意义	一致性与标准化
	继承性	和过去的版本具有共同一致特征	一致性与标准化
	习惯	用户可以根据现有的习惯或标准化模式进行操作	与真实世界相符

可用性测试流程

4

传统的可用性测试流程包括测试准备、设计测试、预测试、招募用户、进行测试、用户总结性描述和测试后数据分析等步骤。不同的可用性测试方法，在设计测试时任务的设计和测试时观察的重点会有不同的侧重点，但一般一次完整的可用性测试都要遵循以下流程，如图4-1所示。

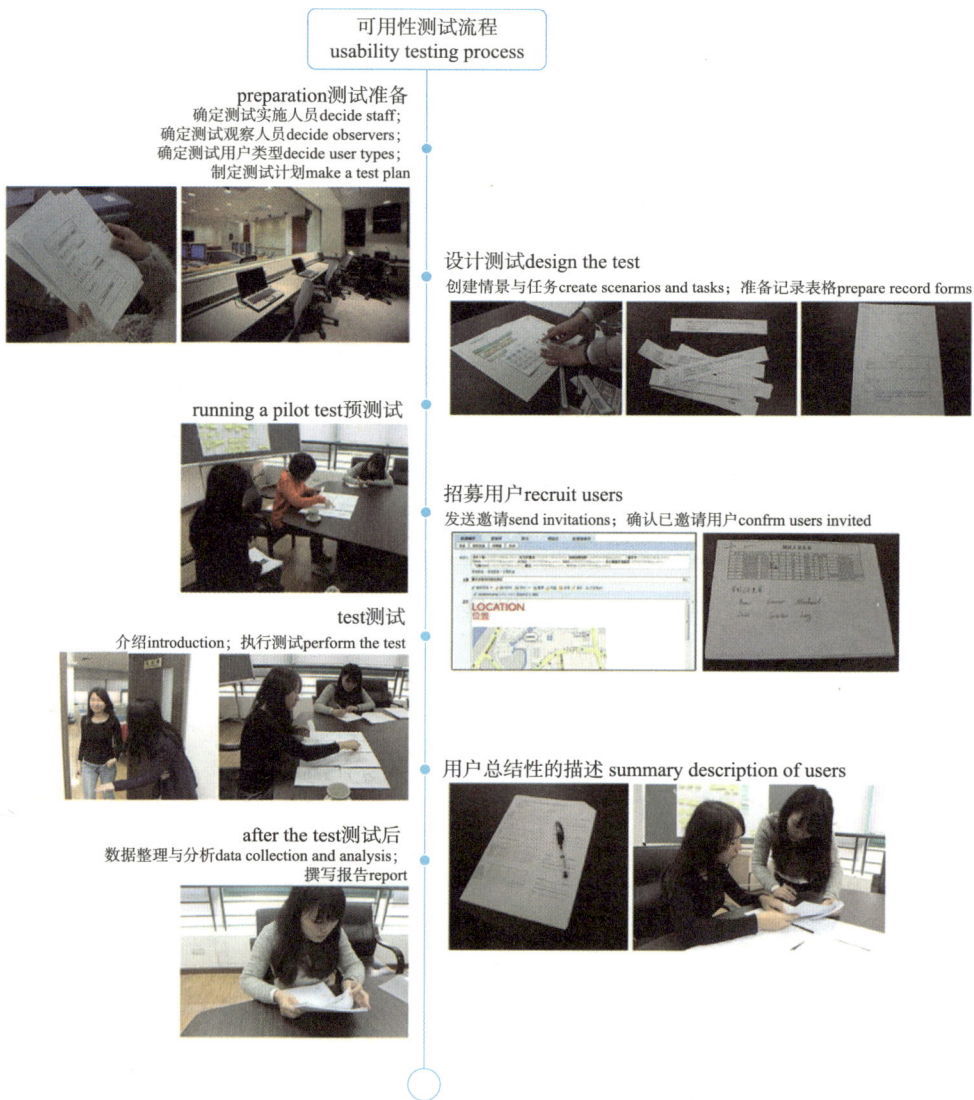

可用性测试流程 usability testing process

preparation测试准备
确定测试实施人员decide staff；
确定测试观察人员decide observers；
确定测试用户类型decide user types；
制定测试计划make a test plan

设计测试design the test
创建情景与任务create scenarios and tasks；准备记录表格prepare record forms

running a pilot test预测试

招募用户recruit users
发送邀请send invitations；确认已邀请用户confrm users invited

test测试
介绍introduction；执行测试perform the test

用户总结性的描述 summary description of users

after the test测试后
数据整理与分析data collection and analysis；
撰写报告report

图4-1 可用性测试流程

第一步，测试准备，指测试前的计划和安排，特别是可用性测试实验室软硬件设备的准备；

第二步，设计测试，任务设计的合理性直接影响测试的效果；

第三步，预测试，主要是为了验证任务设计的合理性以及测试安排是否得当；

第四步，招募用户进行正式测试；

第五步，用户总结性描述环节除了感谢用户的参与，通常会针对测试过程中的问题对用户进行访谈；最后，收集所有有效的测试数据进行分析，撰写报告。

可用性测试中有一些相关术语和定义如下。

用户组：在年龄、文化或专业技术等方面可能影响可用性的因素上，与其他目标用户不同的目标用户子集。

目标：用户与产品交互的目标结果。

任务：实现目标所必需的活动。

可用性专业人员：参与可用性工程/测试的实践的人，如懂得如何设计和执行有用户参与的概要测试和分析结果数据的人。

被测者：作为产品目标用户群代表参与可用性测试的人。

用户行为：用户使用产品时的全部体验。

第一节
测试原型

一般来说，可用性测试主要是针对各种原型进行测试。原型的保真程度决定内容的完整性和交互的完整性。根据原型的保真程度可分为低保真原型、中保真原型和高保真原型三种。

低保真原型测试可以尽早地将用户意见反馈给设计，剔除视觉影响，及早解决问题，例如纸质原型。

高保真原型用户容易理解，降低沟通成本，便于开展测试，但如有问题，修改的成本也会较高，例如 UI 设计图。

中保真原型兼具高低保真的特点，如果只能进行一次原型测试，就会选择此类，例如交互原型。

通常在项目中只会将原型设计分为两个阶段，"低保真原型"和"高保真原型"。不同保真程度的原型对不同类别的公司、产品有不同的意义。

一、低保真原型制作

低保真原型设计是对产品较简单的模拟，通常比较简陋，可以通过简单的设计工具迅速制作出来的初期设计概念和思路。纸质原型便是手绘草图或者是打印到纸上的最初原型，虽然很粗糙，但通过纸面的转换能使用户得到系统真实的反馈，允许多次评估和迭代，从而得到改善设计的信息。

（一）流行原因

低保真原型开始成为流行的设计方法，有以下几个主要原因。

1. 设计思考
主张"用双手思考"的方式来建立情感化的解决方案。

2. 精创实业
依赖于早期产品验证和最小可行性产品的开发迭代。

3. 以用户为中心的设计
要求协同设计过程中用户提供他们对于产品原型感受的持续反馈。

（二）工具

常用于制作低保真原型的工具如下。

1. Sketch
仅 MacOS 系统可用的专业设计工具，很多设计师用其绘制平面图、设计家具、创作插图等，可快速制作低保真原型，也可细化做成媲美设计稿的高保真原型。

2. Figma

是一款全平台可使用的在线设计平台，功能和Sketch差不多。在Figma创建的文件全部都是保存在用户的账号上，无需占用本地内存。用户可以将任何文件、页面或面板等进行共享，并设置如查看、编辑等不同权限。

3. Visio

是产品原型设计的一个常见选择，从网站界面、数据库模型到原型流程图，Visio都提供了相应的元件库和模板来快速创建。

4. Balsamiq Mockups

一款最快速、直观的绘制用户界面原型的软件。其中包括了75个现成的控件，并且可以轻松地以颇具亲和力的手绘风格完成界面框架的设计，但是不易表现交互过程和效果，对中文的支持程度也比较低。

5. Microsoft Expression Blend + SketchFlow

包含一组新功能，它们专门设计为让用户更轻松快速地创建、传达和审阅交互式应用程序及交互式内容的原型，这组功能称为SketchFlow。和Balsamiq Mockups相比，它不仅可以绘制出具有亲和力的手绘原型，更可以实现交互所需的响应和效果，使得低保真原型被赋予了高保真的内涵。

6. Axure

Axure RP是美国Axure Software Solution公司旗舰产品，是一个专业的快速原型设计工具，让负责定义需求和规格、设计功能和界面的专家能够快速创建应用软件或Web网站的线框图、流程图、原型和规格说明文档。

总而言之，低保真原型使设计者能够在过度浪费、过度思考、过少的资源和过多的用户检验中找到一个平衡点。低保真原型的目的不是要打动用户，而是向用户学习，帮助设计者倾听而不是说服。它使用户需求与设计师意图以及其他利益相关者的目标之间能够有效沟通并达成一致。通过建立一个实用和初期的产品原型，设计者可以更快地在早期设计过程中发现潜在问题，更有效地解决方案。

二、高保真原型制作

"高保真"并非一个既定的目标，高保真/低保真原型都是一种沟通的媒介。高保真原型主要是从两个方面进行研讨：一是视觉效果；二是可用性，包括用户体验。因此，高保真原型应该是产品逻辑、交互逻辑、视觉效果等极度接近最终产品的形态，（至少）包括以下几项：原型的概念或想法说明、详细交互动作与流程、各类后台判定、界面排版、界面切换动态、异常流处理，要做到让PM、RD、客户能够理解的程度。

让产品原型尽可能地无限逼近于完整产品是每个人都要的，但高保真也意味着大量的资源投入。

高保真原型制作的流程如图4-2所示。

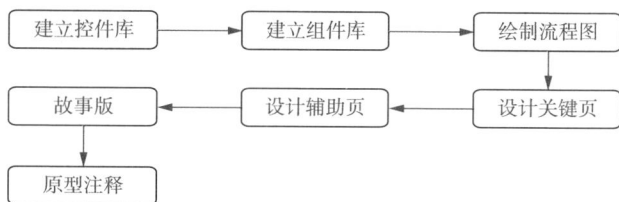

图4-2　高保真原型制作流程

控件是指界面中所有的最小元件。比如按钮、文本框、下拉框、单选按钮、复选框、图片占位符等。组件是指能够完成一个功能点，能够被重复使用的模块，从而降低开发成本，实现界面的一致性，规范性，突出界面的风格特征。流程图第三步表达的是一个用户用例，用于梳理流程和规范流程，有起点和终点，结构要清晰、易于理解，逻辑完整。最后要原型注释清楚界面元素的功能、界面与人的交互方式、控件的状态、操作结果、链接指向和页面切换方式等，做到全面、细致和清晰，充分考虑用户与界面交流的效率和效果。

为什么要做高保真？

（1）高保真原型可以显著降低沟通成本。

所有人只用看一个交付件，并且这个交付件可以反映最新的、最好的设计方案，包括产品的流程、逻辑、布局、视觉效果、操作状态。

（2）高保真原型会最大地降低制作成本。

高保真原型可以在只投入少数开发力量的同时，进行各种测试，帮助开发者模拟大多数使用场景，尽早发现问题，避免风险，然后持续改进。尽早对自己的产品进行验证，这个是敏捷开发的原则。

但是，在制作高保真原型时有一些事项需要交互设计师注意：首先是原型的颜色最好用灰度线框图，因为颜色会干扰视觉设计，效果会影响大家对易用性的判断。其次，清晰地展示流程是易用性的最基本标准。因此，关键功能最好有故事版说明，使得团队中的其他成员能更好、更快地理解产品，可以文字注释，准确传达全部的设计思想。最后，在原型制作过程中，要保持一致性和规范性，以降低用户对界面的学习和识别成本。另外，最大的禁忌就是对着高保真原型否定早期的决策，这是对资源的极度浪费；第二个禁忌是各合作方没有把自己分内的构思充分夯实，就交付给下一步的合作者；第三个禁忌就是在向下一步合作方交付时传达信息不充分。

第二节
测试准备

一、确定测试实施人员

一个可用性评估组中至少要有两位实施人员，一个作为主测主持测试流程，并辅助好测试用户，使他们能够顺利完成任务；另一个观察测试中发生的事情，管理测试场景等，观察时要做好笔记。图4-3为实验室组织的某网站原型可用性测试现场，其中包含主测、记录员、操作员角色，三人都必须观察和倾听用户，在测试结束后就有三种视角来看待测试结果。

图4-3　网站原型测试现场
（距离用户比较近的观察员负责照看用户并辅助用户进行测试设备操作，比较远的观察员则观察记录测试中发生的事情）

二、确定测试观察人员

如果空间和人员足够，还可以有更多的人加入可用性测试小组（如项目经理、开发人员等）。小组中的成员都应该观察、聆听并做笔记。

可用性测试是许多设计者、开发者、编辑和经理第一次看到真正的用户使用产品。这些人需要看到可用性测试这一真实过程。

观察者包括负责产品设计的团队、开发人员、负责产品内容编辑的人员，以及那些对可用性工程表示过怀疑的经理和管理者们（图4-4）。

图4-4　观察人员

三、确定测试用户类型

首先，测试用户必须能够代表用户群，如图4-5所示。其次，需要考虑的人口统计学特征有：教育水平、使用经验水平、工作类型、年龄、性别、种族、身体条件等。最后，确定人数、特征、分组。

人物角色
基本信息
姓名：张慧 年龄：38岁 性别：女 婚姻状况：已婚 教育程度：高中 所在城市：南京 家庭背景：丁克家庭，无子女，丈夫是公务员。自己在家开了个网店。 性格爱好：热情开朗，精力充沛，爱好跳舞
与公司的关系
• 高中毕业后参加工作，不久与丈夫结婚。她经常宅在家，闲得无聊就让丈夫出资帮自己开了一家网店，每天在家打理。当网店发展稳定后，经同学介绍进入公司，工作至今3年。 • 常使用Web和App帮助采购，每天在工作中投入5小时。除每月努力完成自己的销售额之外，还积极推荐自己的朋友加入公司。家里备有客户经常购买的产品，以备不时之需。她的客户多为熟人，购买的产品种类一般为化妆品，通常一次性购买多种产品，一般会配送到家里和工作室。如果客户急需产品，会直接送到客户家，这种情况下会更改配送地址。经常会帮伙伴下单。
计算机与Web使用情况
• 家中有一台笔记本，使用频率较高。 • 平时经常上网，网购经验非常丰富，经常在网上购买衣服以及简单的家居用品，也经常通过易联网购买安利产品或查询业绩等。
智能手机与App使用情况
• 使用智能手机，常用手机打电话发短信，也喜欢用手机听歌、刷微博，有过手机网购的经历。 • 使用过商务随行软件，经常用来查业绩，偶尔会用来咨询公司相关问题，查省公告，使用过一次在线购买功能，但觉得不方便使用，所以还是常去店铺或通过易联网购买产品。
用户目标
• 因为常常会进行拼单操作，希望可以通过商务随行完成拼单操作。 • 希望购买产品的过程可以简单一点。

图4-5　用户类型
（根据项目前期建立的目标用户人物角色选出测试用户）

四、制订测试计划

对可用性测试有所了解之后，下一步就是写测试计划。描述可用性测试的目的，以及如何来完成，这很重要，原因如下：一个是从管理者或其他人那里得到你所需要的资源；另一个是使你的思路和目标变得清晰。

测试计划中要包括：

（1）评估预算：咨询费、招聘用户、用户报酬、印刷等费用。

（2）观察者地点：在典型的可用性测试中，你不想将一个以上的观察者与用户安排在一个房间。因此，你需要为其他观察者安排另外的空间。

创建用户角色场景（这有助于解释在特定的环境下应用的运行状况），如表4-1所示。

表4-1 用户角色场景 ❶

任务	登录App	搜索产品	将产品加入购物车	生成订单	完成支付
场景	陈梅在收到订单后，打开App，输入密码。点击"在线登录"，进入首页	点击"在线购物"，进入产品列表，在搜索框输入"产品A"按"搜索"图标进行搜索，在搜索结果中选中"产品A"，进入产品信息页面	点击"马上购买"，进入购买产品页面，选择下单方式为家居送货，想起自己刚搬家，需要修改送货地址，以为订单信息里面可以修改，于是点击"确认购买"	点击"查看购物车"，点击"家居送货"，再点击"生成订单"，最后点击"确认订单"，发现还是无法修改送货地址	点击"收银台"，确认没有修改送货地址选项，于是退出App
行为	成功登录	搜索成功，顺利进入所需产品详情页面	无法修改送货地址导致后续步骤无法进行		
痛点	登录速度过慢，影响效率	搜索框没有提示信息，提示可输入产品名称或产品编号	"确认购买"存在歧义，点击后没有进入订单页面，而是提示"物品已经成功加入购物车"	无法修改送货地址	无法修改送货地址，只好上易联网上修改送货地址
功能				增加修改送货地址的功能	
流程图	首页 → 在线购物 → 产品列表 → 产品详情 → 购物车页面 → 订单页面 → 支付确认　　　　　　　　　　　　　　　　　　　　　↓　　　　　　　　　　　　　　　　　　　　　　　修改配送地址				

❶ 根据不同角色的不同用户目标创建场景，即用浅显的语言描述设计中角色要完成的典型任务。它描述了角色的基本目标、任务开始存在的问题、角色参与的活动及活动的结果。它们关注的是设计场景中每一步可用的功能。通过场景，设计者可以检查是否对所有需要的功能都进行了说明，并且当用户需要时可以提供。

五、测试地点

提前完成测试硬软件环境搭建，确保在测试时间前，各种硬软件测试设备能够正确到位。测试硬软件环境，包括两部分，一部分是测试设备；另一部分是被测者使用的计算环境，如计算机软件配置（满足产品运行要求）、显示设备、音频设备及输入设备等。

1.可用性测试常用设备

（1）软件设备：录制软件、单向玻璃、数据自动收集软件。

（2）硬件设备：录制硬件设备，如录像和录音设备。

（3）跟踪设备。

2.测试用户地点

对设计者来说，需要根据测试目的、内容及期望达到的效果，选择合适的测试环境。一个整洁舒适的房间、一间现场会议室、目标车型的车内空间等均可，必要时可在门外挂上"测试进行中—请勿打扰"，以免测试被打扰。

六、创建情景与任务

考虑组成一个包括多个部门代表的小组来选择任务，例如客户支持部门可能会对关键任务有不同的看法。

任务应该是有意义的，以一定的逻辑顺序展现给用户，同时还要控制每个任务的完成时间，不能让用户把所有的时间都花费在一个任务上。

在每一页纸上写下一个任务。任务的指令要明确但不能有提示如何完成任务。

在创建测试任务时，应该基于被试软件的信息架构与流程，全部任务应该能够贯穿整个软件架构，以此测试软件架构与流程。

案例：此任务为某网络游戏的测试任务，如表4-2和图4-6所示。

表4-2　任务设计示例

任务	操作
任务描述	打开XX游戏，并注册一个新的账号进入游戏 （用户名为TESTER1，密码为123456）
任务开始状态	打开XX游戏（双击游戏图标开始）
任务结束状态	进入游戏大厅

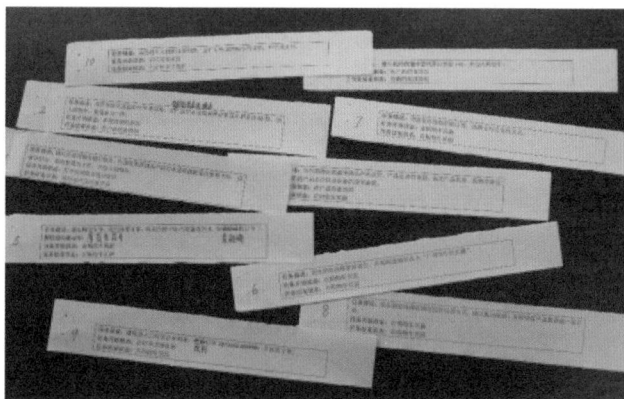

图4-6　任务清单

（每张纸条一个任务并按一定的顺序展现，待用户完成某个任务再给他下一个任务条）

七、准备记录表格

如果有一个记录表格，记录就会变得容易。可以有一个和用户任务相符的表格来记录用户行为和你的理解，如图4-7所示。

场景记录表

日期：　　　　　开始时间：　　　　　归档编号：　　　　　记录人：

用户基本情况：

姓名：　　　　性别：　　　　年龄：　　　驾龄：　　　开车频率：

驾驶风格：□谨慎型　□普通型　□激进型　　是否使用过辅助驾驶功能：

访谈提纲：

1. 使用过哪些辅助驾驶功能？（ACC/LDW/fcw/bsd）前装还是后装？	
2. 常用哪个（些）功能？	
3. 对现有功能是否满意？是否有新的功能建议？	

4. 常用的导航软件是什么？在什么设备上使用？（车内中控、hud、手机……）	
5. 是否信任导航？哪些设计使你信任？	
6. 是否有驾驶途中调整导航？如何调整？（语音、手动触控、同行人员调整……）	
7. 驾驶途中常用的车机功能有哪些？（多媒体、消息、通话、车辆设置类……）	
8. 描述经历过的危险场景？	
9. 车可以做什么帮助处理这些场景？	
10. 是否关注与智能驾驶相关的新闻？关注哪些议题？（功能创新，如辅助驾驶、自动驾驶……空间设计？）	
11. 期待出现的新功能是哪些？促成购买的因素是？	

驾驶行为记录

道路状况	道路等级：□二车道 □三车道 □四车道 □国道 □省道 □县道 □乡村道路 □城市街区 □农村道路 □其他_____
驾驶场景	□设置导航 □开始导航 □正常导航 □直线正常驾驶 □直线超速驾驶 □沿左侧两车道　上桥 □沿右侧车道　下桥/出口 □向左转 □向右转弯 □掉头 □红绿灯等待 驾驶员视野内：□行人 □非机动车 □障碍物 BSD：□左后方 □右后方 其他突发状况：
用户行为与情绪	
困难	
车机设备引起的问题	
用户期望	
评价/建议	

图4-7　记录表格 record form

（为每个任务建立记录文档，用准备好的问题清单记录测试结果。）

第三节
预测试

无论你自己重复多少次测试过程，都不会对一个测试需要多长时间有准确的估计，只有选择新手用户进行预测试，才能知道一些小的细节。这个人不需要与测试用户具备相同的特征，但他/她应该是产品的新手用户。

预测试用户人数一般为2个人左右，可以寻找亲近的人、与测试用户背景相似的人或其他部门的人，如人力资源部、会计部等，请他们帮助做预测试。

预测试能够帮助设计者对评估的过程进行预演，从而找出设计者在评估设计中可能存在的问题或没有考虑到的情况，尽量减少在正式的评估中出现不愉快的、影响评估的客观性的、不可预知的问题，如图4-8所示。

专家真车　　　　　　　　　　　　　　　专家真车

用户动态模拟器　　　　　　　　　用户动态模拟器（静止任务）

图4-8　预测试

（请熟悉车机系统设计的同事进行专家真车预测试，从中验证了不少问题，确认测试任务的重要性；同时请开发的同事进行动态模拟器与测试，验证测试程序及环境仿真布置等问题）

第四节
招募用户

一、发送邀请

发送邀请邮件告知用户测试的主题、测试地点、测试时间的长短、报酬，以及能及时联系安排测试的工作人员的联系方式等。确保如期招募到满足计划人数并符合目标用户群特征的被测者，如图4-9所示。

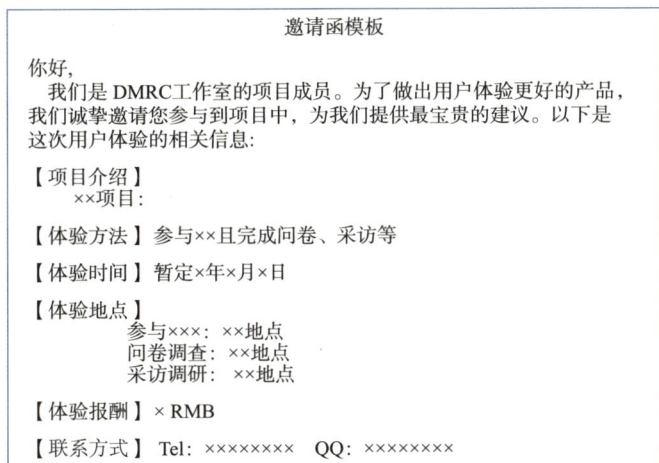

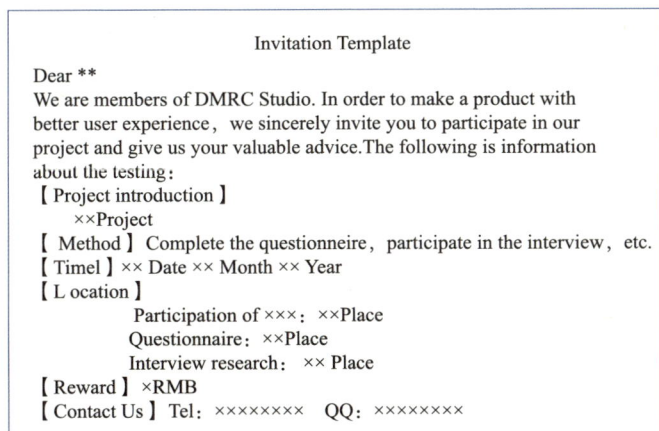

邀请函模板

你好，
　　我们是DMRC工作室的项目成员。为了做出用户体验更好的产品，我们诚挚邀请您参与到项目中，为我们提供最宝贵的建议。以下是这次用户体验的相关信息：

【项目介绍】
　　××项目：

【体验方法】参与××且完成问卷、采访等

【体验时间】暂定×年×月×日

【体验地点】
　　参与×××：××地点
　　问卷调查：××地点
　　采访调研：××地点

【体验报酬】×RMB

【联系方式】Tel：××××××××　　QQ：××××××××

Invitation Template

Dear **
We are members of DMRC Studio. In order to make a product with better user experience，we sincerely invite you to participate in our project and give us your valuable advice.The following is information about the testing：

【Project introduction】
　　××Project

【Method】Complete the questionneire，participate in the interview，etc.

【Timel】×× Date ×× Month ×× Year

【L ocation】
　　Participation of ×××：××Place
　　Questionnaire：××Place
　　Interview research：×× Place

【Reward】×RMB

【Contact Us】Tel：××××××××　　QQ：××××××××

图4-9　邀请函

二、确认已邀请用户

如果比较早地招募了用户，他们就可能到时改变主意或者遗忘，所以不要提前一周以上招募用户并确保在测试前一天打电话确认，把完整的测试地点的方位，包括地图，用邮件的方式发给他们。不要忘了给招募者支付一定的费用，因为你占用了用户的时间，并且要确保他们出席，就要支付他们报酬（现金）。在测试之前告知人们测试需要多长时间（图4-10）。

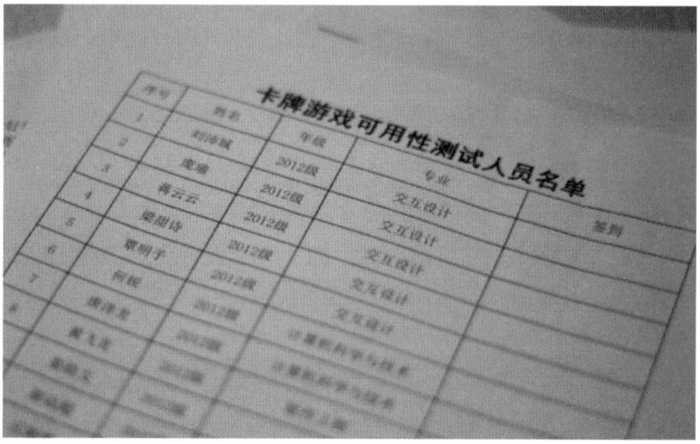

图4-10　招募用户名单

图示是某游戏项目的可用性测试已招募用户的名单，测试前一天需确认每个人能够出席。

第五节
测试

一、测试介绍

对待用户的态度很重要，工作人员的行为可能会直接影响到用户测试的情绪，从而对测试结果产生间接影响，可以在门口迎接用户，并友好地与用户闲聊，或者带他们到休息室等待测试。另外，即使只是调节测试间的温度使之适宜这样的小事对整个测试也会有帮助。工作人员也需要给用户大致介绍测试并得到许可（图4-11）。

图4-11　大致介绍测试
（图为工作人员向用户大致介绍测试相关事项，包括知情书的重要条款和测试步骤等，尽量使用日常用语，避免专业术语）

工作人员是在引导可用性测试，不是心理学测试，所以要告诉用户测试目的是什么，他们要做什么。强调本次测试的是产品，不是用户；用户所反映的是关于产品的问题，而不是用户的问题。

告知用户需要用到的测试材料。向被测者解释场内仪器，尽量减少大型仪器等其他干扰测试的环境因素。询问用户是否有关于研究目标、过程或任务的疑问。

让被测试者签订一个知情书，图4-12为知情书模板，知情书将会包含保密协议和用户在明知测试数据用途的前提下同意参与测试，类似于"首先，感谢你们帮助我们对产品进行评估所作的贡献。我们将要对整个过程进行记录，作为后续结果分析之用和相关数据的备份，而且我们保证数据不会被用于商业目的"。

由测试人员填写，测试用户编号：

可用性测试用户知情书

1.1 目的

我们正在进行一次可用性研究，目的在于了解更多对改进我们公司产品可用性有价值的方法。我们的测试对象不是您，我们的目标是通过您的经验和使用情况来辅助我们进行对产品的测试。

1.2 过程

您首先需要填写这份表格，然后我们会向您介绍我们的产品。接下来，我们会让您使用产品执行一些特定的任务。在测试过程中不同阶段，我们会让您填写简短的满意度问卷，并进行访谈。当您完成所有的任务之后，我们还会让您填写一份整体满意度问卷，并且会有一个访谈来了解您对整个过程的体验。在测试过程中，如果您感觉不便，可以随时退出。

1.3 保密性

测试过程的所有信息都是严格保密的。其中的一些描述和发现会被用于提高产品可用性，不过您的姓名和任何可以标识您身份的信息都不会被提及。

测试过程的录音、录像将仅被用户可用性研究，绝不会在可用性实验室之外被使用，您的姓名也绝不会与录像中的信息有所关联。

为了对您的参与表示感谢，无论您是否完成整个测试过程，我们都会向您提供一份小礼物作为纪念。

如果您有任何问题或者关心的事情，请向我们咨询。

我已经阅读完毕并且了解了这个知情书中的信息，并且没有其他问题了。

签名：_____

日期：_____

感谢您对我们的配合！

图4-12　知情书样板

二、执行测试

（1）把写好的任务交给用户并大声读出来，邀请他/她完成。

可以在每个任务中包括一些类似于"在完成任务时说出来，并回到主菜单"的描述。这个信息是有价值的，因为测试将会验证界面是否缺乏足够的反馈。有时用户并不确定是否已经完成了任务，会继续做下去（或者在还没有完成任务时认为已经完成了）。

（2）鼓励他们在执行任务时大声说出想法。

尽量减少与用户的交流，不得已与其交流时必须保持中立，避免诱导及过多解释。例如，你可以轻轻地提示他们"你在想什么？"，而不要说"你为什么这样做？"。

（3）控制好每一个任务的测试时间。

但不要告诉用户有时间限制。当他们已经达到测试时间时，提示他们结束这个任务，进行下一个任务。

（4）记录遇到的问题及产生的假设。

测试过程中，会发生任务失败的情况。测试人员应该根据测试任务的目的决定是否应该让用户将任务部分地完成。在观察用户行为时，难免会发生很难完全记录用户的所有行为的情况。因此，为了保留完整的用户操作记录，应该通过摄像机、屏幕录制软件等相关工具进行辅助，如图4-13所示。

图4-13　执行测试
（右边观察者的任务是真实地记录下用户行为，并在用户完成任务后与其沟通使用反馈、可能的设计建议等）

三、记录人员任务文档

记录人员任务文档，记录的对象为某网络游戏中的一项任务，如表4-3所示。

表4-3　记录人员任务文档示例

任务	测试项	数据
打开××游戏，并注册一个新的账号进入游戏（用户名为：TESTER1，密码为：123456）	是否完成该任务及操作状态描述	有错误但能独立完成任务
	完成该任务的时间	5分钟
	发生错误的个数及描述	错误1：用户填好用户名和密码后，按"登录"按键时误按其他键

任务	测试项	数据
打开××游戏，并注册一个新的账号进入游戏（用户名为：TESTER1，密码为：123456）	在错误上耗费的时间	半分钟
	帮助文档使用频率及描述	无
	界面误导用户的次数及操作路径	用户经常不能够第一时间找到"登录"按键

第六节
用户测试总结性的描述

　　测试后，你可以询问用户对产品的印象，他们在哪些地方感到困惑，有哪些可以使产品更容易使用的建议，是否还有更多的关于系统或研究的问题。尽可能回答那些你可以回答的问题。感谢用户的参与，重申他们的参与将对项目组改进系统有很大的帮助。

　　具体环节如下：解说脚本、让用户再浏览一遍测试过程记录下的文稿、询问用户是否对测试过程有疑问、对测试中遇到的特殊情况进行讨论、邀请用户填写问卷（图4-14，图4-15）、回顾测试前签订的保密协议、向用户强调要对测试进行保密、给用户一定的报酬。

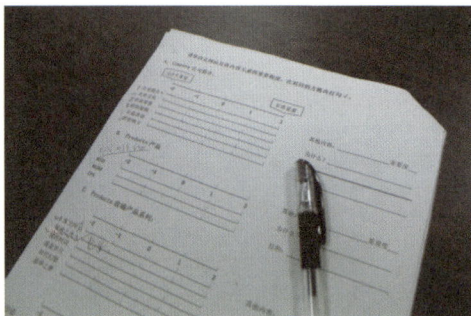

图4-14　邀请用户填写问卷

图4-15　与用户核对记录
（询问用户是否有疑问，再浏览一遍测试过程记录下的文稿）

第七节
测试后

一、数据整理与分析

计算完成每个任务和完成每个测试的平均时间、每个用户使用帮助或参考手册的次数、提示的次数、任务是否成功完成对你来说都是重要的信息。推出结论之前，要使用统计方法分析数据。如果不了解统计学的知识，可以通过参考相关的统计学专业书籍或者寻求该领域专家的帮助，如表4-4所示。

表4-4　数据统计表

用户	任务一	任务二	任务三	任务四	任务五	……	共计
用户1	1分38秒	1分45秒	55秒	45秒	3分34秒	……	15分23秒
用户2	2分40秒	2分56秒	1分20秒	1分30秒	3分20秒	……	21分56秒
用户3	1分34秒	1分51秒	2分15秒	1分13秒	2分47秒	……	20分55秒
用户4	45秒	1分35秒	1分25秒	3分25秒	3分52秒	……	15分30秒
用户5	1分4秒	3分22秒	2分33秒	1分19秒	5分38秒	……	30分24秒
用户6	48秒	3分57秒	29秒	51秒	1分54秒	……	16分14秒
用户7	1分43秒	1分56秒	2分6秒	1分5秒	3分	……	28分24秒

（如表格所示，统计每个用户完成各个任务的时间。可参考附录A中测试报告的表格示例，对数据进行全面的汇总，如每个任务的有效性、完成率、出错次数等）

整理并分析测试所得到的各种数据，包括以下两个方面（表4-5）：

表4-5　结合数据分析问题

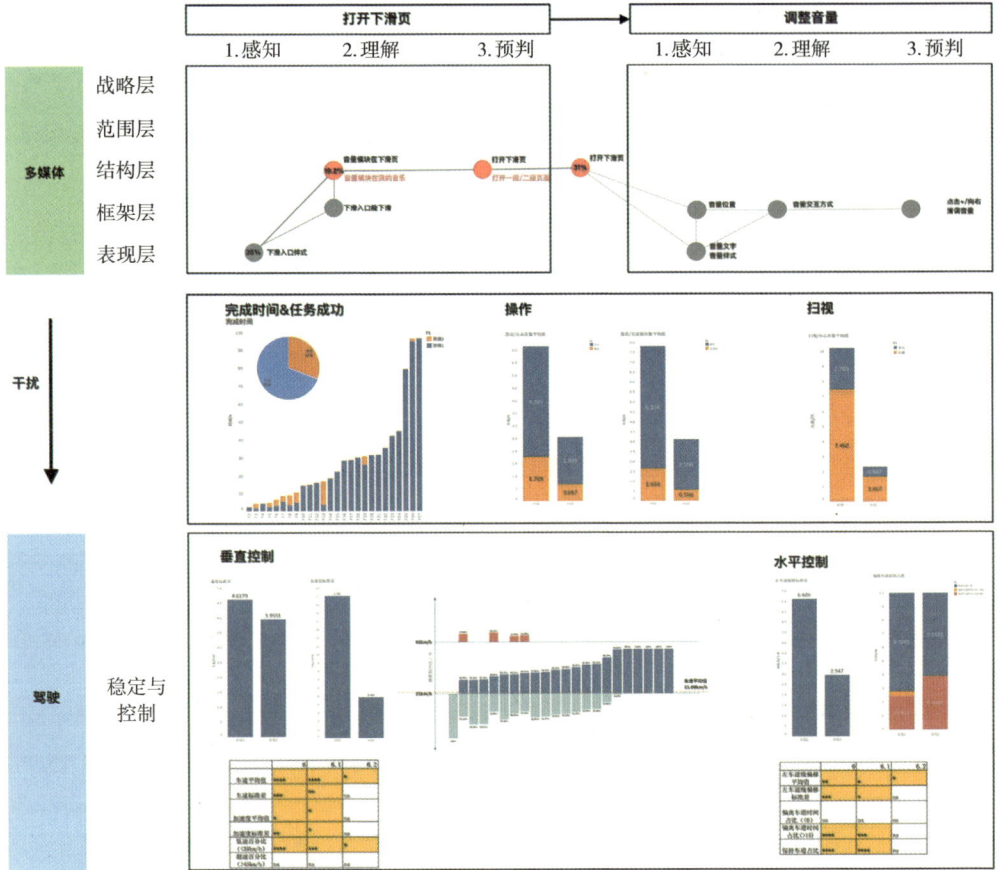

（上图是某座舱中控多媒体任务测试的数据结果分析表，通过数据发现问题，然后对数据进行描述，并尝试分析原因。）

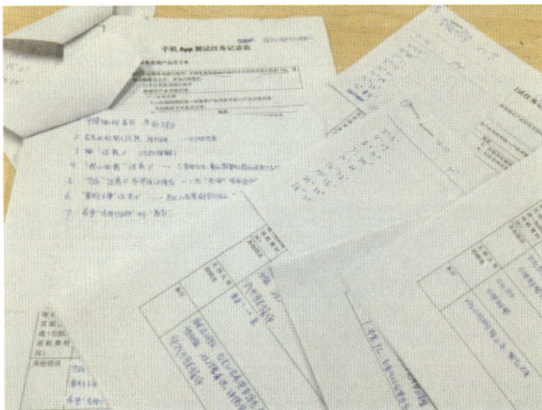

图4-16　记录表格
（收集并整理所有测试相关的资料）

（1）整理各记录等数据，汇总测试所发现的问题，并对问题进行描述，如图4-16所示。

（2）依据参数度量，分析测试所得数据。参数度量的选择取决于测试目标、用户特征、任务设计和产品的使用背景等。根据可用性的定义，参数度量应分为以下三种：

①有效性参数，如任务完成率、出错率、帮助情况下的完成比率等。

②效率参数，如完成任务的时间均数等。

③满意度参数，可以通过调查问卷等方式获得。

把问题转换成建议更有助于之后的产品改进，具体的步骤包括：识别问题、问题优先级排序、理论依据、理论解答、识别成功结果、识别不确定域。

没有进行统计分析就认定两组测试结果之间存在很大的差异是没有意义的。不仅所谓的显著结果和建议是不可靠的，而且如果测试结果不符合用户群体的总体特征，那么整个可用性测试就失去了可信度。

二、撰写报告

报告应对测试和测试环境有完整的描述，须包括所用到的测试方法、测试细节和数据分析结果。报告中需指出测试用户在测试过程中遇到问题的地方等。

本部分旨在规范报告的格式，以保证报告的全面性及条理性，完整、清晰地展示测试结果。测试结果主要是书面报告，而视频和音频等可作为补充形式，如表4-6所示。

表4-6　测试报告信息项清单（报告框架）

项目	内容
标题页	测试产品名称和版本
	测试基本信息
	报告基本信息
	产品供应商相关信息
	客户机构相关信息
测试执行概要	产品相关描述
	测试方法概要
	行为和满意度的整体结果
测试对象介绍	完整产品描述
	测试对象

项目	内容
测试基本信息	被测者信息
	产品使用背景
方法	实验设计信息
	可用性参数
结果	数据分析
	问题描述
	量化结果展示
附录	调查问卷
	测试发布版本记录
	访谈记录

认知心理与评测方法

第五章

第一节
可用性中的认知问题

可用性的问题经常和认知产生联系。随着多媒体新型科学技术的发展，越来越多复杂的智能系统应运而生，它们为人们的衣食住行带来便利，渗透到大众生活的方方面面。但与此同时也带来了不可避免的问题，人类不得不需要学习更多的系统知识以应对繁杂多变的系统环境，也不得不强迫记忆吸纳若干的操作方式以使自身能顺利地使用多种系统，带来若干的认知问题。

一、认知过程

传统心理学将心理现象分为三个方面，即认知过程、情感过程和意志过程。作为心理学的一个分支，认知心理学是一门研究人们如何获取知识以及人们如何应用知识的学科。广义上指人类高级心理过程的研究，主要是认知过程，如注意力、感知力、表现力、记忆力、创造力、解决问题的能力、语言和思维模式。狭义上相当于当代信息处理心理学，也就是从信息处理的角度来研究认知过程。

认知，指人们获得知识或应用知识的过程，或信息加工的过程，这是人最基本的心理过程。它包括感觉、知觉、记忆、思维、想象和语言等。人脑接受外界输入的信息，经过加工处理，转换成内在的心理活动，进而支配人的行为，这个过程就是信息加工的过程，即认知过程。

认知过程传统上指认识过程，指人脑以感知、记忆、思维等形式反映客观事物特性及其关系的心理过程。信息加工认知心理学把认知过程描述为个体接受、编码、贮存、提取和使用信息的过程。它通常由感知系统（接受信息）、记忆系统（信息编码、贮存和提取）、控制系统（监督执行决定）、反应系统（控制信息输出）四种成分构成（图5-1）。

图5-1 信息加工认知心理学的认知过程

认知心理学专家艾伦·纽厄尔（Allen Newell）和赫伯特·西蒙（Herbert A.Simon）认为，包括人和计算机在内，信息加工系统都是由感受器（receptor）、效应器（effector）、记忆（memory）和加工器（processor）组成的，其一般结构如图5-2所示。感受器接收外界信息；效应器做出反应；信息加工系统都以符号结构来标志其输入和输出；记忆可以贮存和提取符号结构。加工器包含三个因素：①一组基本的信息过程，如制作和销毁符号、制作新的符号结构和复制、改变已有的符号结构、以符号或符号结构来标志外部刺激并依据符号结构做出反应，以及贮存符号结构，进行辨别、比较等；②短时记忆，它保持基本信息过程所输入和输出的符号结构；③解说器，它将基本信息过程和短时记忆加以整合，决定基本信息过程的系列。对基本信息过程系列规则的说明即构成程序，踏实信息加工系统的行为机制。

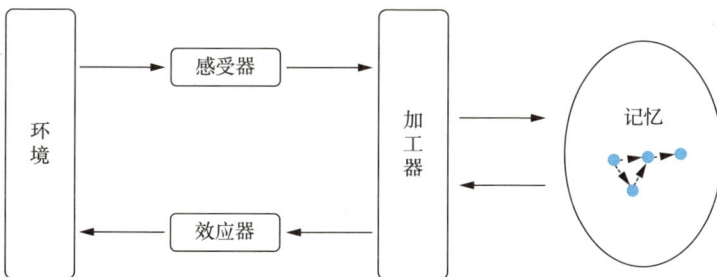

图5-2 信息加工系统的一般结构

信息加工系统的上述功能也可概括为输入、输出、贮存、复制，建立符号结构和条件性迁移。依据艾伦·纽厄尔和赫伯特·西蒙的观点，凡具有这些功能的系统必然表现出智能行为。同样，凡表现出智能行为的系统必然具有这些功能。

赫伯特·西蒙认为，人类认知有三种基本过程：①问题解决。采用启发式、手段—目的分析和计划过程法。②模式识别能力。人要建立事物的模式，就必须认识各元素之间的关系。如等同关系、连续关系等。根据元素之间的关系，就可构成模式。③学习。学习就是获取信息并将其贮存起来，便于以后使用。学习有不同的形式，如辨别学习、阅读、理解、范例学习等。

在认知过程中的任何一环出现使用产品或系统所带来的认知与人头脑中固有的概念形成差异时，便会产生认知问题，进而对系统或产品的信任感和满意度有所下降，带来相应的可用性方面的问题。因此项目者要关注用户使用产品所产生的认知心理，并通过适当的测试方法来发现和探究问题产生的根源，寻找影响认知和体验的可用性问题，从根源上改善和解决它们。

二、驾驶认知

自动驾驶技术的发展不仅需要大数据、5G、人工智能等技术的发展，还需要从人因学方面来考量。目前自动驾驶技术主要处于L2~L3级的过渡阶段，如表5-1所示，车辆可以在驾驶员的监控下进行长途或短途的自动驾驶。在该阶段，驾驶员工作量减少，车辆接管更多的驾驶任务，从执行驾驶任务的角度来说，自动驾驶功能导致了驾驶员工作负荷降低，对周围环境的态势感知能力降低，也产生了驾驶员与车辆之间的信任问题。而且在复杂驾驶场景中，自动驾驶系统也有可能出现不能处理的情况。在这些情境下，驾驶员会突然被要求处理当下的状况来避免碰撞等危险情况的发生。到目前为止，在一些情况下，驾驶员来不及做出及时的、有效的反应和反馈，碰撞会是不可避免的结果。因此，了解驾驶行为中的认知过程对于确保驾驶安全起到至关重要的作用。

表5-1　自动驾驶层级表

| 自动驾驶分级 | | 名称 | 定义 | 驾驶操作 | 周边监控 | 接管 | 应用场景 |
NHTSA	SAE						
L0	L0	人工驾驶	由人类驾驶者全权驾驶汽车	人类驾驶员	人类驾驶员	人类驾驶员	无
L1	L1	辅助驾驶	车辆对方向盘和加减速中的一项操作提供驾驶，人类驾驶员负责其余的驾驶动作	人类驾驶员和车辆	人类驾驶员	人类驾驶员	限定场景
L2	L2	部分自动驾驶	车辆对方向盘和加减速中的多项操作提供驾驶，人类驾驶员负责其余的驾驶动作	车辆	人类驾驶员	人类驾驶员	限定场景
L3	L3	条件自动驾驶	由车辆完成绝大部分驾驶操作，人类驾驶员需保持注意力集中以备不时之需	车辆	车辆	人类驾驶员	限定场景
L4	L4	高度自动驾驶	由车辆完成所有驾驶操作，人类驾驶员无须保持注意力，但限定道路和环境条件	车辆	车辆	车辆	限定场景
L4	L5	完全自动驾驶	由车辆完成所有驾驶操作，人类驾驶员无须保持注意力	车辆	车辆	车辆	所有场景

认知心理学中的行为主义学派认为行为才是认知研究的核心和最终落脚点，研究的重点应该放在环境刺激和最终的执行行为上面。驾驶员认知过程是一切驾驶行为和驾驶员表现的基础。根据认知学的相关知识，驾驶员的认知过程可以看作是由多种不同的功能模块所组成的，一般包括感知、存储、决策及执行等功能。

知觉（感知）阶段：在这一阶段，驾驶员动用自己的感知器官去接收道路交通信息。在感知部分，又分为内部视野和外部视野，听觉、运动和语言，而人的感官通道主要依靠视觉、听觉、味觉、嗅觉、触觉。当驾驶员在驾驶过程中进行人车交互时，主要刺激的感官有视觉、听觉和触觉。视觉、听觉主要进行信息的收集，触觉主要体现在手动操控车辆。

认知（存储与决策）阶段：在感知信息的基础上，驾驶员通过脑分析，基于累积的知识和驾驶经验做出判断，以确定有利于汽车安全驾驶的措施。

反应（执行）阶段：司机根据判断决定做出反应并采取行动。反应部分和响应相连接，以手动操控和语言表述对知觉接受得到的信息进行响应。这种驾驶行为可以被认为是由于交通环境的变化而由驾驶员的驾驶状态引起的物理反应。

在驾驶过程中，驾驶员作为道路交通系统信息的感知者、处理者、决策者，必须持续从道路环境中获取驾驶员需要的各种信息。驾驶员认知到这些信息后，需要辨别出信息的不同属性，还需要通过各种感觉器官的协同活动，在大脑中，根据信息的各种属性，将其相互联系或关系整合到整个事物中，从而形成完整的环境信息图像，最后才能做出决策。根据美国的一项调查，每行进1公里，车辆就会出现三百多种信息，驾驶员平均需要做出75个决定。当所有信息直接作用于驾驶员的感觉器官时，驾驶员必须基于道路交通环境所输入的信息，在认知过程里形成完整的图像来决策所要形成的驾驶行为。因此，在这个过程里，汽车运行状态将不可避免地产生变化。

由此可见，汽车驾驶员负责的环境信息感知和汽车操纵控制，是人—车—道路闭环系统中最为关键的环节。驾驶员在驾驶过程中需要集中注意力，综合分析汽车的运动状态、交通状况等信息，决策出正确的驾驶策略并做出相应的驾驶动作。

汽车驾驶包含各种各样的驾驶及非驾驶任务。驾驶任务作为多层次任务，驾驶员需要在多个通道对任务进行分析，进而决策操作。一些任务发生在驾驶之前，比如决定出发时间及目的地等。一些任务富有决策性质，比如抉择是否超车、保持车道等。另一些任务操作性更强，比如控制车内方向盘、控制刹车、保持车道车速等。主要驾驶任务通常被定义为保持车道和监控道路危险，而此任务主要指导致驾驶员注意分散的其他任务，如打电话就是典型的驾驶次任务。

因此，汽车驾驶不仅需要驾驶员付出一定的体力还需要承担一定的精神负荷，而当驾驶员承受的负荷过高或过低时，可能引起决策或操作失误，进而导致交通事故。而随着交通密度、道路复杂性的增加以及车内信息设备的使用，驾驶成为了更加复杂的交互活动，驾驶员经常处于双任务或多任务的工况下，其注意力可能从环境感知、汽车操纵等与驾驶任务直接相关的任务中脱离。然而，大脑处理信息的能力有一定的局限性，当处在复杂的多任务环境中时，与驾驶任务不直接相关的其他任务在脑资源方面势必会与驾驶任务形成竞争关系，从而使驾驶员承受的精神负荷增加。当处在较高的精神负荷水平时，极容易导致驾驶员出现紧张感和压力感，并在感知和决策方面出现分心或失误，引发交通事故。

在自动驾驶车辆感知、决策技术越来越符合驾驶员认知的同时，也需要车内HMI设计给予驾驶员信息辅助，进一步提升用户体验。但是不恰当的HMI设计可能会增加驾驶员的认知难度，降低其对周围环境的感知能力，增加其工作负荷，也使其对车辆的信任度降低，引发驾驶安全问题。

因此，项目者需要从整体出发，从驾驶员认知的角度来考虑提升车内HMI设计的用户体验，从而提升驾驶效率、安全性以及舒适性。如何将汽车发出的信息简练准确地传达给驾驶员，减少驾驶员在驾驶过程中的认知负荷，提高汽车人机交互的效率和乐趣将成为汽车领域下一个研究重点。

通过对人的认知与心理层面的探索，可以探究用户心理因素对于使用产品或系统的影响，以此分析用户对于产品或系统的理解程度与操作时的真实心理动机，而这正是产生可用性问题背后的原因所在。因此，本章后续内容将对人的认知心理模型进行探讨。其中，交互模型中的用户心智模型构建于过往生活中对产品或系统的行为经验与认知习惯，进而影响用户对新产品或系统的推理、解读与使用，一旦在理解与认知的过程中产生歧义或困惑，就会带来认知负荷，造成系统可用性降低。此外，人对所在环境区域内的外部状况的动态意识，即态势感知的过程也同样影响人对系统和周围环境的感知与理解，与之相伴随的还有人对于产品或系统行为方式的接受度、信任度、满意度等问题，都对系统可用性的评估起着至关重要的作用。

第二节
认知负荷

一、相关概念

（一）理论基础

认知负荷（cognitive load）理论以1956年美国心理学家米勒（Miller）的脑力负荷或心理负荷（mental workload）研究为基础，由以澳大利亚新南威尔士大学的认知心理学家约翰·斯威勒（John Sweller）等人为代表的研究者于1988年提出。围绕这一问题，研究者们从人类认知的信息加工的角度，以工作记忆理论、图式理论和与其有关的认知资源有限理论为基础，考察了认知负荷，并较为完整与系统地论述了认知负荷理论（cognitive load theory，CLT）。之后，随着研究的深入与发展，认知负荷的研究转向了教育心理学、认知心理学等领域。

在既定的任务环境下，影响认知负荷大小的重要因素，是人类的认知加工系统，主要指工作记忆，所能承受加工任务数量的多少。为此，有学者认为，广义上的认知负荷指在一定任务环境下，个体在进行认知活动时，当前任务施加给学习者认知结构（主要是指工作记忆上的智力活动）的总量。狭义上，认知负荷指在一定的学习时间与条件下，不同的学习者在学习活动过程中，加工不同的任务所需要占用的认知系统，（主要指工作记忆）的认知资源总量。使用者的资源是有限的，目前对于资源这个较为抽象的概念，有研究做了阐述：

（1）当执行一项任务时，体力和脑力操作是同时进行的。

（2）这些操作需要操作者的资源。

（3）操作者的资源是有限的。

（4）一种情况是当两项任务同时进行，需要比执行一项任务更多的资源，可能会导致供需不平衡的问题，即执行任务所需的资源可能会大于操作者所有的资源，造成工作负荷过载。另一种情况是，执行任务所需的资源小于操作者所有的资源，造成工作负荷过低。

（5）当两项任务同时进行时，一些任务需要相同资源的同时另一些任务需要不同的资源，而任务间是否存在竞争关系或者说互相干扰的程度，取决于执行这个任务时多少资源是需要共享。合理的资源分配可以保证在任何情况下，不同的任务可以在不被降低质量的前提下完成，并且在双任务的情况下，增加一个任务，另一个任务的执行质量也并不会下降。

（二）多资源理论模型

工作负荷分又分为体力工作负荷和心理工作负荷两个维度。在关于心理工作负荷的研究中，研究者提出了一些模型来阐述人的资源与负荷的关系。例如人因学、工程心理学泰斗维肯斯（Wickens）教授提出的多资源理论模型，该模型将驾驶员的信息处理模式用一个立方体表示，立方体由相互独立的3个维度组成，人在进行信息处理时会自主在信息源和维度中进行资源的选择和分配。人的信息处理源（VACP）有四部分：视觉（visual）、听觉（auditory）、认知（cognitive）和运动反应（psychomotor），且一般都存在"知觉—认知—反应"的过程，如图5-3所示。

（1）阶段（stage）维度，用以区分知觉、工作记忆及认知和反应。知觉和工作记忆为一个阶段，反应为另一个阶段。此维度是信息处理的过程，同一过程的知觉与反应同时处理，会增加工作负荷等级，而处于不同阶段的知觉和反应则不会。

（2）通道（modality）维度，用以区分视觉和听觉。此维度描

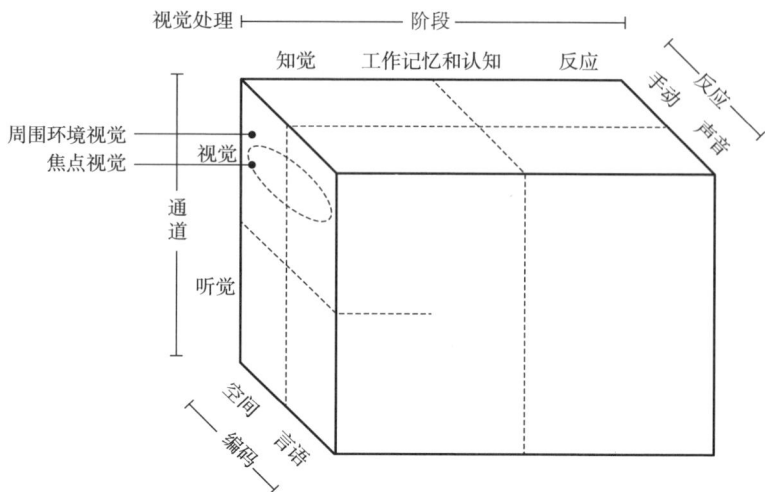

图5-3　四维多资源理论模型❶

述的是注意力通道，听觉感知与视觉感知使用不同的资源，相较于同时识别两个听觉信号或处理两个视觉信号，同时识别一个听觉信号与一个视觉信号的工作负荷更低，即通道内注意力分配状态会比跨通道的注意力分配状态差。

（3）编码（code）维度，用来描述信息资源，区分空间和语言处理。与"通道"维度类似，跨资源信息处理的心理工作负荷较同一资源处理不同任务的负荷量更低。

车内交互设计在基于生物识别和感知技术的个性化方面，基于个人身份识别技术与生理心理感知技术，可以实现智能汽车对人的生理心理状态的实时监控，从而实现智能汽车人机交互界面的实时个性化。例如拜仁通过内置体重识别、外置血压监测、手环等识别数据获得驾驶员信息，自动调节符合驾驶员习惯的设置；阿里与上汽合作的智能车，依据阿里强大的用户数据，在用户个性化方面有很大的突破。在用户体验方面，从驾驶员认知负荷来说，同时进行的任务是否要求相同的信息处理资源和信息处理通道是决定驾驶员工作负荷的关键因素之一。驾驶员主要通过视觉通道获取信息，同一时间下，若驾驶场景复杂，需要处理的信息超过驾驶员能

❶ 图片来自 UI 中国《眼动应用于多通道研究》。

力，造成驾驶员工作负荷过载，从而产生威胁驾驶安全的危险驾驶行为。

（三）认知负荷理论结构模型

帕亚斯（Paas）等人提出了认知负荷结构模型帕亚斯和范梅里恩伯尔（Van Merrienboer）认为认知负荷包括因果维度和评价维度，认知负荷理论结构模型是认知负荷理论的核心。

1. 因果维度

因果维度反映了认知负荷的来源以及认知负荷的分类，如图5-4所示，认知负荷的因果因素包括任务（环境）、学习者、任务与学习者的交互作用。任务（环境）因素包括学习任务的难度、复杂程度、任务的新颖性、结构、时间压力等因素；学习者因素包括学习者本身已有的知识经验、认知能力、认知风格、意志品质等因素；学习者与环境的交互作用包括学习动机与学习情绪等因素。

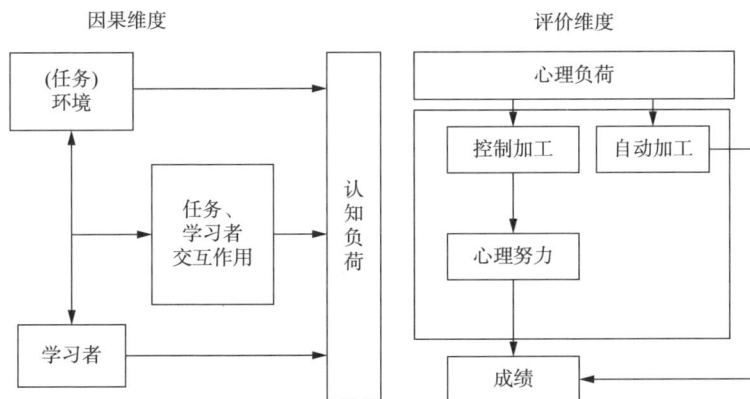

图5-4　认知负荷的结构模型

2. 评价维度

评价维度集中反映了对认知负荷大小的评估及测量，主要包括3个方面：心理负荷（mental load）、心理努力（mental effort）和学习绩效（performance）。心理负荷体现的是学习材料与学习者之间的交互作用，大小比较客观，真实反映学习材料难度与学习者经验之间的作用。心理努力则是学习者主动付出的认知努力，包括感知、记忆、思维、想象等认知努力以及情绪调节与时间控制等，具有主观性，影响学习绩效。学习绩效就是指学习者通过学习之后，所获得的成绩，是认知负荷的外在表现。认知负荷的评价维度使研究者对认知负荷测量有了研究的依据。

二、评估方法

目前测量工作负荷的方法主要有：主观测量法、任务绩效测量法和生理测量法。前期的很多研究已经表明，不同测量方法对工作负荷不同方面的敏感度不同，不同测量方法适用于不同工作负荷方面的评估。

（一）主观测量法

主观测量法是目前运用最多的一种测量方法，它主要依据学习者对学习任务的难度与所需要的心理努力，对认知负荷的大小进行评估与报告的一种测量方法。国内，测量量表大多以国外的量表为参照。这些量表有：帕亚斯编制的认知负荷自评量表（the cognitive load subjective ratings）、SWAT量表（subjective workload assessment technique）、NASA-TLX量表（national aeronautics and space administration-task load index）、WP（the workload profile index ratings）量、多资源问卷（multiple resource questionnaire，MRQ）等。此外，法国国家运输与安全研究所就驾驶工作负荷进行了研究，在NASA-TLX的基础上进行修改，开发了DALI驾驶活动负荷指数，分别在注意力、视觉需求、听觉需求、时间需求、干扰和情境压力维度进行了测量。

使用主观评价量表中的任务负荷指数（task ioad index，TLX）量表来测量工作负荷的方法可能是最接近于挖掘心理工作负荷本质的方法，并且可以提供最普遍、最有效和最敏感的指标。虽然使用主观评价量表法有很多主观因素方面的不确定性，但使用TLX的评估结果是相对稳定的。另外，DALI作为一种主观的工作负载评估工具，主要优点之一是可以识别驱动程序工作负载的来源，允许在已确定的级别上采取纠正措施，如图5-5和图5-6所示。

精神需求：非常低	1 2 3 4 5 6 7 8 9 10	非常高
体力负担：非常低	1 2 3 4 5 6 7 8 9 10	非常高
时间压力：非常低	1 2 3 4 5 6 7 8 9 10	非常高
努力程度：非常低	1 2 3 4 5 6 7 8 9 10	非常高
挫败感：非常低	1 2 3 4 5 6 7 8 9 10	非常高
任务绩效(完成度)：非常差	1 2 3 4 5 6 7 8 9 10	非常好

图5-5　NASA-TLX量表

注意力：非常低	1 2 3 4 5 6 7 8 9 10	非常高
视觉需求：非常低	1 2 3 4 5 6 7 8 9 10	非常高
听觉需求：非常低	1 2 3 4 5 6 7 8 9 10	非常高
触觉需求：非常低	1 2 3 4 5 6 7 8 9 10	非常高
时间需求：非常低	1 2 3 4 5 6 7 8 9 10	非常高
干扰：非常低	1 2 3 4 5 6 7 8 9 10	非常高
情境压力：非常低	1 2 3 4 5 6 7 8 9 10	非常高

图5-6　DALI量表

（二）任务绩效测量法

基本任务（primary task）、次级任务（secondary task）、反应时间（reaction time）驾驶车辆行驶参数是指收集驾驶过程中车辆的车速、加速度、车道偏离量、方向盘转动角度等物理参数进行测量和监控。

与绩效测量法相关，一般而言，在实验室模拟研究中，车辆行驶轨迹、车速、反应时间、驾驶员犯错次数等通常是主任务测量的指标。而在实车实验中，驾驶员在完成任务时的行为表现则是考察的重要指标。次要任务测量法可以通过测量主任务的指标来测试，另一种是附属任务范式，驾驶员被要求以完成驾驶工作（主任务）为主，附带着进行给定任务（次要任务），给定任务的难度会有所变化，进而通过测量次要任务的指标来测试驾驶负荷。当驾驶员负荷大时，车辆容易发生不稳定的现象，例如产生车道偏移、方向盘转角变化频率大、加速度频繁出现大幅度跳跃变动，往往驾驶员将注视点集中在非前方道路上，如车载中控娱乐屏、手机终端。

（三）生理测量法

生理测量法包括眼动测量（eye movement measurement）、电生物信号（electrical biosignals）、心血管/呼吸测量（例如心率）、激素测量（例如肾上腺素）等。

与生理测量法相关，美国国家公路交通安全管理局（National Highway Traffic Safety Administration，NHTSA）制定了车内电子设备指南（*Visual-Manual NHTSA Driver Distraction Guidelines for in-Vehicle Electronic Devices*）指出根据驾驶者执行任务时视线偏离道路的时长：平均视线偏离时间不超过2秒；85%的视线偏离时长不超过2秒；累计视线偏离时长不超过12秒。

案例：自适应巡航功能抬头显示的HMI设计

在基于驾驶员工作负荷评估的自适应巡航（adaptive cruise control，ACC）功能抬头显示的HMI设计研究中，设计者提出通过HMI设计平衡心理工作负荷并增加驾驶安全性与舒适性的设计方案，如表5-2所示，并基于驾驶模拟器对方案进行了工作负荷可用性评估。

实验中的自变量和因变量如下：自变量为开启ACC功能原始HMI设计显示和开启ACC功能迭代HMI设计显示；因变量为被试在使用原始HMI设计和迭代HMI设计完成驾驶任务时的工作负荷，NASA-TLX被用作测量被试的心理工作负荷；实验采取组内实验设计，将两组结果做对比，以便测量不同HMI设计对心理工作负荷的影响。

表5-2 ACC功能的典型驾驶场景下的原始设计方案

阶段	使用ACC功能的典型驾驶场景分解	对应AR-HUD/W-HUD界面
阶段一	状态一	
阶段一	状态二	
阶段二	状态三	

阶段	使用ACC功能的典型驾驶场景分解	对应AR-HUD/W-HUD界面
阶段二	状态四	

在对原始方案进行测试的过程中，针对被试提出的改进意见进行了迭代方案的设计，如图5-7~图5-9所示。

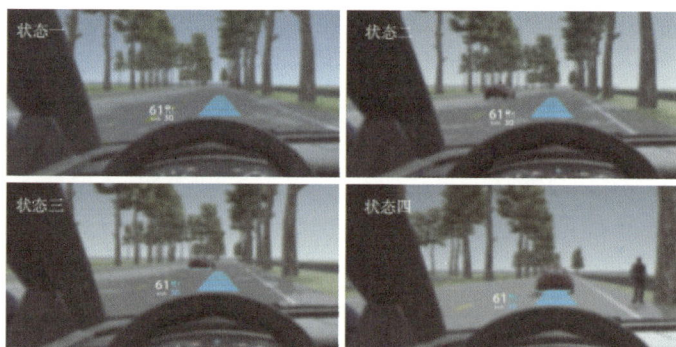

图5-7　迭代设计方案视觉效果

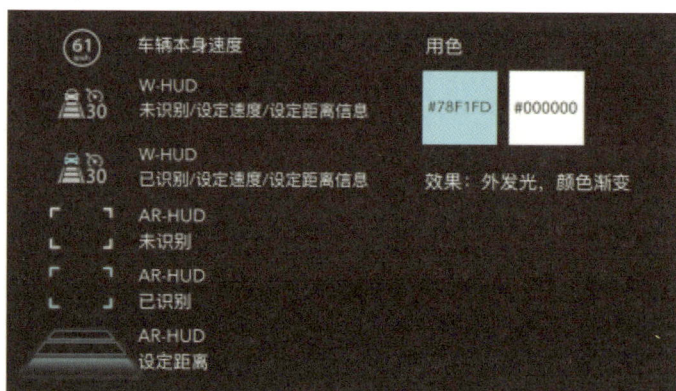

图5-8　迭代设计方案界面设计说明

原始设计方案				迭代设计方案		
信息	AR-HUD	W-HUD	动态变化	AR-HUD	W-HUD	动态变化
车辆本身速度	无	61 km/h	实时变化	无	61 km/h	实时变化
设定速度	无	30	以5km/h递增/递减	无	30	以5km/h递增/递减
设定时距	(图标)	无	5档时距，逐一增加/降低	巡航模式	跟随模式	3档时距，逐一增加/降低
识别信息	(图标)	30	未识别/已识别	预识别，可能会影响ACC功能的使用，巡航模式	已识别前车，进入跟随模式	未识别/预识别/已识别

图5-9 原始设计方案与迭代设计方案设计对比

对迭代后设计方案进行工作负荷评估，每当被试完成一次驾驶任务，就需要完成一次"NASA-TLX量表"的打分以及"设计元素打分及访谈量表"，并且播放被试执行驾驶任务时的录屏视频，以帮助驾驶员回忆驾驶时的认知，尽量使打分及访谈结果更有效，如图5-10和图5-11所示。

主测人员
控制实验进度
实验介绍
发布任务
问卷打分

主测驾驶模拟器　数据采集与监视控制系统　辅测驾驶模拟器

被试

工作人员
驾驶另一辆
模拟器配合
完成驾驶任务

图5-10 测试环境

图5-11 驾驶员视野效果图

评估被试的工作负荷，首先让被试明确评估工作负荷的六个方面，即精神需求、体力负担、时间压力、任务绩效、努力程度以及挫败感的含义，如表5-3所示。

表5-3　工作负荷打分量表定义

工作负荷打分量表说明		
工作负荷因素	等级尺度	说明
精神需求	低/高	你执行该任务时需要多少精神和感知需求，比如：思考、决定、计算、记忆、观察、寻找等，这个任务对你来说是容易的还是很消耗，简单的还是复杂的，需要付出巨大努力的还是轻而易举的
体力负担	低/高	你在执行该任务时需要多少物理操作，比如：推、拉、按、旋转、激活、控制等，这个任务对你来说是容易的还是很消耗，缓慢的还是迅速的，完成任务时是松弛的还是紧张的
时间压力	低/高	由于任务或任务中的因素发生的速度和节奏，你在时间方面感受到了多少压力？这个速度是缓慢的、不紧不慢的、快速的还是飞速的
任务绩效	低/高	你觉得你是否成功完成测试者设置的任务目标？你对自己完成这些任务的满意度是怎样的
努力程度	低/高	你完成这个任务花费了多少努力（从精神和体力两个方面来讲）
挫败感程度	低/高	你在完成任务过程中是否感受到了不同程度的不安全感、气馁、生气、压力和烦恼，或者是不同程度的安全感、满足感、放松和自满？

　　让被试评估在使用不同设计方案在相同驾驶场景中完成相同驾驶任务时，哪一个工作负荷方面对其完成驾驶任务的影响更大，并在两辆对比中选择出对其影响更大的一项。由此计算出六项问题的权重，如图5-12所示。

努力程度 或 任务绩效	时间压力 或 挫败感	时间压力 或 努力程度	体力负担 或 挫败感
任务绩效 或 挫败感	体力负担 或 时间压力	体力负担 或 任务绩效	时间压力 或 精神需求
挫败感 或 努力程度	任务绩效 或 精神需求	任务绩效 或 时间压力	精神需求 或 努力程度
精神需求 或 体力负担	努力程度 或 体力负担	挫败感 或 精神需求	—

图5-12　工作负荷资源对比卡

精神需求：您是否可以通过HMI设计提供的信息有效判断当前驾驶环境，比如是否可以判断前方车辆的行驶状态，是否可以识别前方跟随车辆（可以根据您通过HMI信息感知、理解、预测车辆行驶状态的过程来判断有效性。)?

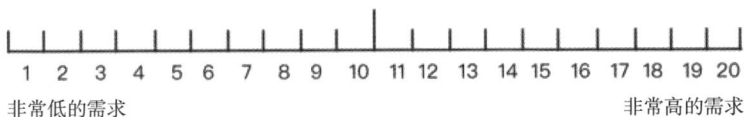

1	2	3	4	5	6	7	8	9	10	11	12	13	14	15	16	17	18	19	20

非常低的需求　　　　　　　　　　　　　　　　　非常高的需求

体力负担：在使用ACC功能时，您可以通过按钮有效调整时距和设定速度吗（可以通过操作难易程度和操作速度来判断有效性。)?

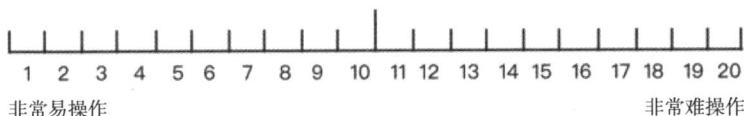

1	2	3	4	5	6	7	8	9	10	11	12	13	14	15	16	17	18	19	20

非常易操作　　　　　　　　　　　　　　　　　非常难操作

时间压力：当驾驶环境发生变化时，比如前方有车辆切入当前车道，当抬头显示有信息提示时，您会感觉到在很短的时间内突然需要处理很多信息、执行很多任务吗（类似于手忙脚乱或者从容)?

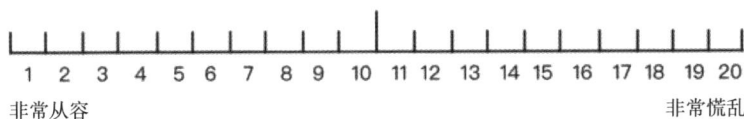

1	2	3	4	5	6	7	8	9	10	11	12	13	14	15	16	17	18	19	20

非常从容　　　　　　　　　　　　　　　　　非常慌乱

任务绩效：您可以有效将车辆保持在当前车道上避免碰撞且安全行驶吗？

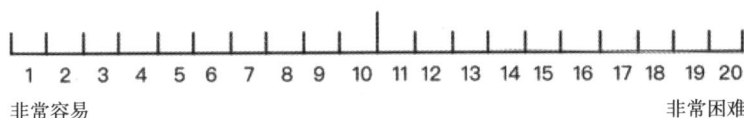

1	2	3	4	5	6	7	8	9	10	11	12	13	14	15	16	17	18	19	20

非常容易　　　　　　　　　　　　　　　　　非常困难

努力程度：您觉得您需要付出多少努力来执行此任务？

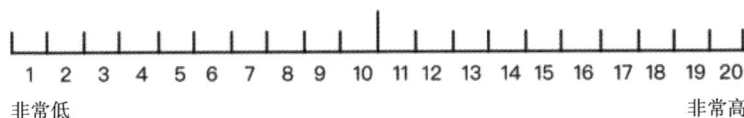

1	2	3	4	5	6	7	8	9	10	11	12	13	14	15	16	17	18	19	20

非常低　　　　　　　　　　　　　　　　　非常高

挫败感：在驾驶过程中，您是否有一些不能处理的情况，或者一些让您产生费解的信息，使您感受到了不安全感、气馁、生气、压力和烦恼的情绪？或者HMI提供了可以有效帮助您的信息，使您感受到了安全感、满足感、放松的情绪？

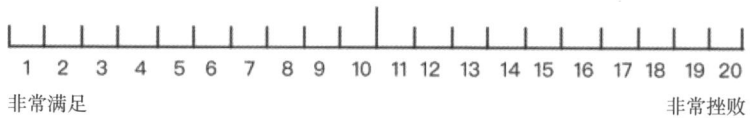

| 1 | 2 | 3 | 4 | 5 | 6 | 7 | 8 | 9 | 10 | 11 | 12 | 13 | 14 | 15 | 16 | 17 | 18 | 19 | 20 |

非常满足　　　　　　　　　　　　　　　　　　　　　非常挫败

根据被试对于完成相同驾驶任务的工作负荷6个方面的打分，使用工作负荷打分量表综合计算出工作负荷6个方面，每一个方面的加权平均值、标准差以及标准误差，对比原始和迭代设计方案对被试工作负荷的影响，统计结果如表5-4～表5-6所示。

表5-4　原始与迭代设计方案工作负荷权重和打分对比

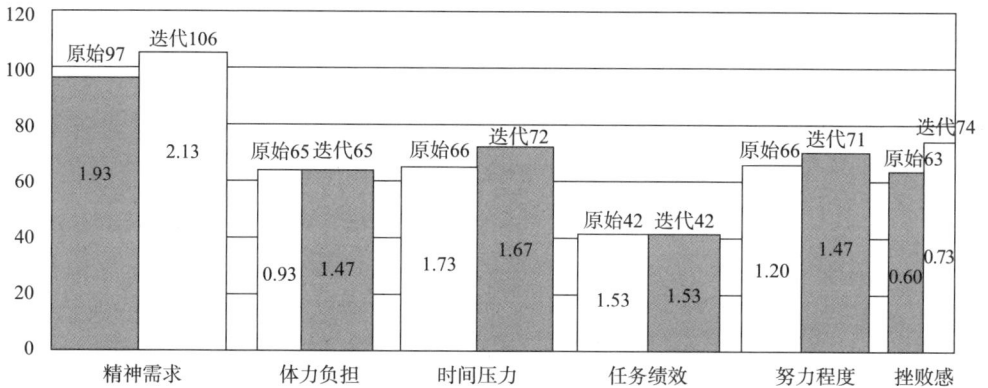

表5-5　总体工作负荷加权平均值

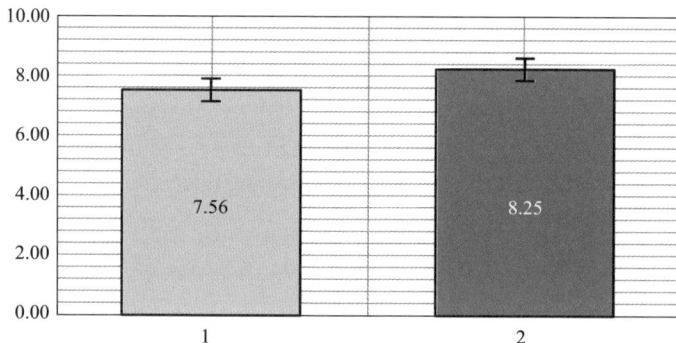

表5-6　工作负荷加权平均值对比

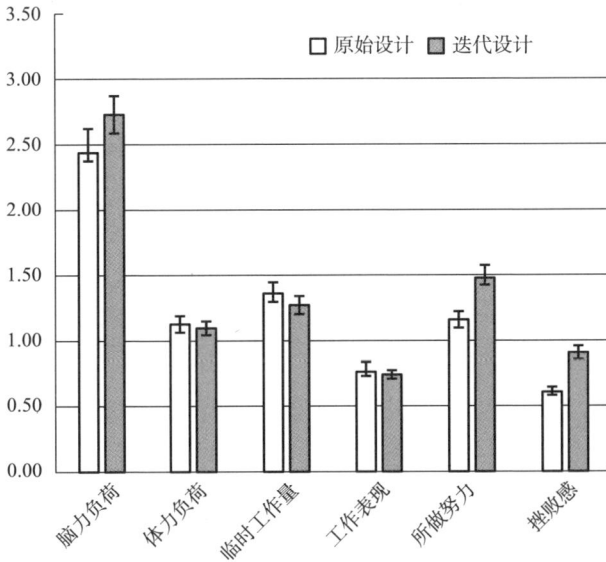

迭代设计方案中的体力负担、时间压力和任务绩效的加权平均值要低于原始设计方案，虽然标准误差要大于原始设计方案，但不具备显著性；在其余的精神需求、努力程度和挫败感程度三个方面，迭代设计方案的工作负荷的加权平均值要大于原始设计方案。除时间压力和挫败感程度以外，原始设计方案中的标准误差都大于迭代设计方案，说明原始设计方案中，被试的打分范围波动较大，但不是非常显著。

迭代设计方案给驾驶员提供了相比原始设计更多的信息，让驾驶员更大程度上获取到了他们认为重要的信息，但与此同时，也在一定程度上增加了驾驶员的工作负荷。但是在设计中，并不是一味地降低驾驶员工作负荷才是好的设计，在简单的驾驶场景中，需要在一定程度上增加驾驶员的工作负荷，才能使驾驶员的精力保持高度集中，提高驾驶安全性。

第三节
态势感知

一、相关概念

态势感知（situation awareness，SA）相关概念来源于军事理论，在20世纪90年代被人因学家所广泛采用和研究。米卡·安德斯雷（MicaR. Endsley）在1988年国际人因工程（Human Factor）年会上提出了有关态势感知的一个共识概念：在一定的时间和空间内对环境中的各组成成分的感知、理解，进而预知这些成分的随后变化状况。

态势感知强调个人对当前外部状况的一种动态意识，分为三个一般组成部分或级别，包括对环境中元素的感知（Level 1 态势感知），理解它们与任务目标相关的含义（Level 2 态势感知），以及不久的将来对其状态的预测（Level 3 态势感知），操作员实现更高水平的态势感知取决于一个人准确和完全地感知任务环境状态的程度。例如，在驾驶的情况下，其他驾驶员在道路上的行为的投影取决于对驾驶员意图的指示器的准确感知（如转向信号、制动灯和车道变换）。态势感知的相关模型定义包括安德斯雷的三级模型（图5-13）、知觉循环模型（图5-14）、活动理论模型（图5-15）。

这三个有关态势感知的模型差异点体现在获取态势感知的方式，以及个人与环境之间的相互作用方面。安德斯雷的三级模型将态势感知的产品与用于实现它的过程区分开来。知觉循环和活动理论模型强调个人与世界之间的相互作用对态势感知的发展和维持的影响。这些相互作用使得这些模型比安德斯雷的三级模型更具动态性。三级模型提供的态势感知的直观描述提供了轻松理解和准确测量态势感知并确定每个级别的态势感知要求的方法。这些可能是三级模型在研究界受欢迎的主要原因。

人们现在生活在一个被庞大的数据和信息量所包围的人—机—环境（自然、社会）系统中，智能的控制系统自然就是通过人机环

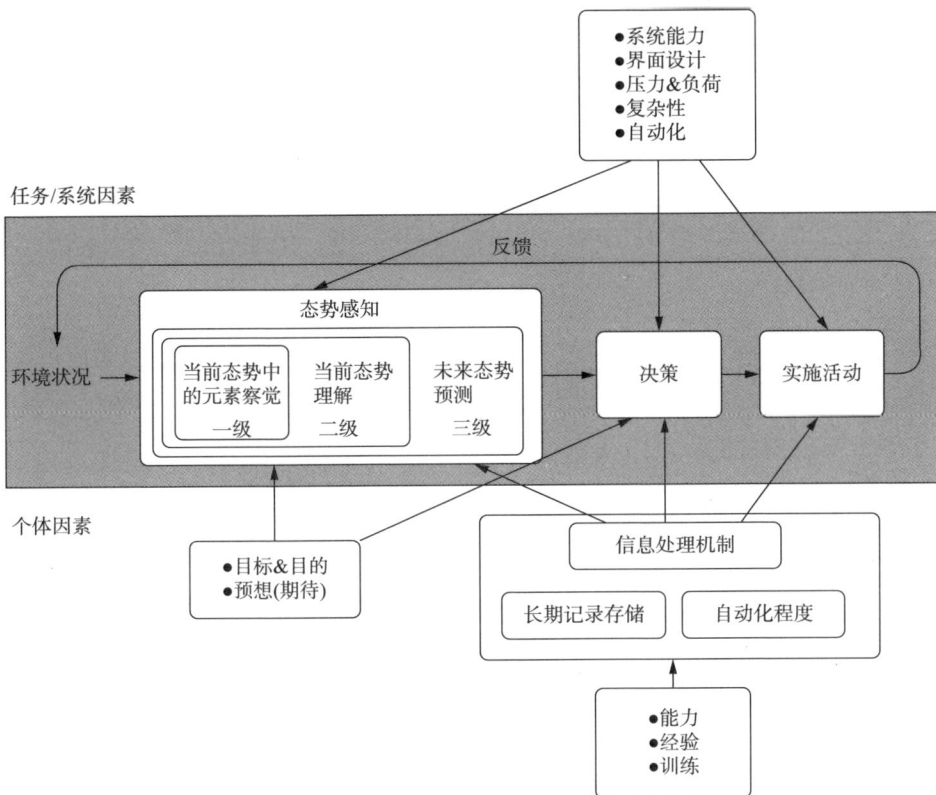

图5-13 态势感知的层次模型

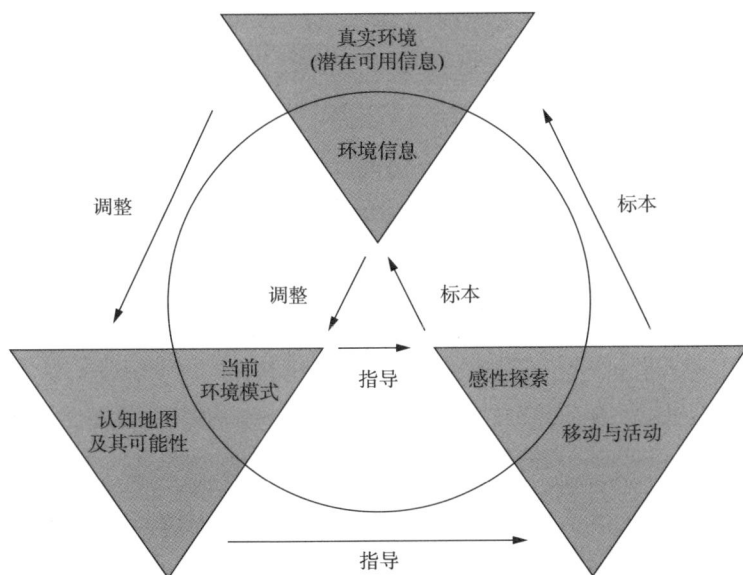

图5-14 态势感知的直觉循环模型

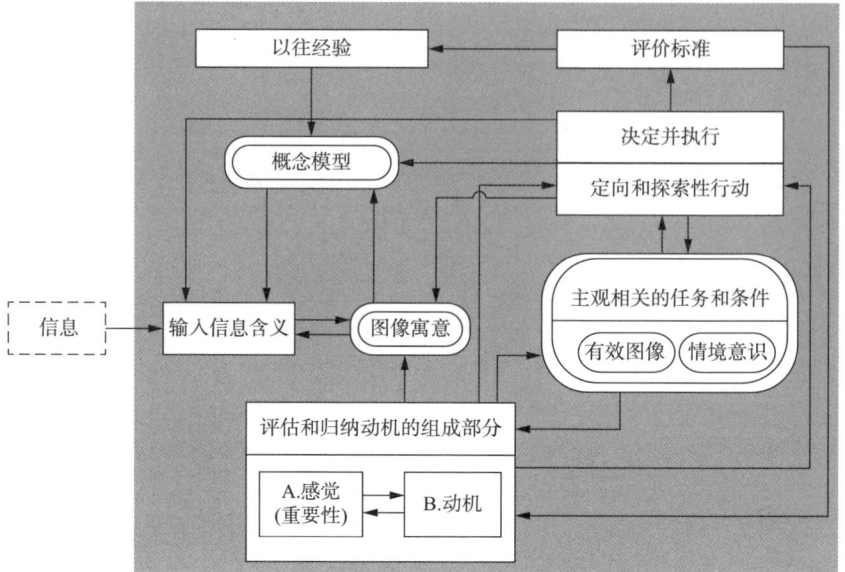

图5-15 态势感知的活动理论模型

境三者之间交互及其信息的输入、处理、输出、反馈来调节正在进行的活动进程，进而减少或消除结果不确定性的过程。态势感知的三个阶段与人类获取和处理信息的过程是相对应的：第一级是对环境中各成分的感知，即信息的输入；第二级是对目前的情境的综合理解，即信息的处理；第三级是对随后情境的预测和规划，即信息的输出。如果没有充足的时间和足量的信息来形成对态势的全面感知与理解，那么对未来态势的定量预测的准确性可能会大打折扣，对于整个环境系统的信任程度也会一定程度上有所减弱。

二、评估方法

态势感知的四类典型的测试方法分别为：过程测量、行为测量、绩效测量和直接测量。

（一）过程测量

过程测量的常见方法包括口头协议、沟通分析和心理生理学指标。口头协议实行实时的评论，要求操作人员在与系统交互时口头描述他们的想法、策略和决策，这些信息被记录下来并且通过分析来识别和分类与个人态势感知相关的信息。沟通分析侧重于参与任务的人员之间的口头交流（如团队成员之间或操作员与实验人员间）。心理生理学指标尝试从诸如眼球运动、脑电图（electroencephalogram，EEG）或心电（electrocardiogram，ECG）数据的物理反应中推断出认知过程，具有可以捕捉人们潜在的心理反应的优势。

（二）行为测量

行为测量方法基于操作人员的行为来推断他们的态势感知。在一些测试中，除态势感知外的很多因素都会影响操作人员的决策，所以根据操作人员的行为并不能判断他是因为态势感知状态还是因为缺乏技能或决策不好而以某种方式行事。作为一种可替代的方法，可以构建一个情境，并给定可接受的态势感知级别，这将导致操作员以提前预测的方式做出反应。因此可以采用可用来推断态势感知的预期行为进行行为测量。在另一种方法中，一些突发事件（但是属于真实事件）被纳入模拟中，操作员对于这些事件的响应或不响应便可以用来分析。但是为了使该方法有效，必须严格选择事件，并将其与高度程序化的反应联系起来。

（三）绩效测量

绩效测量方法基于操作员相对于预定标准实际执行给定任务时的优劣程度或者在场景中操作结果的好坏程度（如任务成功率）来推断态势感知。这种方法假设良好的态势感知和良好的绩效之间是有直接关系的。然而，这种联系不具有确定性，一个人可能具有良好的态势感知，但缺乏解决问题所需的知识、技能或一定的培训，后续绩效也有可能很低。

（四）直接测量

态势感知的直接测量是指直接评估操作员的态势感知，包括客观测量和主观测量。

主观测量是指在一个明确的情境下，通过询问操作人员或为操作人员态势感知评级的专家观察者来评估态势感知。具体来说，主观评估提供了操作者对其态势感知的信心水平的表述，这可以直接影响其决策和行动选择。主观测量的方法包括态势感知测评技术（situation awareness rating technique，SART）、态势感知主观负荷支配（situation awareness subject workload dominance，SWORD）技术和态势感知测评（situation awareness rating scale，SARS）。

客观测量通过直接比较操作员所报告的态势感知和实际情况来评估态势感知。客观测量中需注意一些要点，例如必须选定合适时间来进行询问，为了获得被试真实的态势感知必须设计合理的问卷等。在实际测量中应用较多的两个客观测量方法是态势感知综合评估方法（situation awareness global assessment technique，SAGAT）和在线调查（online probes）。

SART（Selcon和Taylor）是用来评估被试者觉知的主观测量方法（图5-16），主要包括3个方面：①对注意资源的需要；②注意资源的供应；③对态势感知的综合理解。也就是说，SART是把所讨论的注意能量（最小需求）及态势感知的综合感知作为被试者的工作负荷进行测量。其主要作用是测量基于规则的操作行为和基于知识的决策，这种方法的坏处在于掺杂了被试者的自信与习惯，尽管如此研究者仍可以获得一些结论以指导进一步的研究。

SAGAT（Endsley）调查方法（表5-7），要求参加者在试验（如驾驶模拟器）进行某一点时暂停并在重新开始前回答有关自己对环境的认识及评估方面的问题。SAGAT提供了一个较简单的被试者心理模型描述，涉及了有关情境认知的许多要素，并通过容易的记录和评估提出一个对被试者的情境认知评估的直接测量。使用这种方法可以获得有关特定情境认知综合水平的大量数据，美中不足的是，SAGAT要求暂停模拟以便于收集数据，如果设计不当，则会干扰试验任务的正常进行。

Ⅰ.所测试的场景变化的灵活程度如何？

非常稳定变化不大　　　　1　2　3　4　5　6　7　　极有可能突然发生变化

Ⅱ.所测试的场景的复杂程度如何？

信息比较简单，直截了当　1　2　3　4　5　6　7　　信息之间的联系非常紧密

Ⅲ.所测试场景中存在多少可变因素？

只有少量可以改变的因素　1　2　3　4　5　6　7　　存在大量的可变因素

Ⅳ.你在当前测试场景中的唤醒度如何？

警觉性较低　　　　　　　1　2　3　4　5　6　7　　高度警觉、思维敏捷，并能及时行动

Ⅴ.你能够在多大程度集中你的注意资源应对任务？

只能集中少量注意资源　　1　2　3　4　5　6　7　　能集中所有注意资源

Ⅵ.你能够同时注意多少测试场景中的信息？

只能同时注意少量信息　　1　2　3　4　5　6　7　　能够同时注意大量信息

Ⅶ.你在情境中有多少剩余精力关注测试场景中的突变因素？

根本没有多余的精力　　　1　2　3　4　5　6　7　　有充足的精力

Ⅷ.你能够获得和理解多少测试场景中的信息？

只能获取和理解少量情境信息　1　2　3　4　5　6　7　能获取和理解大量情境信息

Ⅸ.你获取和理解的测试场景中信息的质量如何？

质量不高　　　　　　　　1　2　3　4　5　6　7　　质量很高

Ⅹ.你对当前测试场景的熟悉程度如何？

经验相对不足　　　　　　1　2　3　4　5　6　7　　丰富的相关经验

图5-16　态势感知评测技术（SART）

表5-7　态势感知综合评估方法（SAGAT）

问题	任务一	任务二	任务三
Level 1：感知			
Ⅰ.场景中是否出现了施工护栏			
Ⅱ.这条道路的限速是多少			
Ⅲ.刚刚这条路的两边是否有行人经过？如果有，有几个			

问题	任务一	任务二	任务三
Ⅳ.侧车切入时你有看到界面ACC提示发生变化吗			
Level 2：理解			
Ⅴ.你认为刚刚的工况中有碰撞危险吗			
Ⅵ.你知道HUD界面上所给出的ACC提示都是什么意思吗？分别介绍一下	□ 开启图标 □ 时距条（2） □ 前车图标（2） □ 设定速度 □ 本车速度		
Ⅶ.你有注意到此次ACC的HMI显示上和之前有什么不同吗（和练习、任务一、任务二对比）			
Level 3：预判			
Ⅷ.在切入过程中，根据界面提示变化你认为车辆能在侧车切入后顺利跟车行驶吗			
Ⅸ.在切入过程中，ACC的界面提示会指导你的一些驾驶行为吗			
Ⅹ.使用ACC功能时侧车变道进入本车道，你认为此时本车会在你自己的可掌控范围内吗			

过程测量方法由于数据分析冗长和耗时，态势感知和心理生理学指标之间的关系不明确应用较少。行为测量方法的好处是该方法是客观的，易于收集和分析。一个不利因素是，即使是最仔细的场景创建，有时人们也不会按照预期做出反应。绩效测量具有不确定性，须有正确的情境设置。直接测量中较常使用的是态势感知测评技术（SART）和态势感知综合评估方法（SAGAT）。主观测量具有成本低、非侵入性强、易于管理、易于分析和可在现实环境中使用的优点，并且不会过度干扰操作绩效。客观测量也有着诸多优点，如实时的调查可以避免回顾性的记忆、最小化态势感知误差，在真实动态的环境中操作等。

案例：智能汽车HMI设计与评估

在基于态势感知的智能汽车HMI设计与评估案例中，设计者整合环境信息的设计干预概念。期望自动驾驶期间的车内人员在进行驾驶无关活动的同时也能持续的和获得外界环境信息，保持态势感知，使得在后续的自动驾驶向人工驾驶模式切换中出现的接管场景以及其后的人工驾驶场景中驾驶员有更好的驾驶表现。

实验选择俄罗斯方块作为驾驶员在自动驾驶期间的非驾驶相关任务中的一个典型应用进行探讨。其后使用故事版对接管危险场景进行深入分析和多样化的设计探索，讨论俄罗斯方块与道路环境信息的结合方式，产生了三套设计，每套设计包含弯道、其他车辆变道、本车变道三个驾驶场景。下面（图5-17）以相邻车道其他车辆的超车情况场景为例做设计效果展示。

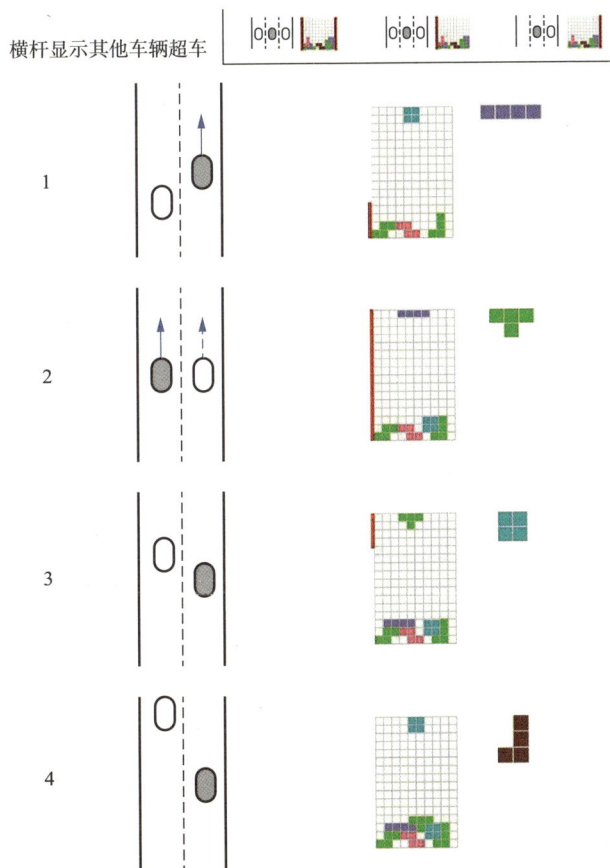

图5-17　进度条指示周围车辆

本车位于当前车道，前车并入本车场景下，相关游戏区域被锁定变为红色，例如左后方来车锁定区域为俄罗斯方块背景左下方。游戏中正在下降的俄罗斯方块轨迹绕过红色区域。红色区域位置跟随在前车位置移动。前车并入本车道后，持续监控前车状态，如图5-18所示。

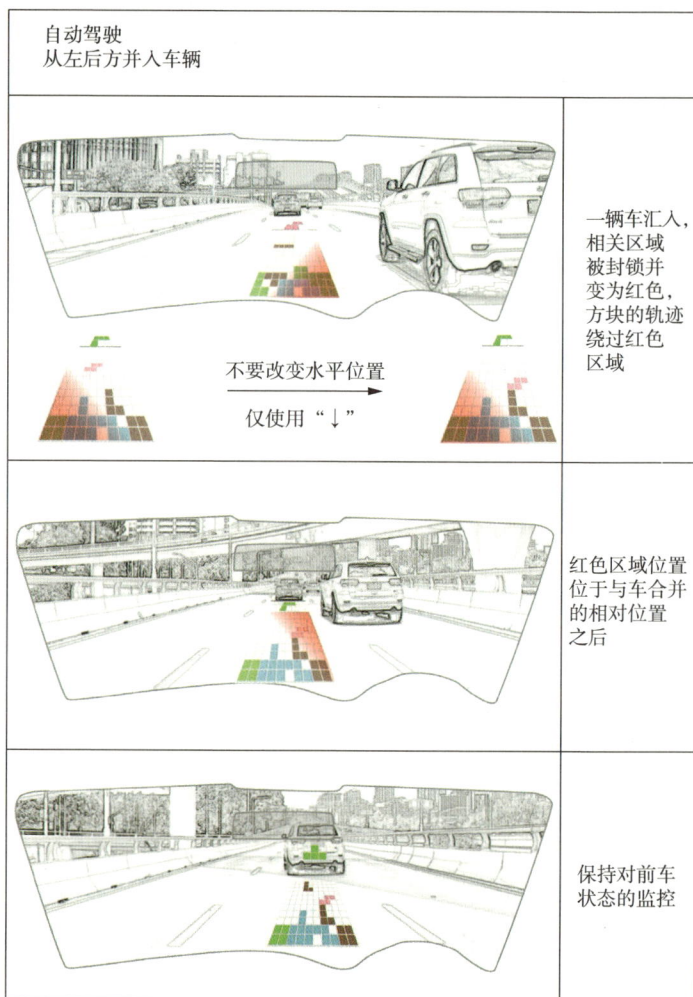

图5-18 基于矩阵变化——前车并道

1. 实验场所

实验场所为昆士兰州事故与道路安全研究中心（CARRS-Q），位于澳大利亚昆士兰科技大学，包括被试人员接待室、模拟器所在的实验空间，以及实验人员所在的控制室。空间内亮度和温度可控，排除外部光线与温度等无关环境因素的影响。

2. 实验设备

实验设备包括高级驾驶模拟器，以及MP-150多导生理记录仪及生理设备设置需要的相关设备及材料。

先进驾驶模拟器（advanced driving simulator，ADS）用于完成与驾驶员行为相关的实验。它包括一个完整的霍顿车辆和相关的研究附件。先进驾驶模拟器使用SCANeR™ Studio软件，配合八台电脑、三台投影仪和一个六自由度（6DOF）运动平台，可实现纵向、横向、横摆等运动，在三维空间中移动。驾驶员和乘客坐在仿真车中，沉浸在一个包括180°前视场、模拟后视镜图像、发动机和环境噪声环绕声、真实车厢和模拟车辆运动的虚拟环境中，如图5-19所示。

当坐在模拟器车辆中时，参与者沉浸在包括180°前方视野的虚拟环境中（驾驶场景的前方投影具有4m×3m的可视区域和两个4m×3m的侧面投影），左、右外后视镜及内后视镜由电子屏幕

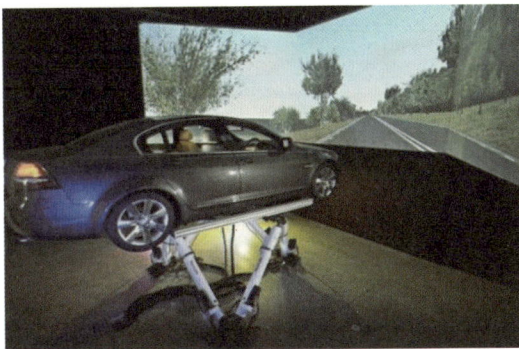

图5-19　QUT CARRS-Q高级驾驶模拟器

构成模拟后视镜图像，具有发动机和环境噪声的环绕声声效，车内环境为真正的汽车驾驶室。

3. 实验流程

每个参与者完成完整的实验需要70~100分钟。

4. 实验准备

开始时，参与者会从口头和书面信息获得关于模拟器使用的安全说明，并会告知他们需要报告自己的不适，并且可以随时停止实验。

5. 实验执行

首先，参与者有5分钟的时间熟悉驾驶模拟器。在这个阶段，他们可以体验自动驾驶、明晰接管请求发出后，需要接管进行人工驾驶。之后邀请他们熟悉仿真环境，通过在方向盘中使用控制器和游戏的特殊设计意义的讲述，完全熟悉建立在俄罗斯方块上的整

合情景信息的设计干预。

当参与者完全熟悉驾驶环境并理解游戏以及干预时，他们会在两种不同的驾驶场景下体验三次驾驶，相邻实验采用不同的驾驶场景。每个场景完成后，被试需要填写模拟器眩晕量表，只有在他们不会感到不适时才会继续实验。三个场景的先后顺序在被试间采用完全平衡，避免顺序效应影响结果，对实验顺序进行一定调整。在实验期间，实验人员通过观察监视器记录被试行为。在每个场景结束后，被试人员填写态势感知测评技术量表，以及自我情绪评定量表，在抬头显示组和手持设备组实验结束后，填写对应的系统可用性量表，如表5-8所示。

表5-8　态势感知测评技术（SART）量表

注意：这不是一个记忆测试。请根据您刚才的经验和感受填写问卷。
以下问题中的情况指的是视频停止时的情况。

1.这种情况可以在多大程度上被改变？
　　这种情况是非常稳定和直接（低）还是非常不稳定并可能突然改变（高）？

非常稳定和直接（低）	1	2	3	4	5	6	7	非常不稳定并可能突然改变（高）

2. 这种情况有多复杂？
　　它是简单而直接（低）还是与许多组件之间存在着复杂的相互关联（高）？

简单而直接（低）	1	2	3	4	5	6	7	与许多组件之间存在着复杂的相互关联（高）

3. 在这种情况下，有多少变量在发生变化？
　　这里变化的变量很少（低），还是有很多变量在发生变化（高）？

变化的变量很少（低）	1	2	3	4	5	6	7	有很多变量在发生变化（高）

4.你对这种情况的专注程度有多大？
　　你仅仅关注情境中的一方面（低），还是同时关注许多方面（高）？

仅仅关注情境中的一方面（低）	1	2	3	4	5	6	7	同时关注许多方面（高）

5.你在这种情况下有多兴奋？

你的警觉程度处于较低水平（低），还是十分警觉，并产生了对活动的准备（高）？

处于较低水平（低）	1	2	3	4	5	6	7	十分警觉，并产生了对活动的准备（高）

6.在这种情况下，你的注意力有多分散？

你仅仅关注情境中的一方面（低），还是同时关注许多方面（高）？

仅仅关注情境中的一方面（低）	1	2	3	4	5	6	7	同时关注许多方面（高）

7.你需要多少脑力来应对这种情况？

你的心智能力是否足以应对许多变量（高），或是毫无剩余（低）？

毫无剩余（低）	1	2	3	4	5	6	7	足以应对许多变量（高）

8.你获得了多少关于这种情况的信息？

你接受并理解了非常少（低）还是大量的知识（高）？

接受并理解了非常少（低）	1	2	3	4	5	6	7	大量的知识（高）

9.你对这种情况有多熟悉？

这对你来讲是一种新的情况（低），还是拥有大量相关经验的情况（高）？

是一种新的情况（低）	1	2	3	4	5	6	7	拥有大量相关经验的情况（高）

6. 态势感知测评技术量表结果

对参与实验被试进行分组态势感知测评技术包含情景理解、注意资源需求、注意资源供给三个分项。计算公式为：

态势感知（计算）=情景理解－（注意资源需求－注意资源供给）

由表5-9、表5-10可知被试人员对干预呈现在HUD组态势感知主观评分最高，为23.2分，而干预出现在手持设备组和无干预组的得分分别为14.7分和20.5分。这可能是由于在无干预组期间，被试也在一定时间内保持了对外界道路环境的观察，使得他们对态势感知的主观评价较高。在分项目中，干预在抬头显示组均分为12.3分，而干预呈现在手持设备组和无干预组的得分分别为9.1分和

10.3分。整合情景信息的干预设计显著提高了被试人员对道路环境信息的理解。

表5-9　态势感知测评技术总表

SART总数

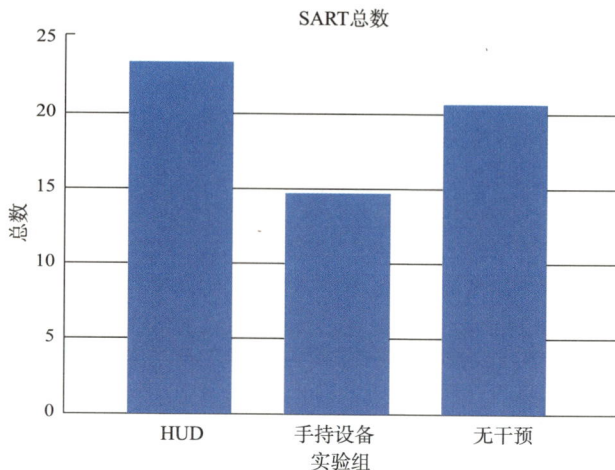

表5-10　态势感知测评技术分项汇总

SART分表总结

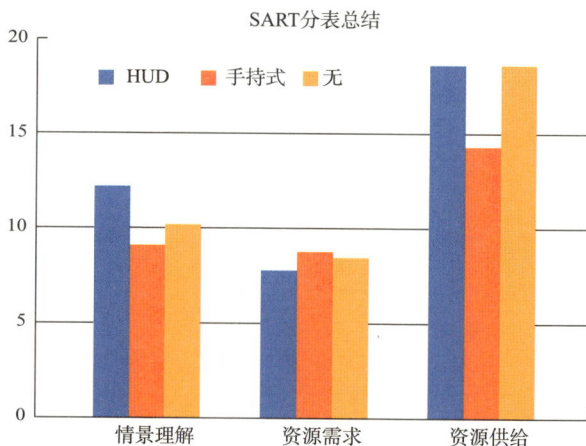

　　实验结果显示在总分和情景理解方面，三组存在差异，尤其是情景理解方面，差异显著。而在注意资源需求、注意资源供给两个方面则没有显著差异，如表5-11所示。

表5-11　态势感知测评技术各维度显著性分析

维度	情景理解	资源需求	资源供给	总计
P值	0.01	0.65	0.10	0.04

第四节
接受度

一、相关概念

随着计算机和信息技术的发展如火如荼，新技术不断进入人们的生活，在今天的生活生产中已必不可少。一些数据表明，自20世纪80年代以来，对生产生活的所有新资本投资中，约有50%投资于信息技术。然而，为了提高生产力和普及新技术，新技术必须得到使用者的接受和使用，假如人们从心里不信任该系统或者觉得是不可信赖的，那么再好的新设计也无法发挥最好的作用。解释用户对于新技术系统的接受度通常使用当代信息系统（IS）来描述。

信息系统（IS）是指在收集、处理、存储和分发信息中正式的、社会技术的组织系统。从社会技术的角度来看，信息系统由4个部分组成：任务、人员、结构（或角色）和技术。计算机信息系统是由人和计算机组成的系统，用于处理或解释信息。IS研究长期以来一直在研究个人如何以及为什么采用新的信息技术，主要集中在通过使用意图或使用的行为作为因变量的个人对技术的接受上。

图5-20即为用户接受度模型的最基础模型。早期，心理学家认为人们对于信息技术的实际使用行为是由人们对新信息技术的意愿决定的，即是否自愿使用该产品将导致最终是否会采取行动使用。而对新信息技术的使用由个人对使用新信息技术的反应决定。个人对新信息技术的反应也可以直接影响用户最终使用的行为。与此同时，用户对信息技术系统的使用后的感受也会影响或反过来改变个体用户对信息技术的最初认知。

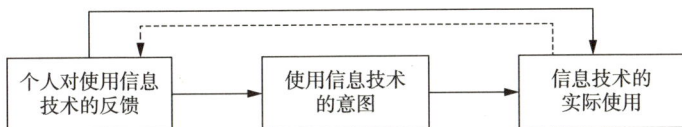

图5-20 用户接受度模型的最基础模型

在此基础模型之上，自1975年起，关于用户接受行为的研究主要经历了3个阶段的探索：

第一阶段是基于理性行为理论的接受度研究，代表理论为理性行为理论（TRA）、计划行为理论（TPB）；

第二阶段是基于技术的接受度研究，以技术接受度模型TAM为代表；

第三阶段是基于价值的接受度研究，以价值接受模型VAM为代表。

之后，文卡特什（Venkatesh），毛利斯（Morris）等在对历年相关研究总结的基础上，针对探讨"影响使用者认知因素"的问题，提出整合型科技接受模式（unified theory of acceptance and use of technology，UTAUT）。

（一）基于理性行为理论的接受度研究TRA和TPB

理性行为理论（TRA）是一种起源于社会心理学领域的模型。菲什宾（Fishbein）和阿杰恩（Ajzen）在1975年提出了此模型，并在模型中定义了个人信念与评估、态度、动力、意图和行为之间的联系。如图5-21所示，根据此模型，一个人的实际行为取决于其执行行为的意图，而这个意图本身是由人的行为态度及其对行为的主观准则决定的。与此同时，一个人的行为态度取决于对行为结果的认知以及价值的评估，一个人的主观准则取决于他对准则的认识以及他人意见保持一致的动机水平。在这里，Fishbein和Ajzen将主观准则定义为"人们认为，对他重要的大多数人都认为他应该或不应该执行有关行为"。该行为理论也可以简单地概括为：一个人对信息系统的行为意图的结果最终是由他的态度和主观规范共同影响下决定的。

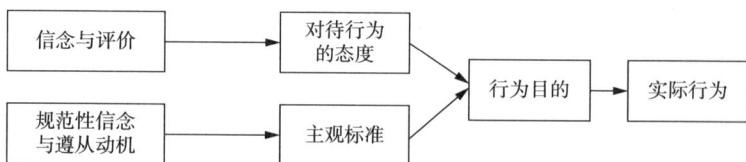

图5-21 理性行为理论TRA

根据TRA理论，可以知道，一个人对某种行为的态度取决于他对这个行为的认识以及这种执行后果的估计，再结合他对于准则的认识和是否与他人意见保持一致的动机水平。一个人的信念是由认知上对于该行为的主观的概率判断得到的，即一个特殊的行为会得到既定的结果。因此这个模型表明，可以通过外部刺激来改变人的信念结构，进而影响人们的使用的态度。除此之外，主观规范还影响着人的行为意图，而主观规范本身由个人的规范信念及其遵从规范的动机决定。

计划行为理论（TPB）是由伊塞克·阿杰恩（Icek Ajzen）提出的，是在Ajzen和Fishbein共同提出的理性行为理论（TRA）的基础上补充生成的新的模型。TPB模型的主要核心是在TRA的基础之上加上了"控制"的思想。

Ajzen的后续研究发现，人的行为并不是百分之百地出于意愿，而是处在控制之下，因此，他将TRA予以补充，增加了一项对自我"行为控制认知"（perceived behavior control）的新概念，从而发展成为新的行为理论研究模式——计划行为理论（theory of planned behavior，TPB）。如图5-22所示，红色方框里的代表原本

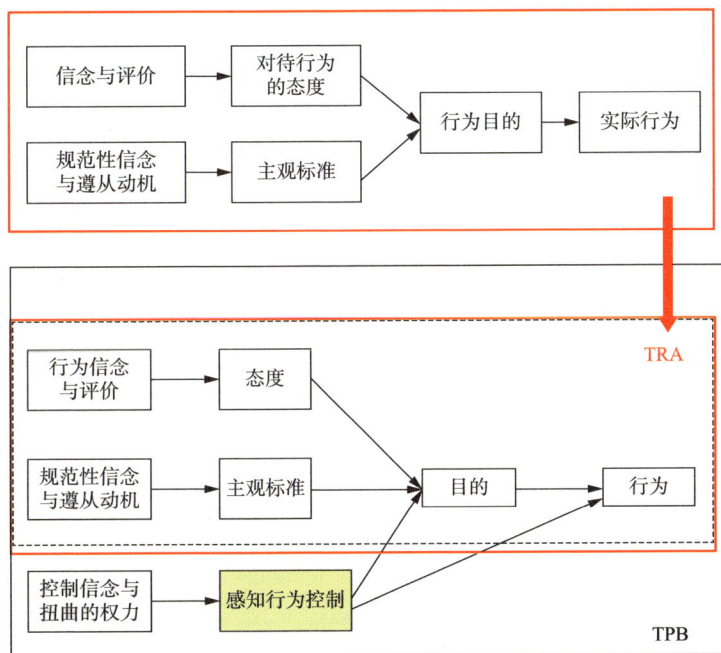

图5-22 计划行为理论TPB

的TRA理论，在此基础之上加上"行为控制认知"（图中阴影部分）。而"行为控制认知"取决于人的控制、信念和感知力。除此以外，相较于"态度"和"主观准则"对行为的不直接影响，"行为控制认知"还可以直接对人的行为造成影响。

在补充后的TPB模型下，影响人类意愿的因素由两个转化为三个，变得更加多维化和综合化，使得模型更加接近人类原本的真实认知接受过程。

（二）技术接受模型TAM

第二阶段的研究是基于技术的接受度研究，主要是以技术接受度模型TAM为代表。技术接受度模型（technology acceptance model，TAM）是戴维斯（Davis）于1989年对信息系统接受进行研究时所提出的模型，也是迄今为止应用面积最广、最被大家所认可的一个技术接受度模型，后续很多新模型的延伸也大都是以TAM模型为核心提出来的。提出技术接受模型最初的目的是对计算机能够被广泛接受的决定性因素做一个解释说明。

技术接受模型包含两个重要的决定性因素：感知有用性和感知易用性。其中，感知有用性PU是指用户主观上认为通过使用该系统对提高自己的工作业绩的影响程度，即用户对信息系统有用性程度的衡量，这是模型中最重要的变量。一般认为用户对系统的易用性的感知也是通过调节该变量间接影响用户对新系统的使用态度。简单来说，感知有用性即为衡量操作员新技术将有助于完成工作的程度。

感知易用性PEOU是指用户认为系统在多大程度上容易使用，即用户对信息系统在使用过程中难易程度的评估，用户对系统的易用性的感知也是模型中的一个重要变量，它既可以通过调节有用性感知间接影响和决定行为态度，也可以直接作用于用户的行为态度。简单来说，感知易用性即为用户衡量使用新技术系统或自动化系统的所需要付出的努力大小的感知。

图5-23的模型可以清楚地看出变量之间的关系，Davis

认为系统的实际使用行为（actual system use）是由行为意向（behavioral intention）决定的，而行为意向由使用的态度（attitude toward using）和感知的有用性共同决定。使用的态度由感知的有用性和易用性共同决定，感知的有用性由感知的易用性和外部变量共同决定，感知的易用性是由外部变量决定的。外部变量包括系统设计特征、用户特征（包括感知形式和其他个性特征）、任务特征、开发或执行过程的本质、政策影响、组织结构等，诸如环境因素、个人经验、管理层的支持、职业相关性、受教育程度等。外部变量为技术接受模型中存在的内部信念、态度、意向和不同的个人之间的差异、环境约束、可控制的干扰因素之间建立起一种联系。

（三）自动化接受度模型AAM

TAM结构具有很高的信度和效度，并且能够帮助我们衡量对设备的设计好坏（图5-23）。因此，TAM被用来评估用户在各种领域的接受度，解释使用意图和使用的可变性行为的一致性。

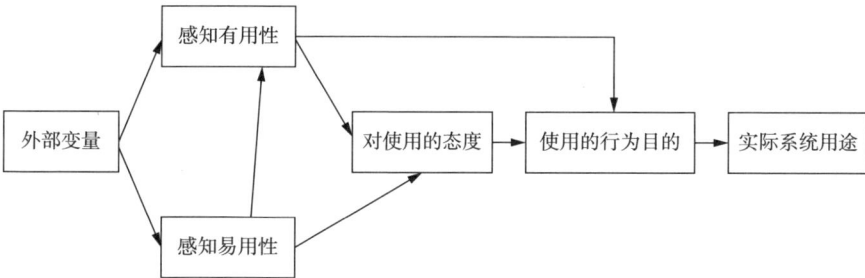

图5-23　技术接受度模型TAM

TAM在提供决定用户感知的外部变量与影响态度和意图的感知之间关系的定量测量方面显示出了巨大的指导。因此，许多研究人员接受了这个框架并为其添加了新的内容。TAM模型的核心结构PU和PEOU，受到许多外部变量的影响，例如系统特性和用户特性。扩展TAM的研究主要集中在增强模型预测能力的PU和PEOU，并研究了各种外部变量如何影响PU和PEOU。

随着自动化程度的发展，自动化在帮助解决人类的生产生活方面起到了重要的作用。自动化被定义为，执行人类以前执行的功能的一项技术。对TAM的研究，其中一部分扩展就是关于自动化方面的接受度补充，如图5-24所示即为在TAM基础上延伸出的自动化接受模型。

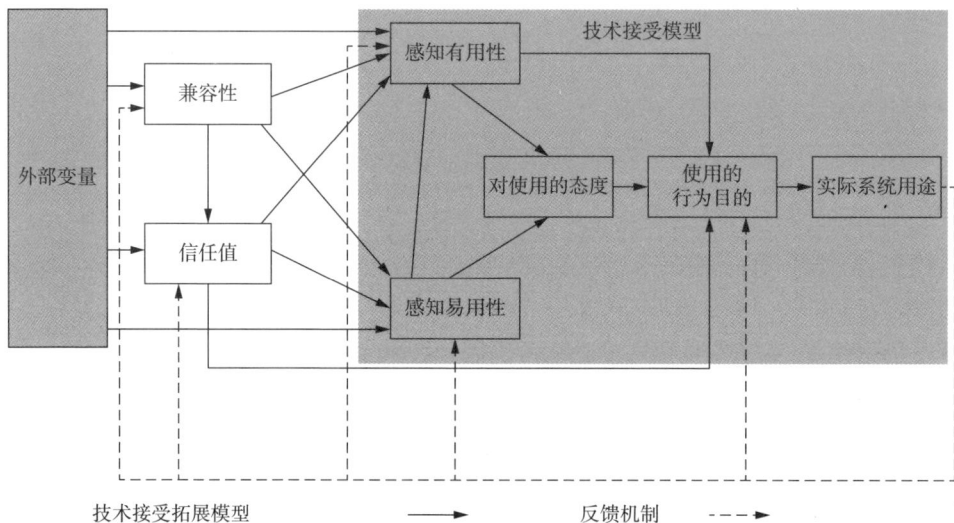

图5-24　自动化接受度模型AAM

AAM模型在TAM模型结构的基础上加入了信任，信任也被认为是行为意愿BI的直接决定因素。这在人工智能时代是非常具有价值的。正如信任加强了人与人之间的关系，人们也会倾向于使用一个他们信赖的系统。信任被定义为是"一个人对另一个人或群体的文字、承诺、口头或书面陈述的普遍期望"。信任是一种影响人与人之间相互作用的社会情感，由可预测性、可靠性和信念3个维度组成，这些维度随着时间的推移而发展。校准不当的信任会影响人们对新技术的接受度，如果系统过度信任（自满），即自动化程度很高却可靠性不强，会导致用户误用或弃用。针对新技术的设计应该是可信的，技术上可行并与任务相匹配且容易被理解。

另一个在TAM模型结构基础上加入AAM模型的元素是兼容性（协作性）。兼容性是指用户、技术、任务表现和情境之间的匹配程度。更具体地说，兼容性是衡量技术与用户价值观、过去经验和需求的一致性的指标。

二、评估方法

关于感知有用性和感知易用性的测量，可以用如图5-25所示的量表进行定量统计与分析。

感知有用性

感知易用性

图5-25 感知有用性与感知易用性测量

案例：无人物流配送小车设计

在由同济大学和德国乌尔姆大学联合研发的研究项目中，测试人在不同场景中和无人车互动的情境。这辆小车是一辆无人驾驶的物流配送小车，它的最高时速为25km/h，如图5-26所示。它的尺寸很小，高度大概为1m。它主要负责在封闭园区及半封闭园区做物流快件的配送服务，它被允许在任何道路上行驶。假设该物流小车已经达到L4级别的自动驾驶能力，它能根据道路情况和订单情况作出合理的路径规划和障碍避障并且躲避行人。

图5-26　L4级别无人驾驶物流小车

在本研究中，我们设置了两组变量：

①行驶场景：交叉行驶和对向行驶。

②交互策略：礼貌的、中性的和激进的。

交叉行驶场景（图5-27）：视频开始于侧视图视角，无人快递小车（从街道的右侧）沿着左侧驶向人行横道，行人从右侧接近人行横道，并想要穿过带有斑马线的十字路口，5秒后向行人视角，无人快递小车在行驶2秒钟后开始在道路上投射文本信息。投射的文本内容取决于交互策略（礼让、中立、主导）。视频在无人快递小车驶入人行横道之前停止（4m）参与者必须决定是否让汽车通过。

图5-27　场景一交叉行驶测试视频截图

每个场景下有三段视频，对应三种交互策略，分别显示的文字为表5-12的内容：

表5-12　视频文字显示内容

行驶场景	交互策略	投射文字
交叉行驶场景	礼貌的	请您稍等下，好吗？
	中性的	您稍等。
	主导的	等一下！

对向行驶场景（图5-28）：无人快递小车和行人在道路的同一侧互相接近，5秒后视角从侧向改变为行人视角，无人快递车在道路上投射文本信息。投射的文本内容取决于交互策略（礼让、中立、主导）。视频应在汽车驶近行人之前停止（4m）。参与者必须决定是否给无人快递小车让路。

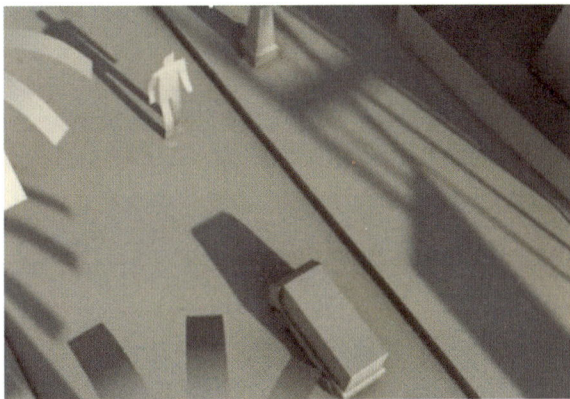

图5-28　场景二对向形式测试视频截图

每个场景下有三段视频，对应三种交互策略，分别显示的文字为表5-13所示内容。

表5-13　视频文字显示内容

行驶场景	交互策略	投射文字
对向行驶场景	礼貌的	请您让开，好吗？
	中性的	请您让开。
	主导的	让开！

1. 实验过程

首先，给参与者一个关于实验的整体说明："你现在的身份是行人，想象你从一个建筑物走向另一个建筑物。测试中你会遇到两个场景，如果汽车停下来，或者您有信心汽车将停下来，请按一个按钮。尽早过马路，但要注意不要被不停车的汽车撞到。"

实验本身包括3个部分（按顺序）：播放视频（一共6段视频，每个视频20秒左右），问卷（6~8分钟）和访谈（5~10分钟）。视频出现的顺序是被打乱的，被试每测试完成一种交互策略，就需要对该场精彩的交互策略进行问卷填写。当两种场景和六种交互策略全部完成，用户会接受开放性访谈。三个部分大约花费了1小时完成，开放性访谈后流程结束。

被试：通过线上的方式招募符合要求的被试，考虑封闭园区作为最初试点，所以选择校园环境作为无人物流车的落地场景，最终样本数量为56，年龄主要集中在18~25岁，有4个样本年龄为26~30岁，M=22.3，SD=6.24。

2. 评估维度

根据接受度模型，我们选取了6个维度对实验进行评估：

（1）顺从性：针对视频中无人快递车的交互策略，你会如何决定你的下一步行为？

（2）接受度：你会如何为无人车的行为评等级？请确定两个相对属性中哪一个更适用于车辆，如图5-29所示。

不愉悦	○	○	○	○	○	○	○	愉悦
烦人	○	○	○	○	○	○	○	体贴
糟糕	○	○	○	○	○	○	○	很好
无用的	○	○	○	○	○	○	○	有用的
惹人恼怒的	○	○	○	○	○	○	○	令人喜欢的
无价值的	○	○	○	○	○	○	○	有帮助的
不礼貌的	○	○	○	○	○	○	○	礼貌的
考虑不周的	○	○	○	○	○	○	○	考虑周到的
自私的	○	○	○	○	○	○	○	谦恭的
不尊重的	○	○	○	○	○	○	○	恭敬的

图5-29　无人车行为属性评估量表

（3）对机器人的恐惧：无人车刚刚的行为让你有什么感觉？舒服或恐惧，请说明你对描述的同意程度。

（4）对自动化的信任：无人车刚刚的行为让你有什么感觉？信任或警惕，请说明你对描述的同意程度。

（5）情绪的强度与等级：请指出您感受到的无人小车的驾驶行为的强烈程度，请选择最能描述您感觉的图片，如图5-30所示。

图5-30 情绪的强度与等级评估

（6）权力的分配：刚刚的情境让你有什么感觉？在这种情况下，谁对发生的事情影响最大？你觉得谁最能控制事态的发展？谁在这种情况中坚持了自己的主张？

3. 两个场景下用户接受度结果整合

将对机器人的接受度、恐惧、信任、情绪的效度与等级及权力分配纬度进行整合，结果如图5-31所示。从整体趋势上看，交互

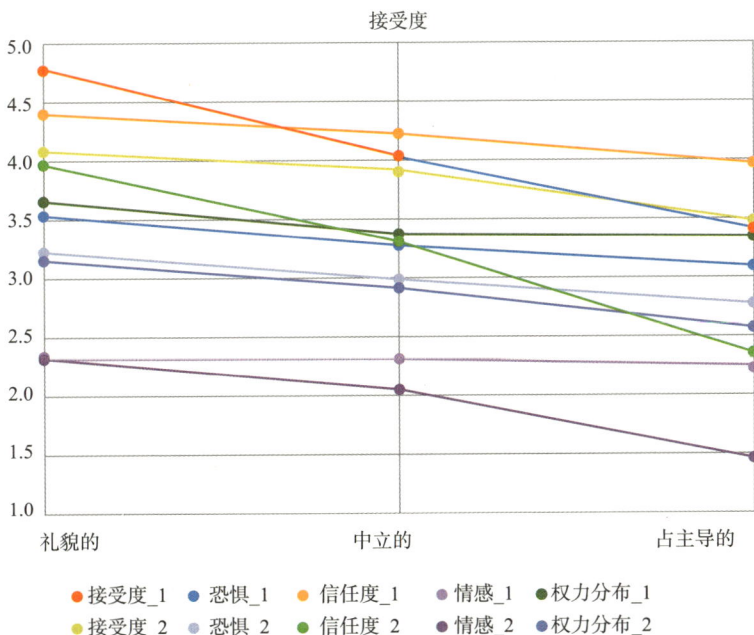

图5-31 两个场景下用户接受度结果

策略越趋向于礼貌，用户对于该交互方式的接受度越高。针对有些维度不具有显著性的问题，项目组又进行了后续的开放性访谈，探究导致用户接受度变化的原因。

基于用户接受度的无人驾驶调研及用户深度访谈结果如图5-32所示。

序号	1.使用这个产品让我可以更快地完成任务	2.使用这个产品会改善我工作的绩效	3.使用这个产品会增加我的产出	4.使用这个产品会提高工作效率	5.使用这个产品会让我的工作更轻松	6.这个产品在我的工作中非常有用	7.学习使用这个产品对我来说很简单	8.我发现用这个产品做我想做的事情很简单	9.我与这个产品发生的交互是清晰和可理解的	10.这个产品在交互中是灵活的	11.熟练使用这个产品对我来说是简单的	12.我发现这个产品使用很方便	总分
1	2	4	2	1	1	1	5	4	6	3	1	1	34
2	4	3	3	3	2	2	5	3	4	4	2	4	39
3	1	1	1	2	1	2	2	3	2	3	3	3	24
4	3	6	1	6	3	5	1	2	2	2	2	1	40
5	3	3	2	1	1	4	5	3	4	2	1	4	33
6	2	1	2	1	4	1	3	2	1	2	2	2	23
7	3	2	3	3	2	2	2	2	4	1	1	2	27
8	3	3	3	3	3	3	3	4	3	3	3	2	38
9	3	4	2	4	2	3	3	2	2	2	1	2	33
10	3	2	3	1	1	2	2	2	4	2	2	2	26
11	1	1	1	1	1	1	3	1	2	2	2	2	18
12	2	4	2	2	2	3	3	1	2	3	2	2	34
13	1	2	3	2	3	1	1	2	3	2	2	2	25
14	4	3	1	2	2	2	1	2	1	3	1	1	28
15	3	2	3	2	2	4	2	3	3	1	1	2	30
16	2	3	2	2	2	3	1	1	1	1	1	1	20
平均	2.50	2.75	2.125	2.19	2.00	2.56	2.63	2.38	2.44	2.75	1.69	2.13	28.13

图5-32 调研及用户深度访谈数据结果

第五节
信任度

一、相关概念

（一）信任

信任的概念很难定义，不同的学科的定义也有所区别。例如，有些研究将信任视为对代理方的期望，而有些研究将信任视为行动的意愿或结果。在作者看来，信任度简单而又全面地包含了自动驾驶情况下的三个关键词：不确定性、脆弱性和风险。信任度是在一个具有不确定性和风险性的情况下，驾驶员对自动驾驶系统帮助实现个人目标的态度和看法。

当看到信任增长的重要性时，可以看到人与人之间的信任和人与自动化系统之间的信任的相似之处。建立人际信任的三个重要特征是：能力、仁慈和正直。为了信任自动化，这三个特性可以转化为性能、目的和过程——观察系统行为（性能）的可能性，了解系统的预期用途（目的）和系统如何做出决定（过程）。

信任度不是基于系统的实际可信任性，而是基于用户对系统的感知。因此，了解用户如何处理系统所呈现的信息就非常重要。信息通过类比、分析和情感过程三种方式进行认知处理。类比过程是使用旧问题的解决方案来创建规则和过程，并与系统进行比较以评估其可信度。分析过程可视为基于对系统现有知识和信息的推理。这一过程对认知的需求最高，因为接受到的信息需要被有意识地分析，但这也是最能给予恰当信任水平的一个过程。情感过程是建立在情感印象和感受的基础上的。根据不同的情况，用户将拥有不同级别的认知资源，这将影响到使用哪种认知过程，因为他们有不同的需求。例如，如果系统创建了一种情况，即驾驶员可用的认知资源水平较低，那么他将会具备有限的分析信息能力。

（二）校准信任

信任度对于产生使用系统的意愿和确保对系统的正确使用来说都是非常重要的。信任可以被视为一种态度，它来自对于系统提供信息的印象和过往的使用经验。根据信息、印象和使用经验，用户将形成不同程度的信任，从而产生不同程度的系统依赖。由于信任不仅基于个人经验，还基于系统的声誉或以前使用类似技术的个人经验，因此信任的形成始于与产品或服务的交互之前。如果没有信任，即使系统的自动驾驶性能很好，人们也可能不愿意使用而导致其被废弃。然而，过多的信任反而也会导致误用，即以非预期的方式使用系统。因此，"适当"的信任水平是与自动驾驶系统的实际表现相关的"合理"的信任水平。

学者李（Lee）和茜（See）提出校准信任的概念来描述对系统功能具有准确的了解，校准信任概念如图5-33所示，他们提到值得信赖的校准不仅仅是避免过度信任和欠信任，信任可能使用了非常不可靠的系统进行了完美的校准，在这种情况下，信任度很低，但是经过了很好的调整，甚至可以说，一定程度的信任不足对交通安全是有好处的，因为驾驶员将高度关注并准备好收回控制权。因此，尽管校准信任是自动驾驶中的重要问题，但似乎需要最低限度的信任才能为用户带来好处，并且过度信任比不信任更为危险。

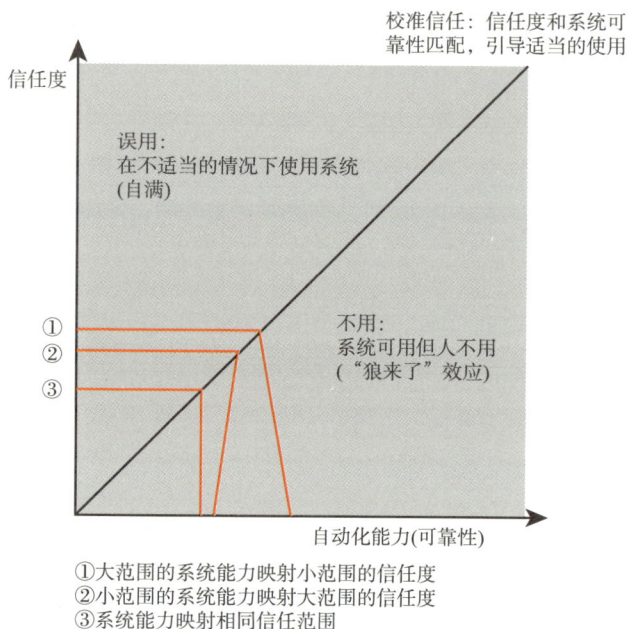

图5-33　校准信任概念图示

（三）自动化信任的三个类别

学者马什（Marsh）和迪本（Dibben）通过对信任度概念的总结，将自动化信任分为三个类别：倾向性信任（dispositional trust）、情景信任（situational trust）和习得信任（learned trust）。倾向性信任是指操作者信任自动化的持续倾向性，它与操控者的文化背景、年龄、性别和人格特质密切相关。情景信任是指信任依赖于特殊的环境背景，影响这一类型信任的因素可以分为外部变量（系统类型、系统复杂性、任务难度、工作负荷、自动化可靠性、组织环境、任务框架等）和内部变量（自信、情绪、注意力等）。习得信任是指信任基于与过去某一自动化系统有关的经验，先前的经验包括态度、期望、自动化系统的声誉和对系统的理解。哈弗（Hoff）和巴什（Bashir）针对上述模型做了改进，将习得信任分为两种情况：一种是人—自动化交互之前的最初习得（Initial Learned），另一种是在交互过程中的动态习得（Dynamic Interaction）。最初习得是基于先前的经验，而动态习得则是在人与自动化系统交互过程中形成的信任和依赖状态。

（四）实现信任相关因素

在自动驾驶领域，信任度被认为是最主要的人机交互（HMI）因素之一。首先，自动驾驶系统需要被信任，因为它牵涉到风险和不确定性，以及驾驶员和车辆之间的相互依赖；其次，建立信任才可以使驾驶人接受自动驾驶系统，这是使用的前提条件。

在与智能设备的交互中，人类对机器保持适当的信任度有利于工作效率的提高，同时也对安全性有正向影响。以Level 3自动驾驶为例，开发这类高度辅助驾驶系统的目的是让驾驶变得更加安全、轻松和愉快，然而，只有当驾驶员感到足够舒适并将控制权移交给自动化系统且能够实现驾驶员和自动化系统之间的良好合作时，才能实现这样的目标。来自其他领域的研究如航天领域，已经表明有一些人工和自动化合作相关的问题，如自动化系统的误用和弃用、自动化意外和对当前模式的认知混乱、情境意识的降低、自满情绪以及对自动化系统的过度依赖。所以，驾驶员过度信任或者不信任自动驾驶都会增加车辆安全事故发生的可能性。影响自动化信任和依赖因素的全模型如图5-34所示。

学者弗雷德里克·埃克曼（Fredrick Ekman）等人提出了一种在人机界面中实现信任相关因素的指导框架，这个基于信任度的框架包含使用阶段、自动驾驶相关事件、信任影响因素以及从信任角度解释每个事件的级别（图5-35）。

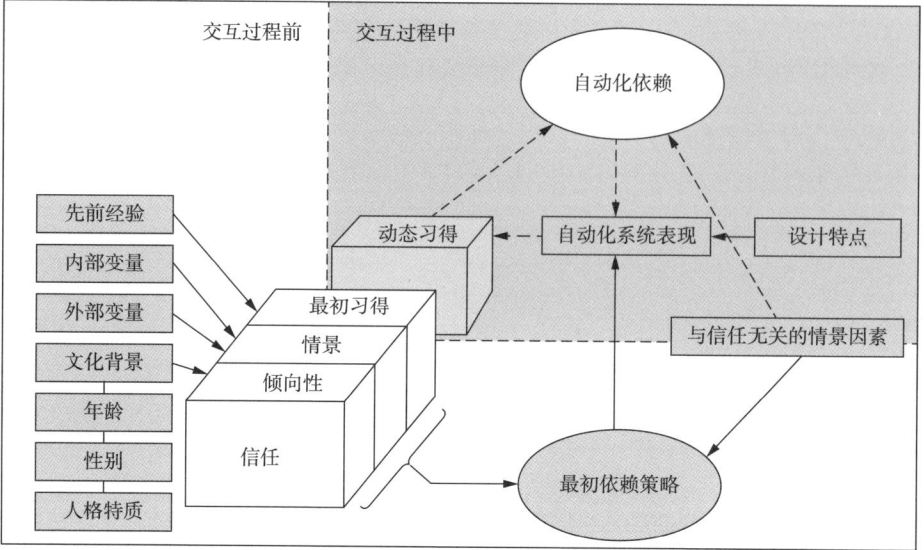

图5-34　影响自动化信任和依赖因素的全模型

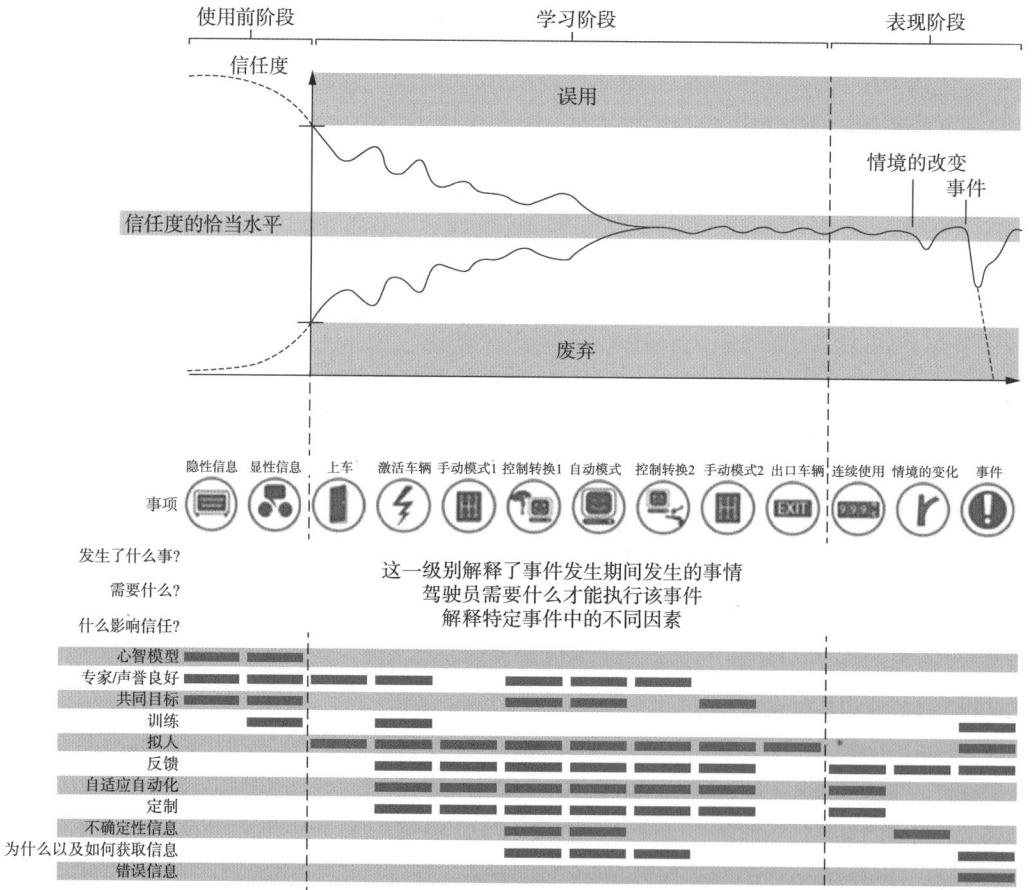

图5-35　人机界面中实现信任相关因素的指导框架

由于信任会随着时间的变化发展，基于使用系统的经验和对系统的了解以及风险意识，HMI发挥着潜在作用，设计HMI在实际驾驶条件下引导驾驶员，并获得适当的信任，对于确保驾驶安全和舒适至关重要。

二、评估方法

基于车辆自动化信任度的模型，学者缪尔（Muir）提出了3个信任维度，即可预测性、可依靠性和忠诚度。当然，从人对于系统的依赖程度得出4项有关解释——信仰、意图、态度和行为。他指出，可预测性、可依靠性和忠诚度这三者之间不仅存在顺序上的先后性，也存在着时间关联性。

首先，可预测性是可依靠性的前提。首先在一段关系的早期，一个人对另一个人的信任是基于另一个人重复行为的可预测性，如果一个人的行为既一致又可取，并且已知功能的增强和行为的约束，那么根据这个模型，监管者就会通过评估自动化系统行为的一致性和合意性来判断自动化系统的可预测性。其次，可依靠性可以使人产生一定的忠诚度。如果在使用自动化系统的过程中，系统可以产生一个使用者预期下的输出，则用户就会在使用过程中产生对于该系统的依赖，并且，随着可预计的输出结果下产生的依靠逐步增长，用户就会对自动化系统产生一定的忠诚度，忠诚度作为一种更高品质的信任度参数，已经超出了对于系统的直接观察。目前，在国内外使用较多的信任度评估方法就是采用Muir提出的多维度信任量表，如表5-14所示。

表5-14　信任度评价指标及文字解释

评价指标	文字解释
可预测性	通过测试，都可以很好地预测系统的输出
可依靠性	通过测试，很放心让自动化系统参与到任务中，对系统产生依靠性
忠诚度	测试过程中以及完成后，很希望能继续使用该系统

奥利弗·卡斯滕（Oliver Carsten）等人在关于人类如何更好地理解自动驾驶车辆的研究中，提出符合校准信任的HMI应该具有的特征如下：①可观察性：HMI应该帮助人类理解当系统无法处理某个情况时，车辆的感觉和感知。例如，它没有接收到关于存在道路标记的所需信息；②可预测性：HMI应该允许人类在遇到情况时预先判断系统能否应对；③直接性：HMI应该能够直接影响用户，并受到用户的影响，以达到最佳的人机协作结果；④及时性：应尽早提供信息，以便驾驶员采取适当行动。

案例：Level 3自动驾驶接管系统的HMI设计

在基于驾驶信任度的Level 3自动驾驶接管系统的HMI设计研究中，在驾驶模拟器上测试典型驾驶接管场景中的HMI设计，评估HMI设计对驾驶员驾驶信任度的影响，以及对系统可用性的影响。研究旨在通过实验，分析基于车内动态信息架构设计的仪表界面和方向盘智能灯带上的信息是否可以使驾驶员的信任度水平保持在理想状态，并有效提升接管效率。基于前期的调研和对典型场景的分析，按照前文梳理的典型场景说明，动态信息架构和对设计元素、设计原则的介绍，梳理出基于场景的整体设计方案，如图5-36所示。

1. 实验方法

实验中的自变量为Level 3自动驾驶下接管典型场景中接管系统HMI设计的两种不同交互方案（有无方向盘灯带提示）；因变量为被试在使用两种不同交互方案时完成驾驶任务时对接管系统的信任度，使用目前较为通用的信任度量表进行测量；实验采取组内实验设计，将两组结果做对比，以便测量不同HMI设计方案对驾驶信任度的影响，同时在实验结束后，让驾驶员对HMI设计方案的设计元素进行评价，并对其可用性指标进行评分。另外，在测试的过程中也对被试在两种方案下的接管时间进行记录，分析信任度与接管效率之间的关系如表5-15。

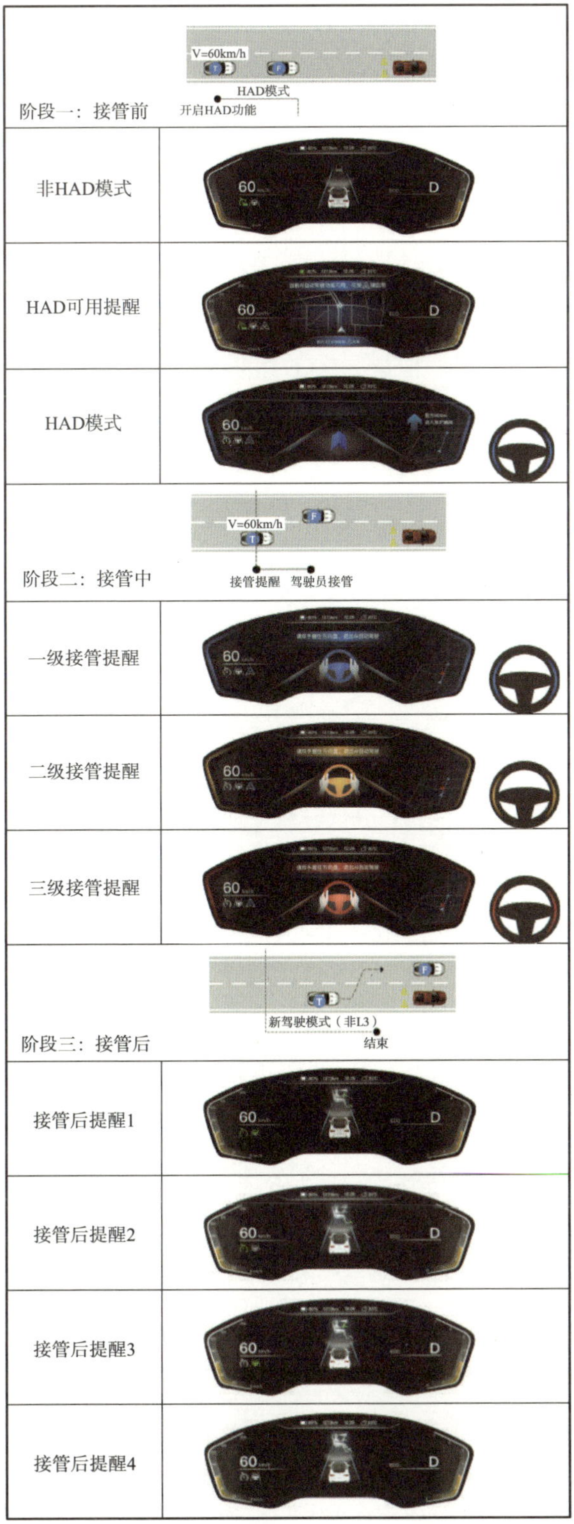
V=60km/h
HAD模式
阶段一：接管前
开启HAD功能
非HAD模式
HAD可用提醒
HAD模式
V=60km/h
阶段二：接管中
接管提醒
驾驶员接管
一级接管提醒
二级接管提醒
三级接管提醒
新驾驶模式（非L3）
阶段三：接管后
结束
接管后提醒1
接管后提醒2
接管后提醒3
接管后提醒4

图5-36　典型驾驶接管场景HMI设计方案

表5-15　组内实验任务顺序

测试顺序	HMI设计方案1 (仪表界面+提示音+方向盘灯带)	HMI设计方案2 (仪表界面+提示音)
组1	1	2
组2	2	1

实验在驾驶模拟器上完成，驾驶模拟器提供了非常真实的驾驶环境，驾驶员可以通过方向盘、脚踏完全实现对车辆的驾驶控制，并且在驾驶员按动方向盘上HAD功能按键后，可以实现模拟自动驾驶的效果。

2. 被试选择

实验共有14名被试，其中5名男性，9名女性，视力正常（包含矫正视力）。被试年龄介于23~32岁。被试的驾龄介于1~5年，对自动驾驶和接管系统都有一定的认知，符合有相关背景知识和一定驾驶经验的可测试人群。

3. 实验过程

（1）请被试填写信息表，内容包括姓名、年龄、持有驾照的时间、驾驶频率和对高级自动驾驶和驾驶接管的了解。

（2）由测试者向被试讲解实验的目的及过程的介绍和说明，并播放HAD及接管系统相关功能视频及使用介绍，使被试对实验及接管系统有概述性了解。

（3）由测试者向被试介绍HMI界面上功能标识的不同显示状态，提示类信息的颜色、内容和含义进行解释说明，使被试对界面反馈的相关内容有所了解。

（4）邀请被试坐在驾驶模拟器座椅上，测试者重点向被试解释在驾驶模拟器上怎么进行开启HAD功能的操作，并让被试在模拟器上打开练习任务（为避免学习效应，练习时的驾驶场景不同于实际测试时的驾驶场景）。被试需要在提示HAD功能可用后，开启该功能，然后进行次要驾驶任务（即看中控屏播放的视频），在被试充分熟悉了汽车在Level 3模式下的状态后，正式开始实验（图5-37）。

图5-37　被试模拟驾驶环境

（5）被试在任务开始前，了解自己将会在Level 3的状态下行驶并在接收到接管提醒后，对车辆进行接管进入新的驾驶模式，但对何时出现接管提醒、因何路况而进行接管以及使用哪一种HMI设计并不知情，在被试准备好后，测试人员向被试发布任务说明。

（6）在任务正式开始之前，工作人员需要将手机固定在驾驶员左前方位置，确保能捕捉到驾驶员的全部操作行为，以便于实验后的观察和验证，驾驶员的视野如图5-38。

图5-38　驾驶员视野

（7）在每一个任务结束后，被试需要填写信任度评估量表，在填写前，测试者需要向被试解释量表的评估目的，在对比实验完成后，请被试填写系统可用性量表，对HMI设计的可用性进行评估，两部分的结果后续由测试员进行统计分析。

（8）所有任务完成后，测试者针对接管系统的HMI设计对被试进行访谈。

（9）测试者对驾驶员的接管时间和接管行为进行记录和统计。

（10）所有任务完成，对被试表示感谢。

测试中对于设计元素的测试记录表如表5-16。

表5-16　测试记录表

元素	可发现性	易读性	可理解性	有效性	安全性
功能图标					
场景化显示					
导航提示					
接管提醒仪表显示					
接管后提醒					
方向盘灯带					

本测试采用李克特五级量表法（1~5分，1分代表非常不满意，5分代表非常满意），对驾驶接管定型场景下的界面相关设计元素的可发现性、易读性、可理解性、有效性、安全性进行评估，具体评估指标及含义解释如表5-17。

表5-17　评价指标及含义解释

评价指标	指标含义
可发现性	元素提供的信息在恰当的情境中出现在用户预期的位置范围，界面布局合理，正常驾驶姿势下容易发现，能够顺利获取信息
易读性	元素提供的信息能够被清晰地阅读或者识别出来
可理解性	设计元素的信息形式(颜色、形态等属性)符合原有经验的认识，能很容易地被正确解释，快速读取信息含义，没有带来困扰
有效性	设计元素对当前驾驶情境下用户完成任务起到了积极的影响，提供的信息完备且充分，能有效帮助用户识别情境并进行驾驶决策
安全性	设计元素没有干扰到用户安全驾驶，使用系统能使驾驶感觉更轻松，注意力集中在控制车辆和观察环境上

4. 可用性与信任度评估结果

从被测人员对各项指标评分结果来看（图5-18），6个测试模块的各项指标都在3.3分以上，说明该设计方案有较高的可用性及较好的用户体验。

表5-18　设计元素测试评分结果

元素	可发现性	易读性	可理解性	有效性	安全性
功能图标	3.4	3.9	4	4	4
场景化显示	4.8	4.3	4.8	4.2	4.2
导航提示	4.8	4.8	4.5	4.7	4.5
接管提醒仪表显示	4.8	4.8	4.8	4.7	4.7
接管后提醒	3.3	3.3	3.5	3.5	3.8
方向盘灯带	4.6	4.8	4.8	4.8	4.8

　　在对信任度的评估中采用了国际常用的信任度评分量表，并根据本研究的使用场景进行了适应性修改，从性能、过程和目的三个层面对系统信任度进行了评价，其中性能项对应的问题主要关注"自动化系统在做什么"的问题，过程项对应的问题主要表达的是"自动化系统如何操作"的问题，而目的项主要表达"为什么自动化系统会这样运行"的问题。实验对比了两个设计方案（有无方向盘智能灯带显示）驾驶员的信任度水平。

　　由表5-19可知，被试在分别进行完两套设计方案的测试后，使用信任度评分量表进行信任度评分，横坐标表示系统性能、驾驶过程和系统目的的信任程度，对14名驾驶员的评分统计如图，综合每项评分来看，被试认为设计方案一即在HAD模式下和接管提醒中使用方向盘智能灯带进行提醒的方案对于驾驶员对系统信任度的都具有积极的影响。

表5-19　信任度评分统计结果

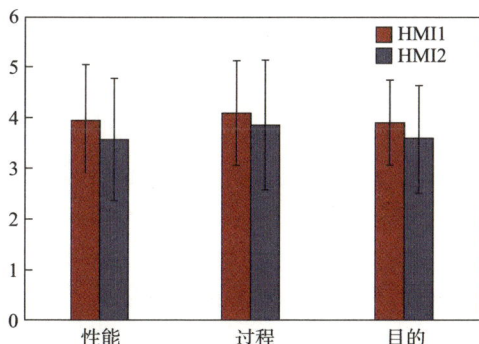

实验室测试

第六章

6

第一节
方法概述

实验室测试，顾名思义即在可用性实验室进行的用户测试。进行实验室测试之前，首要任务是事先准备好用户体验与评测实验室或是专门的可用性测试实验室，确保各种硬软件测试设备能够正确到位。测试硬软件环境，包括两部分，一部分是测试设备；另一部分是被测者使用的计算环境，如计算机软件配置（满足产品运行要求）、显示设备、音频设备及输入设备等。

因此，搭建一个高水准的可用性测试实验室所需成本较高。如果现实中有专门的实验室当然会提供很多的便利，但对可用性测试来说，也可以临时搭建一个可用性实验室，可以使用下述任何一种设置进行有效的实验室测试。

（1）两室或三室的固定实验室，配备视听设备。

（2）会议室、用户的家或工作室，配备便携式录音设备。

（3）会议室、用户的家或工作室，没有录音设备也可以用人眼观察和笔记来代替。

（4）当用户在不同地点可以远程控制。

第二节
实验室功能结构

可用性测试实验室一般包括音视频硬件设备和各类用户分析软件。下面从建造一个具有专业水准的用户体验与评测实验室的角度详细介绍正规的可用性测试实验室应有的功能结构。

用户体验与评测实验室区别于传统的可用性测试与评估实验室的分割做法，将观察室和行为分析室进行整合，利用开放的空间，进行用户行为观察、分析和数据采集以及分析，附设小型用户行为数据存储系统，如图6-1所示。此设计方案注重先进性、优越性、易用性、集成性、可扩展性、灵活性和可靠性。

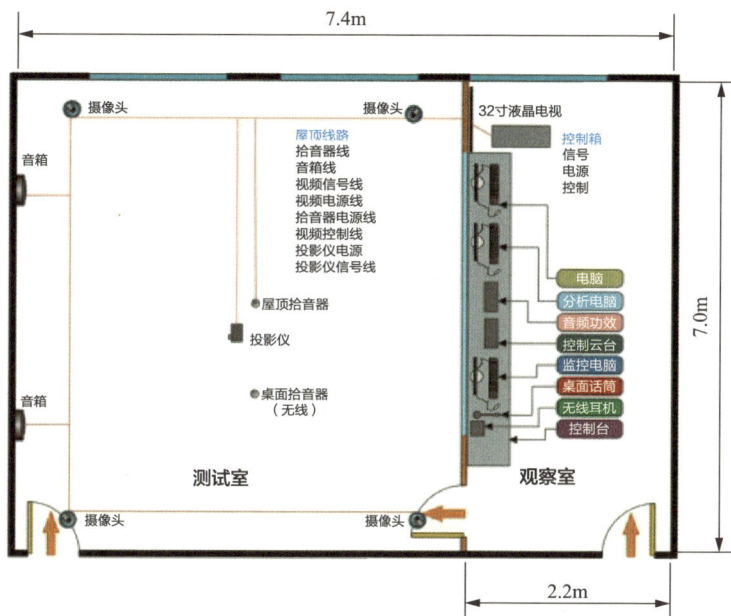

图6-1　用户体验与评测实验室

原室内场地设计为测试区域和观察区域两部分，中间以12cm墙体隔开（做到隔音），安装单向玻璃，两区域通过一个高2m、宽0.9m门连通。

一、测试室

（1）配置可通过网络远程观测的高清摄像头4个，布放拾音器2个，壁挂式音箱2只，用于音视频采集和主、被试交流。

（2）被测试者电脑，用于被测试软件和环境演示。

（3）研讨会议桌和椅子，主要用于产品测试小组讨论使用（新增）。

（4）2张办公桌椅和沙发，利用原有家具。

（5）新增投影仪，增加电动幕布。

二、观察室

（1）操作台和办公椅，用于测试过程中的控制和数据处理。

（2）32寸平板电视机2台，用于显示被测试区域的视频和被测试行为软件数据。

（3）音、视频控制设备、视频切换设备。

（4）装有数据分析软件的工作站和装有视频控制软件的工作站。

（5）工作位及办公椅，文件柜两只用于数据后期处理和日常办公。

（6）两区域之间使用轻钢龙骨隔断12cm，并安装长4m、高1.5m的单向玻璃。两区域通过一个高2m、宽0.9m门连通。

用户体验与评测实验室设计包含以下几部分：音频采集部分、视频采集部分、办公家具、实验室阻隔、行为分析软件和生理信号采集等相关系统，如表6-1所示。

表6-1　用户体验与评测实验室设备清单

模块	序号	名称	数量
音频采集部分	1	拾音器	2
	2	无线耳机	2
	3	桌面话筒	2
	4	吸顶式音箱	4
	5	音频功放	1
	6	音频分析工作站	1
	7	桌面计算机	4
视频采集部分	8	专业摄像头（包含云台、支架）	6
	9	四路音视频分配器	1
	10	数据处理软件	1
	11	LED 32寸电视机	4

模块	序号	名称	数量
视频采集部分	12	视频分析工作站1台、用户行为观测与分析工作站2台	3
	13	液晶电视移动推车触摸屏落地挂架（已有电视机支撑）	1
办公家具	14	会议桌	5
	15	会议椅JG8002ZF	5
	16	办公椅JG505233G	5
	17	定制活动柜	5
实验室隔断	18	单向玻璃	若干
	19	隔断（含门）	若干
	20	墙壁玻璃	若干
行为分析软件及相关系统	21	Mangold行为分析软件	—
	22	Morae用户行为分析记录软件	—
	23	心理测试设备	—

第三节
部分软硬件介绍

一、硬件

（一）实验室视频采集部分设备

智能球型摄像机：观察室内设置8台高速球机。可采集测试室内的全景，测试者的表情、肢体动作、对各类设备软件的操作动作；测评软件的显示拷屏。根据现场情况，摄像机与地面的距离为2~2.5m。如想看清其手指动作，摄像机的镜头焦距应设置在32mm左右。而在广角情况下，摄像机应能覆盖半个观察室房间的范围。在监控明暗反差大的场景时，其宽动态表现出色。还具备了自动图像稳定、场景变化检测智能化功能，应用灵活。配备30倍光学变焦镜头，能够轻松的再现很远处物体微小的细节。

（二）实验室音频采集部分设备

全向隐藏式话筒：可装置在桌面、墙壁或天花板上，小巧不显眼且可获得高灵敏度的收音效果，采用专业高性能、高信赖度镀金震膜电容元件，固定式充电背板，永久极性电容收音头。

二、软件

（一）行为观察分析软件系统

系统的观察是研究行为的基本方法。行为观察分析软件系统用于收集、分析和演示观察数据且操作简便的行为事件记录软件。系统采用音频视频记录设备将被研究对象的各种行为活动摄录下来，可用来记录分析被研究对象的位置、表情、情绪、社会交往、人机交互等各种活动；记录被研究对象各种行为发生的时刻、发生的次数和持续的时间，然后进行统计处理，得到分析报告。下面介绍几款行为分析软件系统。

1. 德国Mangold INTERACT 14

INTERACT 14是德国Mangold公司生产的一套行为分析软件，该软件可以结合视频的记录、生理参数的记录、眼动数据的距离，对人的思维动态及动物的行为过程进行科学的数据化的分析，使研究更目的化、条理化、科学化。该系统广泛应用于研究儿童教育、儿童心理、犯罪心理、昆虫行为、动物行为等方面。INTERACT行为分析系统，具备专业的设计和齐全的功能，对观察到的数据进行收集、分析、表达和管理，并对其行为过程进行研究。

INTERACT的几个特点：

（1）同步查看音频、视频和数据流，在一个工具中收集、处理和分析观察数据。

（2）无限的编码和转录的可能性。INTERACT优化了使用的方便性，同时具有强大的功能。所有的基本功能都可以通过2~3次鼠标点击达到。INTERACT可以使用几乎所有的标准视频格式，甚至可以在INTERACT中使用智能手机拍摄的视频。

（3）INTERACT 的使用方式多种多样，不仅可以收集代码，还可以收集文字记录。收集到的数据可以导出到语音分析系统，也可以在 INTERACT 中以词云图的形式可视化。

（4）实现自由的参数设定。可以在研究的全过程中实现自由编码，随意设定研究的参数，以实现各种研究目的。

（5）定量的分析方法。状态—空间—网格（Lewis, Lamey & Douglas, 1999）创建了一个动态互动的图形景观，对于测量和理解活动或人际关系中动态系统的同步性和灵活性非常重要。Mangold INTERACT软件中的状态空间网格最初用于社会情感结果的研究（行动、感觉和思考），对于分析任何类型的过程也有很大的价值，例如，在教学研究（了解教师与学生的互动或整个教室的状态变化），人体工程学或可用性研究（了解过程和工作流程并测量其效率），或类似的应用。Mangold INTERACT状态—空间—网格的实现允许在时间−动态图中呈现收集的代码。这对理解状态变化和整个流程非常有帮助。

使用INTERACT中广泛的数据重组功能和分析选项，从原本简单的观察数据中获得新的见解。用户可以使用自己的编码系统，随时导入和导出所有收集到的数据。如果缺少某些功能，您很有可能根据 INTERACT 的大量功能编写自己的分析模块（图6-2）。

2. Morae行为分析记录软件

Morae 是美国 TechSmith 公司发布的全数字化可用性测试解决方案，能够帮助产品开发团队录制用户在测试环节中的完整过程（如产品使用过程、现场问答、测试问卷等），并可通过实时远端监控和后期分析，获得最客观的测试结果，最后可输出影像或图表形式的报告。

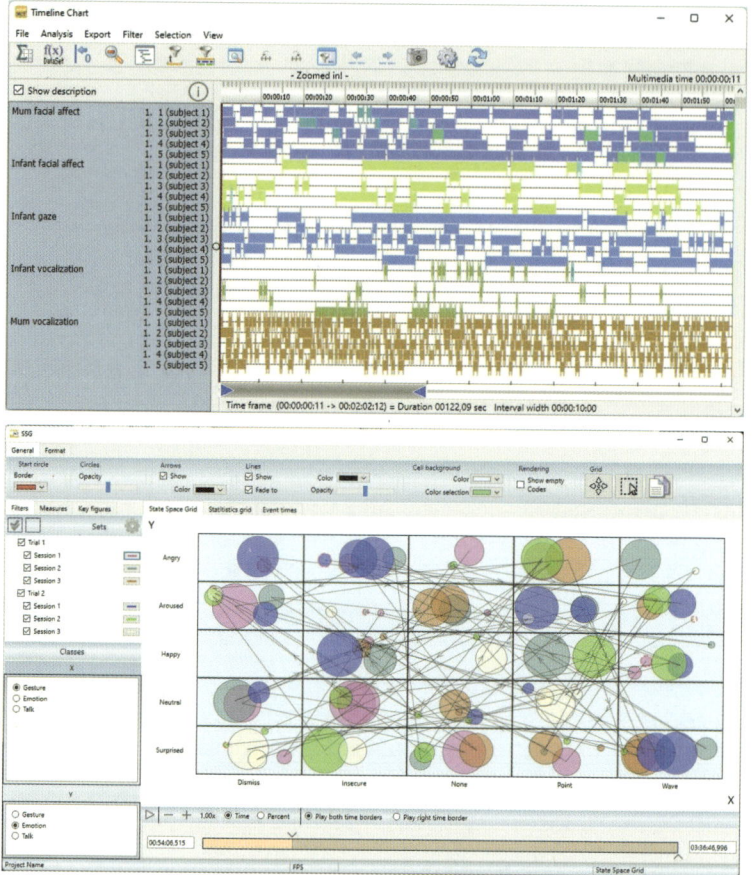

图6-2　德国Mangold INTERACT 界面

Morae 由三个独立的组件构成（图6-3）：

① Morae Recorder —— 录制可用性测试影像；

图6-3　Morae行为分析记录软件界面

② Morae Observer ——实时远端监控，支援多用户端；

③ Morae Manager ——分析、统计，并制作演示报告。

Morae Manager 是在 Morae Recorder 录像和 Morae Observer 监控资料的基础上，进行后期分析和统计的工具。它由 3 个功能标签构成，即 Analyze、Graph、Present。

在 Analyze 中，可以导入 Morae Observer 录制的视频录像，以及测试工作人员通过 Morae Observer 添加的监控记录。基于时间轴的操作，可实现非线性的快速浏览、支持智慧搜索，更快地发现问题所在，并可添加标记和注释。

在 Graph 中，软件提供了专业的可用性统计工具，根据整理的标记可自动计算各项指标（如出错次数、任务时间等），资料图表一目了然。

在 Present 中，可以编辑视频、添加描述等，并截取关键的视频片段和图表做成视频报告或直接导入 PPT。

3. 诺达思 Obeserver XT 行为观察分析软件（图 6-4）

荷兰诺达思 NOLDUS 公司 Observer 行为观察分析系统支持的一个研究项目的整个工作流程：实验设置、设计编码方案、数据采集、数据分析和演示。

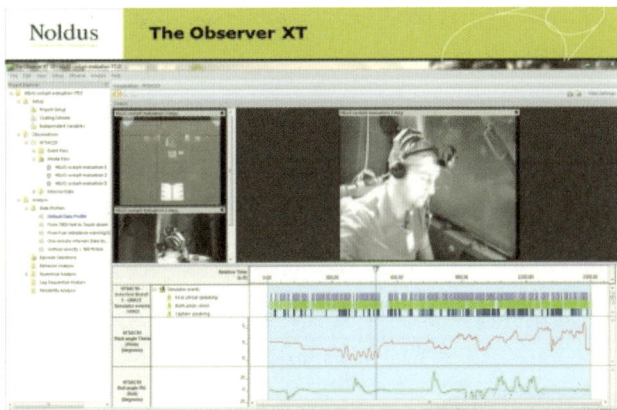

图 6-4 诺达思 Obeserver XT 界面

Observer XT 行为观察系统，可以与生理仪和眼动仪、脑电化等外部设备同步记录行为并读入被观察者的生理信号和注视位置以便综合分析被观察者的各种行为。屏幕图像抓取组件使研究人员眼前的计算机屏幕上能够显示受试者屏幕上的内容。通过此组件研究人员可以知道受试者在计算机上进行的操作。含音视频监控系统，包括视频采集摄像头、控制器。指向式界面话筒。其优点包括以下几点：

① 准确、定量地编码和描述行为；

② 收集丰富和有意义的数据；

③ 自动、准确地记录时间；

④ 结合连续抽样和瞬时抽样；

⑤ 集成行为学研究中的视频和生理数据；

⑥ 计算统计数据和评估可靠性；

⑦ 剪辑你感兴趣的视频和数据片段；

⑧ 同时分析多组观察对象；

⑨ 过滤出相关的数据，迅速搜索数据；

⑩ 以自己的语言进行编码，可以用中文、日文和俄文进行行为编码；

⑪ 使用配备有手持式行为观察记录分析系统的手持设备进行移动编码。

（二）眼动仪 Tobii 眼动仪

眼动仪对于研究可用性测试的视觉注意力、反应等非常有帮助。通过研究眼球的运动，如扫视、瞬间凝视、瞳孔大小变化和眨眼等，可得到兴趣区域、热区图、实现图、蜂群图等。

Tobii Glasses 3 是第三代穿戴式眼动追踪解决方案，支持广泛的人类行为研究（图6-5）。其硬件特征主要包括以下几个方面：防刮镜片中集成了16个照明器和4个眼部摄像头；具有106°视场角的场景摄像头；内置麦克风可捕捉环境声音，提供更多背景信息；设计坚固，可置于头饰和防护装备之下；可选镜片附件，用于防晒防尘、视

图6-5　Tobii Glasses 3

力矫正，以及与动作捕捉兼容的反光标记。

在研究过程中，轻松为参与者配戴 Tobii Pro Glasses，可实时跟踪并记录参与者的视线，不会干扰他们的自然行为。利用实时数据反馈，准确了解参与者的行为以及他们在整个任务过程中的注意力。

（三）面部表情分析软件——Noldus面部表情分析系统 FaceReader

1. 面部表情分析模块

Noldus面部表情分析系统FaceReader是用来自动分析面部表情的一款非常强大的软件工具（图6-6）。面部表情分析系统是能够全自动分析7种基本面部表情的唯一软件工具，这7种面部表情包括：高兴、悲伤、害怕、厌恶、惊讶、生气、轻蔑。当然也可以分析无表情。

图6-6　面部表情分析系统

面部表情分析系统6.0—新的特点主要包括以下几个方面：

①提升了面部模型和表情分析的质量。

②完整的解决方案。增加了刺激呈现、事件标记、面部动作自动分类，以及高级分析和生成报告的功能。

③全新模块——刺激呈现和事件标记分析模块和面部行为动作分析模块。

④实时分析的同时录制被试者的视频。

⑤标记感兴趣的事件并分析相应的数据。

⑥增强了外部应用程序编程接口（API）功能。

2. 面部行为动作分析模块

FaceReader 6.0增加的面部行为动作分析模块能最好地利用先进的技术来减轻您的工作量（图6-7），面部表情分析系统现在能够自动分析19个行为动作，例如"面颊提起""鼻子起皱""挤出酒窝""绷紧嘴唇"。该系统是由保罗·艾克曼（Paul Ekman）开发，之后逐渐发展成为标准的系统的情绪的身体表达分类，共有30个面部行为动作。

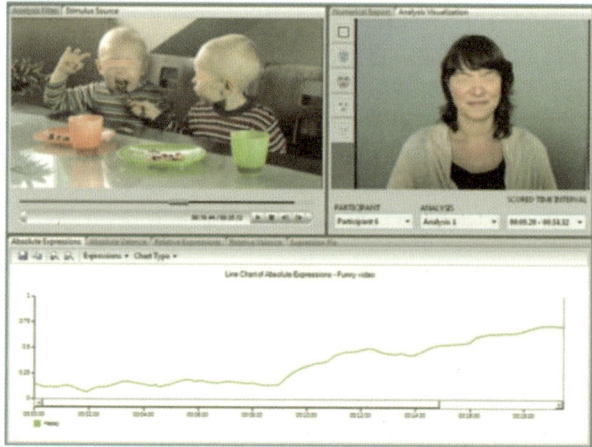

图6-7　面部行为动作分析

（四）生理信号记录系统——MindWare多通道生理信号记录仪

生理信号记录系统可以检测精神负荷、生理负荷、情绪状态，客观地记录人的各种生理指标随不同环境的变化而变化，客观、真实、准确地反映人的内心活动和状态，常用于心理生理测量。

心理生理测量是一种通过研究身体提供的信号并借此深入了解心理生理过程的方法，近年来越来越受到游戏研究领域的重视，主要涉及脑电描记、皮肤电反应、心率和面部肌电扫描技术。心理生理测量在游戏用户体验评价中拥有客观性，连续不断地记录数据、及时性、非侵入性、精密度高等特点。但它同时也存在许多局限性，例如解释生理指标的数据困难，因为大部分心理状态和生理反应之间存在多对一或者一对多的关系；测量生理指标的设备价格昂贵，对设备保修和使用人员的培训投入高；在实验设备和实验阶段需要花费较大的时间和精力等。

心理生理测量与其他用户体验评价方法的对比如表6-2所示。

表6-2　心理生理测量与其他用户体验评价方法的分类

用户体验评价方法		问卷法	启发式评估	心理生理测量	行为指标评价法	视线跟踪技术	面部表情分析系统
一般研究方法	定性	√	√	—	—	—	√
	定盈	√	—	√	√	√	—
测量情绪的工具	言语	√	√	√	—	√	—
	非言语	—	√	√	—	—	√
产品的测量方法	经验性	√	—	√	√	√	√
	非经验性	—	√	—	—	—	√

美国MindWare公司生产的多导生理记录仪（图6-8），是目前世界上应用广泛、功能强大的计算机化多导生理记录仪；MindWare多导生理记录仪灵活自由、可升级、功能强大、易于使用。美国MindWare公司共有4种移动式多导生理记录仪，可以满足不同研究目的的需要，如测量ECG、EMG、EEG、EOG、GSC、抗阻心电图、测高仪、加速度计以及其他类型的传感器。Ambulatory移动式多导生理记录仪采用小电池，因此非常容易佩戴在皮带上。通过PDA采集数据，可以把采集的数据存储到SD卡中，同时也可以通过Wi-Fi无线协议传输到台式计算机中，结合BioLab软件对数据进行采集和分析。多个移动式多导生理记录仪可以同步使用，最多实现16导数据同步记录及分析。

（1）产品优势。

生理信号记录仪是用来记录人的各种生理指

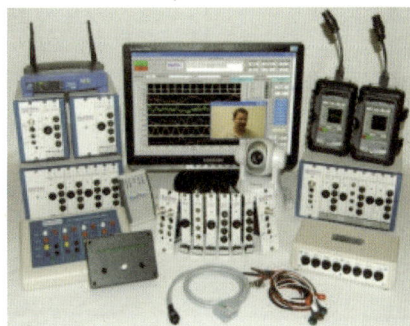

图6-8　多导生理仪

标的仪器，它能够客观地记录人的各项指标随不同环境的变化而变化，客观、真实、准确地反映人的内心活动和状态。

强大的数据采集软件和数据分析软件，能够得到各种专业的数据指标。系统可以与Observer XT软件同步使用，数据能够导入Observer XT软件进行整合数据分析。

（2）系统具有有线和无线版本方案可供用户灵活选择。

① 友好的用户界面加完全集成的方案，随时可以开始试验。

② 同步记录人机交互和多路音频、视频。

③ 独立于操作系统的高分辨率屏幕捕捉方式。

④ 摄像头可远程控制。

⑤ 在用户现场安装和培训。

第四节
案例：中控屏幕界面设计规范研究

一、项目背景

针对中控屏幕界面设计规范展开研究与探索的项目中，通过相关设计文献调研与相关国际标准资料搜集研究分析，基本获取布局、字体、色彩、图标按钮等维度的范围框架和实验条件与指标。基于对22款现有车辆车机界面调研，设置评价指标，通过焦点小组的方法对现有车辆车机界面进行评价，获得目前现有车辆车机界面视觉的初步评价和相关指标的验证。评价部分包括三部分内容：一是焦点小组前根据驾驶经验或试车经验访谈总结；二是对22辆车进行评价分析；三是评价后的焦点小组访谈总结。最后通过一系列实验设计得出中控屏幕界面设计规范。

二、前期调研

在项目开始阶段，依据需求对现有22辆不同车型，从导航、车辆设置、多媒体、空调等功能入手，通过网络资料搜集、4S店体验调研、租车等方式进行车机界面相关资料搜集与整理，并进行两轮的资料分析过程，得出调研结果，如图6-9所示。

编号	品牌	名称	屏幕类型	车机尺寸	屏幕比例	品牌理念	产品定位	主打场景
1	上汽	荣威RX5	竖屏	10.4英寸	3：4	品位科技，知你知行	超级互联网SUV；数字赋能，汽车互联	远程车辆控制，智能云生活，智能硬件，家庭出行，安全出行，智能交互，辅助驾驶
2	上汽	大通G50	宽屏	12.3英寸	16：6	人智融天下，通达铸成功	全能家旅智能定制MVP	全家出行，户外出行，智能交互
3	上汽	斯柯达明锐	横屏	9英寸	16：9	前行，只为更好！美好生活，创造惊喜无限	新型紧凑型轿车	智能交互，掀背式大空间运用
4	特斯拉	Model S	竖屏	17英寸	9：16	高情能，安全，以驾驶员为中心进行设计	旗舰款高级轿车；安全、高性能	智能充电，辅助驾驶，智能交互，安全出行
5	特斯拉	Model 3	横屏	15英寸	16：9	以安全为先	面向大众、拥有门槛更低的电动车；简约、安全	智能充电，辅助驾驶，智能交互，安全出行
6	沃尔沃	XC90	竖屏	9英寸	3：4	品质、安全、环保；阅天地，揽格局；智能安全科技，守护您和您关心的人	全轮全时驱动新一代SUV，成为市场上最安全也最令人心动的完美产品	智能驾驶支持下的出行场景
7	路虎	星脉	宽屏＋横屏	10.2英寸＋10.2英寸	16：6＋16：9	纯正、胆识、探险、超凡	中型豪华SUV	户外旅行，车内娱乐办公，智能交互
8	宝马	7系	宽屏	10.3英寸	16：6	悦享纯粹驾驶；不可思议的思想创造不可思议的时代	顶级豪华轿车；将纯粹的驾驶乐趣和舒适的乘坐享受完美地融于一身	智能交互，驾驶体验
9	奔驰	S级	宽屏	12.3英寸	16：6	引领天下之势	顶级豪华轿车；时代先行者	辅助驾驶，智能互联
10	奔驰	E级	宽屏	12.3英寸	16：6	智者，大成	中大型高端商务轿车、跑车、旅行车；智能杰作致敬社会中坚力量	辅助驾驶，智能互联
11	吉利	领克01	横屏	10.2英寸	16：9	总有新可能	为都市年轻族群打造的新时代SUV，为消费者带来"有趣""有爱""有料""有流量"的愉悦驾驶体验	都市出行，智能互联，共享出行
12	吉利	缤越	宽屏	10.25英寸	16：6	驾悦衡生，看我绽放	劲动力智慧SUV	智能驾驶，驾驶体验
13	长城	WEY	横屏	12.3英寸	16：9	让更多人拥有豪华SUV；走在前面的人	中国豪华SUV	智能驾驶，安全出行
14	长城	哈弗H6	横屏	9英寸	16：9	冠军哈弗，智享生活	智能化、人性化、安全性	智能云生活，智能驾驶
15	奇瑞	艾瑞泽5	横屏	8英寸	16：9	年轻，更进一步；致力于满足用户轻松拥有一台好车的理想，与用户共同分享"智造"的乐趣	全时互联高性能中级车；为具有新视野、新思维的年轻消费人群带来超乎想象的用车体验	智能云生活，智能交互
16	奇瑞	星途	宽屏	10.25英寸	16：6	敢越越，做不平凡的自我，遇见更惊喜的生活和未来	以国际先锋设计和领先的技术为基础，以人工智能为差异化，以客户为尊的服务为理念	智能互联，辅助驾驶
17	长安	CS 35 PLUS	宽屏	10.25英寸	16：6	前进，与你更具；型潮、互联、高效、无忧	新动力互联社交SUV	智能互联，辅助驾驶
18	广汽	传祺GS4	横屏	10.1英寸	16：9	智敬新我	概念智慧SUV	智能互联，智能交互，驾控体验
19	东风	风神AX7	宽屏	10.25英寸	16：6	为AI来，说到享到	集新颜值、新品质、新动力、新智慧四新优势于一体的新实力中级SUV	智能互联，智能交互
20	蔚来	ES8	竖屏	10.4英寸	3：4	追求美好明天和蔚蓝天空，为用户创造愉悦生活方式	高性能智能电动旗舰SUV	智能交互，辅助驾驶，移动生活，智能充电
21	车和家	理想智造ONE	通屏	16.2英寸＋12.3英寸＋10.1英寸	\	致力于打造全新智能电动交通工具，改变用户传统的出行体验	没有里程焦虑的智能电动车	智能交互，安全出行辅助驾驶，无忧充电
22	小鹏	G3	竖屏	15.6英寸	9：16	致力于应用新的技术、工艺和商业模式，造年轻人喜爱的智能化电动汽车，改变用户使用、试驾体验、预订购买和售后维护汽车的模式	超长续航高智能电动SUV	智能云生活，超长续航
23	威马	EX5	竖屏	12.8英寸	9：16	进化不止	运动型全车交互纯电SUV	远程控制，使用共享，智家互联，智能云生活

车型	该车型关注指数TOP3	该车型关注指数TOP3屏幕尺寸
紧凑型SUV	逍客；途昂；哈弗H6	横屏9英寸 16：9；横屏8英寸 16：9；横屏9英寸 16：9
MPV	别克GL8；别克GL6；五菱宏光S	横屏8英寸 16：9；横屏7英寸 16：9；横屏8英寸 16：9
紧凑型车	轩逸；朗逸；卡罗拉	横屏8英寸 16：9；横屏8英寸 16：9；横屏8英寸 16：9
大中型车	奥迪A6L；宝马5系；凯迪拉克XTS	横屏10.1+8.6英寸 16：9；宽屏10.25英寸 16：6；横屏8英寸 16：9
中型车	雅阁；君威；奥迪A4L	横屏8英寸 16：9；横屏8.3英寸 16：9
大型SUV	途昂；普拉多；哈弗H9	横屏9.2英寸 16：9；横屏8英寸 16：9；横屏8英寸 16：9
中型SUV	昂科威；汉兰达；控岳	横屏8英寸 16：9；横屏10英寸 16：9；横屏8英寸 16：9
豪华车	捷豹XJ；宝马7系；保时捷Panamera	横屏10.2英寸 16：9；横屏10.3英寸 16：6；横屏12.3英寸 16：6
小型SUV	长安CS35 PLUS；本田XR-V；宝骏510	宽屏10.25英寸 16：6；横屏8英寸 16：9；横屏8英寸 16：9

图6-9　部分车辆调研品牌信息

三、评价方案

邀请6名有10年以上试车经验的专业试车员专家，通过访谈、界面展示等方式获得对22辆车的车机界面的评价。

（一）车辆编号

为避免车辆品牌对专业试车员对车机界面视觉评价的影响，将车辆品牌隐去，采用编号形式，如图6-10所示。

序号	品牌	车型	12	吉利	缤越
1	上汽	荣威RX5	13	长城	WEY
2	上汽	大通G50	14	长城	哈弗H6
3	上汽	斯柯达明锐	15	奇瑞	艾瑞泽5
4	特斯拉	Model S	16	奇瑞	星途
5	特斯拉	Model 3	17	长安	CS35 PLUS
6	沃尔沃	XC90	18	广汽	传祺GS4
7	路虎	星脉	19	东风	风神AX7
8	宝马	7系	20	蔚来	ES8
			21	车和家	理想智造ONE
10	奔驰	E200L	22	小鹏	G3
11	吉利	领克01	23	威马	EX5

图6-10　车辆编号

（二）车机展示界面筛选

在对需要展示播放的车机界面按照主页、导航、车辆设置、多媒体、语音、空调设置、摄像头等功能下的主要页面或典型界面（页面布局、色彩等）进行筛选，将功能按照英文缩写进行编码筛选。

①主页home —缩写H；

②导航navagation —缩写N；

③车辆设置auto setting —缩写AS；

④多媒体 media —缩写M；

⑤语音交互voice interaction —缩写VI；

⑥空调设置air conditioning settings —缩写ACS；

⑦摄像头camera —缩写C。

（三）评价过程安排

在评价过程中，将车机界面类型分为竖屏、宽屏、横屏三种类型分别播放，借助55寸电视进行分类投影。在进行一辆车评分时，其他类型缩略显示，产生对比评价效果，如表6-3所示。

表6-3　车机界面分类分析

车辆编号　轮次　显示屏	竖屏（屏1）	宽屏（屏2）	横屏（屏3）
1	1	2	3
2	4	10	5
3	6	12	7
4	20	16	8
5	22	18	11
6	23	19	13
7			14
8			15
9			17

①按轮次同时将三辆车缩略图展示1分钟；

②按屏1、屏2、屏3，顺序细节展示，一辆车进行打分，提示被试打分后放置桌面位置，评价过程中对指标不理解的进行讲解；

③最后展示21号车辆。

四、访谈结果

访谈主要目的是获取专业试车员基于平时的用车体验，对车辆中的车机使用以及使用功能和使用场景进行调研，为第二阶段的实验任务设计带来启发或思考。访谈得出的主要结论有：

（1）对于车机的使用场景，全部试车员认为需要结合具体路况，安全路况下（如高速车少、城市道路人少、车少）使用较多，在非安全路况下不会使用，比如，弯道情况下不会使用。

（2）使用的车机功能主要集中在：音乐、导航和空调调控，具体的功能应用有：

①音乐：切歌（会使用方向盘调节，通过看一眼中控确认）；搜索歌曲（在行驶中采用语音控制；在停止时点击屏幕）。

②导航：设置目的地，提前选择路线限制条件（如最快路线、避开拥堵等）。

③收音机：搜索/调整频道（如在堵车时，调整到当地交通台查看路况）。

④语音控制空调、天窗。

（3）在车辆未发动前状态，会进行设置功能的使用，车辆静止状态通常不太关注中控，主要原因：中途停车时间少，网络效应慢。

（4）在车辆行驶过程中，常用收音机更换频道和故障警报，但出现在车机界面的警报，非需要及时处理的信息，不会过多关注，停车后处理。

（5）文字较多的情况下，不会查看，直接跳过，有两个原因。一是熟悉；二是重要信息或严重警示信息停车查看。从访谈的结果总体来看，专业试车员作为驾驶员，平时开车对车机使用频率较高的是空调调节、收音机调节、语音、音乐等功能；使用频率和使用功能主要依据具体路况信息。

五、焦点小组访谈总结

（一）访谈目的

这部分访谈主要目的是验证已有的实验任务设计（包括驾驶任务与次要任务），布局、字体、颜色、图标4个维度中具体指标对于被访谈人员的影响，为第二阶段的实验设计带来启发或思考。

（二）访谈流程

根据现有实验设计和布局、字体、颜色、图标4个维度的预计
测试维度，产出车机屏幕的模板图片，如图6-11所示。将模板图
片分为布局、字体、颜色、图标4个维度分别播放，借助55寸电视
进行分类投影；每种测试维度播放后，随即对被访人员进行焦点小
组讨论，了解预计测试维度对于被访人员的影响。

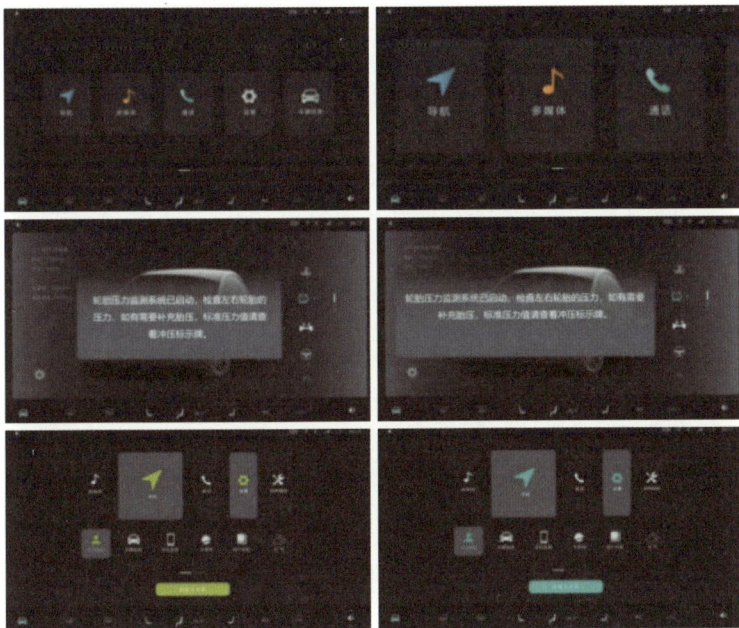

图6-11　模板图片示例

1. 驾驶任务设置

（1）驾驶任务设置在城市道路上，驾驶中的任务设置在直行
时；停止时的任务设置在红灯、堵车时周围环境设置适量的行人，
旁边车辆有正常的切入切出行为（原因：被访人表示会使用中控
时，道路场景不重要，路况稳定安全最重要，一般在堵车或红绿灯
时会短暂使用中控屏幕）。

（2）驾驶任务速度设置在35~40km/h（原因：①被访人速度范
围不重要，路况重要；②在模拟器中，车辆保持在30~40km/h时环
境相对稳定，且被试容易上手；③控制在5km/h的波动范围利于观

察次要任务给驾驶行为带来的影响）。

（3）常用任务列表（结合第一次的探访）。

①音乐：切歌、搜索歌曲；

②导航：设置目的地，选择路线限制条件；

③收音机：搜索/调整频道；

④空调：开关、调整温度；

2.4 个维度具体实验设置

（1）布局。

①不同布局下的任务设置针对同样的功能板块，操作步骤数量一致；

②获取信息与操作性对于被访人而言有较大区别，实验中可以通过任务完成时间与眼动仪时间分别获取两者的时间进行分析。

（2）图标。

①图标大小、图标与图标间距、图标与文字间距对被访人获取信息有影响；

②被访人更关注图标的美观；

③看图片得出的结论与实际操作的感受会有区别。

（3）字体。

①任务设置在车辆故障报警时（被访人多数只会在故障报警时关注较多文字，如胎压、发动机故障）；

②行长、字间距、行间距对于信息获取都有影响；

③适合获取信息的行长有一定范围；

④被访人认为字间距大于默认值会更好获取信息。

（4）颜色。

①色相、饱和度、明度对于信息获取有影响；

②色相不测红色、橙色系列，蓝绿色可作为测试代表，如图6-12所示。

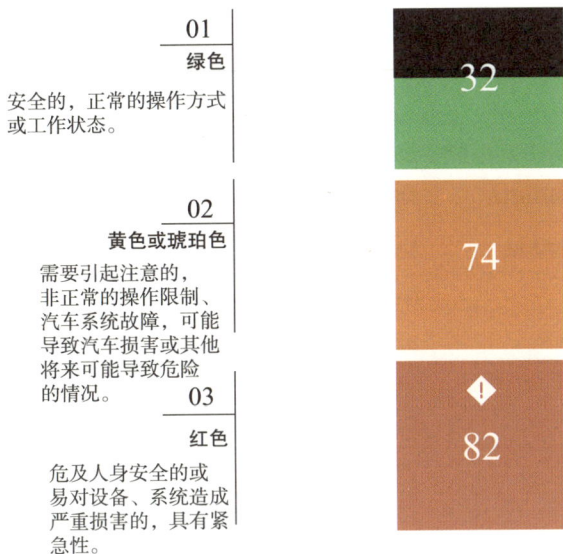

01
绿色
安全的，正常的操作方式或工作状态。

02
黄色或琥珀色
需要引起注意的，非正常的操作限制、汽车系统故障，可能导致汽车损害或其他将来可能导致危险的情况。

03
红色
危及人身安全的或易对设备、系统造成严重损害的，具有紧急性。

图6-12　源于国家标准 GB 4094-2016

六、中控屏幕界面设计规范

在实验室的基础研究之后，对目前常见的中控屏幕界面设计，继续深入研究中控屏幕中各设计要素的设计评价方式与规范。研究维度包括页面布局、界面内字体（汉字）、颜色和控件（图标按钮），这里对研究得到的相关车载中控界面设计规范结论进行说明。

（一）文字设计规范

1. 文字大小

在确保可读性的前提下，最小值建议为4.5mm左右。设计师拥有一定发挥空间，但请在页面整体协调和美观的前提下进行设计。在车载中控视觉里，应设置清晰的文字阶级参数，以保证阅读的清晰度和信息内容读取的流畅性。表6-4为《百度车载小程序白皮书》中基于IDX & 同济（2020）百度Apollo中控视觉基础研究项目结论而列出的关于文字阶级参数设计建议。

表6-4　文字阶级参数设计建议 ❶

样式	字重	字号	描述
H1 Headline	**Medium**	**56 px**	一级大标题
H2 Headline	**Medium**	**46 px**	二级大标题
Title	Medium	36 px	常规标题
C1 Content	Regular	36 px	一级内容
C2 Content	Regular	30 px	二级内容
C3 Content	Regular	28 px	三级内容
Caption	Regular	24 px	辅助文案
Caption-lmtd	Regular	20 px	标签类辅助（谨慎使用）

2. 文字行长

在中控屏幕的界面设计中，字体行长建议设置为7~9字区间及以内；建议行长最大值为13字；文本设计时需要合理控制字体行长，避免长文本的出现。

（二）图标设计规范

建议车载中控触屏按键尺寸为9mm至15mm。在驾驶状态下，驾驶者更倾向点击在按键中心的左侧位置。以实验屏幕分辨率260ppi为例，得出车载中控触屏按键尺寸建议范围为92px至154px，可根据界面信息层级适用于不同车载中控界面控件，为驾驶员提供清晰易懂的交互信息。如15mm较大的按键可应用于地图导航常用按键、音乐播放控制按键，引导用户点击；12mm按键可作为底部导航栏按钮、空调常用控制按钮；9mm较小按键可应用于放大缩小此类使用频次较低的按钮见图6-13。

❶ 来源《百度车载小程序白皮书》。

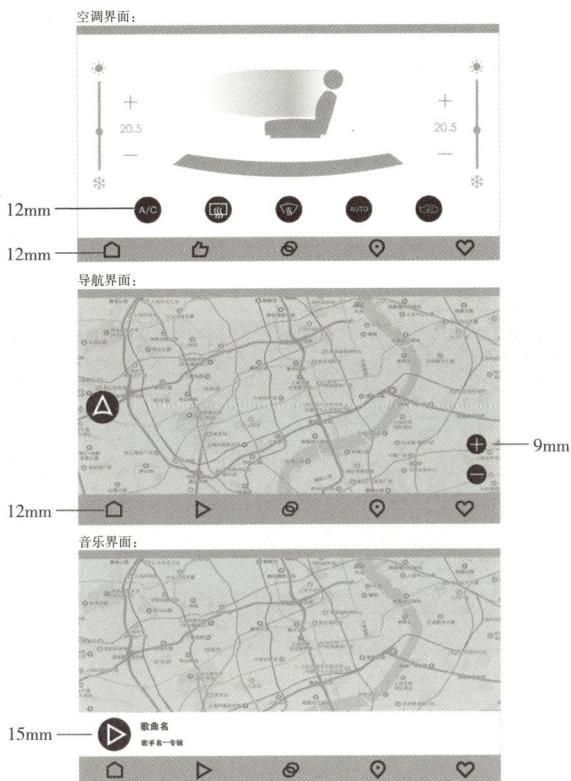

空调界面：

12mm

12mm

导航界面：

9mm

12mm

音乐界面：

15mm 歌曲名 歌手名一专辑

图6-13　按键尺寸应用示例

（三）色彩设计规范

　　普通文本与黑白背景颜色对比度须保证文字清晰阅读，研究得知超过7∶1将影响驾驶和主观评价，建议将最佳对比度设定为3∶1~7∶1。图6-14为不同对比度的实验结果。

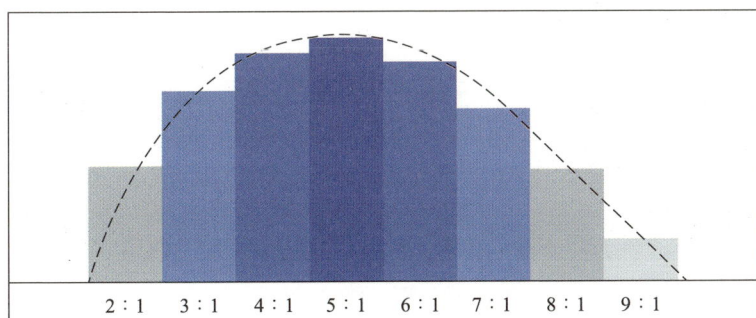

2∶1　3∶1　4∶1　5∶1　6∶1　7∶1　8∶1　9∶1

图6-14　IDX & 同济（2020）百度Apollo中控视觉基础研究项目
对比度研究结果

（四）布局设计规范

1. 信息密度规范

卡片式布局：卡片式横屏信息密度建议为3×2，可在4×1～4×2调整；列表式横屏信息密度建议为5个，可在4～6调整（图6-15）。

图6-15　卡片式布局设计建议

2. 交互方式规范

根据实验中驾驶员的行为表现，我们建议在设计车载中控屏时可适当调整界面交互框架，尽量布局在屏幕左侧，或在视觉大小良好的基础上扩大控件的触控热区，便于驾驶员便捷且安全地操作。图6-16为交互区域划分建议。

图6-16　交互区域划分建议

生理与眼动测试

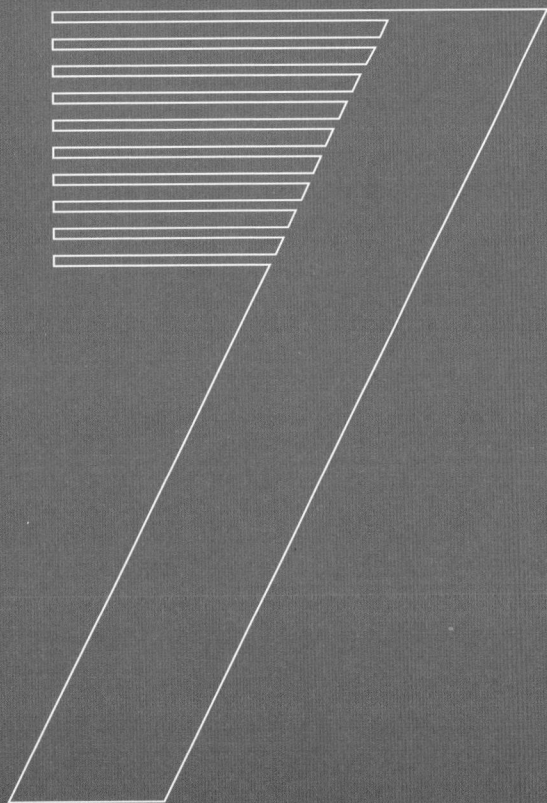

第七章

第一节
生理测试

一、生理测量的基本特征

在衡量用户对于系统或产品的真实感受与体验时，与主观测量方法相比，对比以下四个方面的特征，发现生理测量方法所反映的客观性、实时性与真实性更强。

1. 主观与客观

（1）主观方法：李克特量表满意度评分。

优点：信息采集简单。

缺点：被试工作记忆储量有限，容易将判断建立在不完整的记忆子集上；被试没有表达真实的想法和感受。

（2）客观方法：生理测量方法。

优点：不依赖于用户评估。

缺点：操作相对烦琐。

2. 实时与延时

生理反应检测可以同步测量用户完成测试任务的完整过程中生理水平上发生的变化，因此相比于主观量表测量法，其实时程度更好。

3. 自然环境与人工实验室环境

生理测量应尽可能在用户场景进行测量，自然环境中用户的生理状态更能反映真实的生理水平变化，如果在实验室内进行测试要创造自然和现实环境。

4. 侵入性与非侵入性

生理反应监测方法的侵入性程度更高，检测方法的非侵入性程度越高，效果越好。

二、皮电原理与应用

皮肤电，简称皮电，是随汗腺活动而出现的一种电现象。自维格鲁（Vigouroux）于1879年发现了"皮肤电反射"以来，皮肤电被广泛用来作为探查人类生理心理活动过程的手段，同时也作为评价人的意向活动、唤醒水平和情绪反应等的一种指标。是研究人类情绪和测定情绪反应的强度、持续时间和频率的一种重要手段。

皮电测量作为一种客观的生理测量方法，可以通过生理激活水平来衡量心理负荷，是生理测量中最常用的关键生理信号之一。皮电反应在中枢神经系统参与下的精神性出汗，受脑高级皮层的调节，属于信息加工的一个过程。

人们的皮肤能透过皮肤电阻的改变来告诉人们由于心理变化或外来刺激引起的情绪变化，例如受到不同的图片、视频、事件或其他刺激时的不同感觉，无论人们是感到焦虑、紧张、恐惧、激动、兴奋、困惑或惊讶——只要情绪波动，皮肤的导电性都会发生微妙的变化。

皮肤电反应（GSR）可能是最敏感的情绪反馈之一，也被称为皮肤电活性（EDA），或者皮肤电导（SC）。GSR来源于皮肤汗腺的自主激活，例如手脚出汗是由情绪刺激引起的。每当人们发生情绪变化，GSR数据会显示出明显的模式，可以通过观察来统计量化。

使用皮肤电反应，可以测试出无意识行为状态下，即不做主观的认知状态控制下的真实心理状态。皮肤导电性由自主交感神经活动单独调节驱动身体、认知和情感状态以及完全潜意识的认知水平。人们根本无法有意识地控制皮肤导电性。正是因此，GSR是情绪唤醒的完美标志，它可以真实了解事件对一个人的心理和生理的影响过程。

在人机交互设计领域，皮电测量经常与主观和行为绩效相结合来评估测试结果，主要应用于以下三个方面：

（1）皮肤测量能反映情绪觉醒。皮肤电导与唤醒水平呈线性相关，情绪觉醒幅度的变化能引发明显的皮肤电反应变化，因此常作为唤醒度实验的生理测量指标。在研究用户在交互过程中的情绪变化时，常结合自我情绪评定量表（self-assessment manikin scale，SAM）进行测量。

（2）皮电测量作为界面设计的可用性指标。相关研究发现当界面设计可用性低时，用户任务绩效降低，导致交感神经兴奋，皮肤电导水平比静息状态下高一倍，该现象可能与被试战斗或逃跑的反应相关。皮电测量能有效反映界面可用性，常结合系统可用性量表（system usability scale，SUS）、用户界面满意问卷（questionnaire for user interface satisfaction，QUIS）、系统适用性问卷（post-study system usability questionnaire，PSSUQ）、情景后问卷（after-scenario questionnaire，ASQ）等主观量表和行为绩效进行评测。

（3）皮电测量应用于情境意识和工作负荷。米勒（Mehler）等学者在心理学经典实验倒数 n 项测验范式（n-back）研究中发现，随着任务难度增加，用户皮电反应增加，皮电反应能有效反映精神负荷随任务难度的动态变化情况，常与工作负荷量表（NASA-TLX）、态势感知评价（SART）、态势感知整体评估（SAGAT）等主观量表结合进行评测。

三、皮电测量优势

皮电测量与主观和行为绩效测量结合进行实验后具有以下优势：

（1）皮电测量具有实时检测的特点，与主观测量结合分析增加结果可信度。主观测量往往要求被试在体验完产品后报告使用感受，具有延时性，可能受到主试效应或主观倾向性等因素影响，结合皮电反应能验证主观测量的结果准确性。

（2）皮电测量皮电反应敏感，与行为绩效结合分析能深入研究认知心理状态。行为绩效测量需要主试人员通过观察被试行为得到，对被试认知状态的变化缺乏敏感，结合皮电测量能直接得到有效的被试认知变化，找到行为和心理之间的关联。

（3）皮电测量易于操作，容易与主观和行为绩效测量结合使用。皮电设备主要是非侵入性的，安装流程和方法简单，且不影响测试任务。

四、皮电测试准备

测试部位通常选取手或脚。如果被测试者的手是静态的（被动地观看图像或视频时），研究人员通常在左手（左撇子可换右手）进行采集，这样被测试者在测试过程中还能使用右手来操作（比如单击鼠标或按下按钮）来响应屏幕上的刺激，这时可以按照图7-1将带有魔术贴的电极放在食指（A）和中指（B）上面。如果被测试者必须使用双手（使用鼠标、键盘、填写表格，响应软件），电极需要配合贴纸稳定地贴在图片所示的手掌位置上（C、D两点）。

如果被测试者在测试过程中手上动作比较多，还可以将电极紧贴在脚部的内侧（A和B的位置）（图7-2）。为防止在站立和行走时脱落，在放置电极的时候，被测试者应该坐在一个比较舒适的地方。

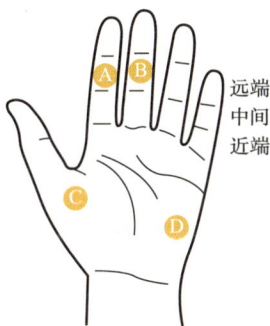

图7-1　手部皮电贴片位置示意　　图7-2　脚部皮电贴片位置示意

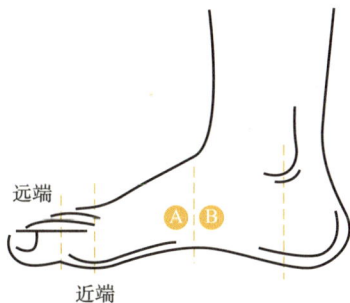

在进行皮电测量前，需要对测量部位的皮肤进行清洁，滴上凝胶，贴上电极片，如图7-3所示。

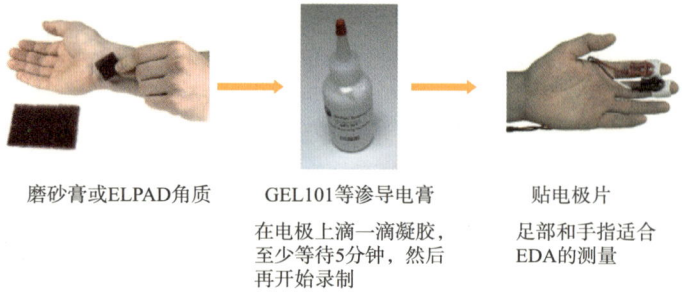

磨砂膏或ELPAD角质　　GEL101等渗导电膏　　贴电极片

在电极上滴一滴凝胶，　足部和手指适合
至少等待5分钟，然后　EDA的测量
再开始录制

图7-3　皮电测量准备工作

案例：模拟驾驶任务中的皮电测试

皮电测量可应用于传统人机交互场景，对于汽车人机交互场景，国内有学者将皮电测量应用于道路驾驶场景下被试的疲劳检测和工作负荷，本案例中进一步将皮电测量与主观评测和行为绩效结合，应用于汽车交互设计虚拟仿真驾驶座舱评测中。

1. 实验设计

实验目的是在切换音乐场景下，采用生理测量方法对汽车人机交互界面设计进行可用性评测。实验分为静态和动态两部分，被试者在静止和驾驶两种状态下，通过方向盘物理按键或中控触屏两种交互方式完成切换音乐并播报音乐编号的任务，在进行实验任务过程中，实时采集被试的皮电信号（electrodermal activity，EDA），被试在完成任务后完成系统可用性量表评分。为降低被试进行实验时实验顺序（静止使用方向盘按键组别、静止实验中控触屏组别、驾驶使用方向盘按键组别、驾驶使用中控触屏组别）带来的影响，需要对四组干预条件进行完全平衡，因此实验采用组内设计，将采用拉丁方平衡设置任务顺序，具体顺序如图7-4所示。

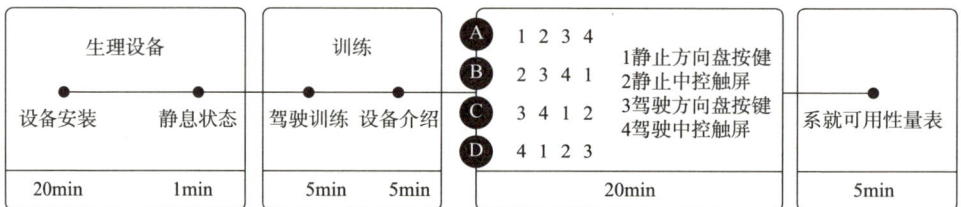

图7-4　实验任务顺序

2. 实验环境及设备

如图7-5所示，依托于同济大学艺术与传媒学院汽车交互实验室多年的研究背景，设计评测实验将在实验室自主开发搭建的驾驶仿真台架上完成，为被试营造一个具有真实感的驾驶空间。驾驶模拟器采用型号为Fanatec Porsche 918 RSR的方向盘及相关配件，搭建一台搭载三通道融合环幕的电脑，采用Unity软件开发模拟车辆周围环境仿真程序，本次评测的虚拟场景为自主开发的双向

图7-5　驾驶仿真台架

两车道程序。车载交互显示屏可以根据实验需求自由替换，本次设计方案涉及仪表和中控双屏，因此采用两台平板电脑（Surface Pro）进行模拟，采用Kanzi开发相应的界面程序，通过消息队列遥测传输协议（message queuing telemetry transport，MQTT）传输Unity程序的驾驶数据。

3. 皮电测量设备

皮电测量设备包括BIOPAC Smart Center生理记录仪及相关材料，采集被试的皮电信号，原始采样率为2000Hz。如图7-6所示，为确保采集数据准确，实验中要先去足部角质并涂GEL101等渗导电膏，再将电极片安装在被试左足。

4. 皮电测试结果与任务行为时间分析

将皮电数据与任务行为时间结合分析，实验中所有被试均成功完成任务，因此采用任务行为时间作为衡量行为绩效的指标。有研究发现用户在使用系统可用性良好的系统时处于放松状态，皮肤电导水平会逐渐降低；而在使用系统可用性的系统时，皮肤电导水平先持续升高一段时间，然后趋于平缓或者降低，说明存在一定的心理负荷。

如表7-1所示，横轴表示时间，被试在任务开始前获取具体任务要求，以提示任务开始时间为横坐标零点，纵轴为皮电。方向盘按键

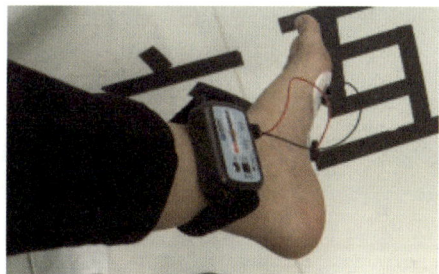

图7-6　EDA电极片安装过程及位置

组和中控触屏组整体都是呈现先上升后缓慢下降的趋势，说明二者均存在心理负荷，但方向盘组的初始皮电水平明显比中控触屏组高，即使用方向盘按键的被试在听到具体任务后就保持较高的警觉，被试心理负荷大。

表7-1　EDA水平统计图

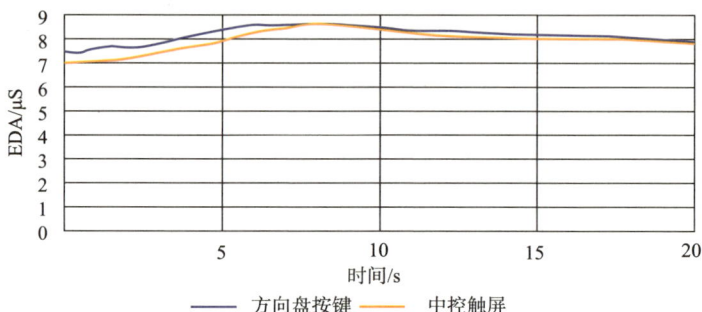

如表7-2所示，综合静态和动态两种测试状态，方向盘按键组从提示任务开始至第一次按键触发花费的时间比中控触屏组短，与方向盘按键组皮电率先开始上升以及到达峰值的顺序一致，并且方向盘按键组两次按键操作总体时间和任务完成时间都比中控触屏长，与方向盘组皮电上升后的下降幅度略小于中控组的趋势一致，将任务行为与皮电数据结合可以得出方向盘按键组任务绩效更低，反映出中控触屏组的可用性更好，同时结果与主观测量结果一致。分析得出主要原因在于方向盘两个按键距离过远且指示性差、学习成本高，进一步提出应对方向盘按键位置和样式进行优化，提高易学性，降低精神负荷。

表7-2　任务行为时间统计表

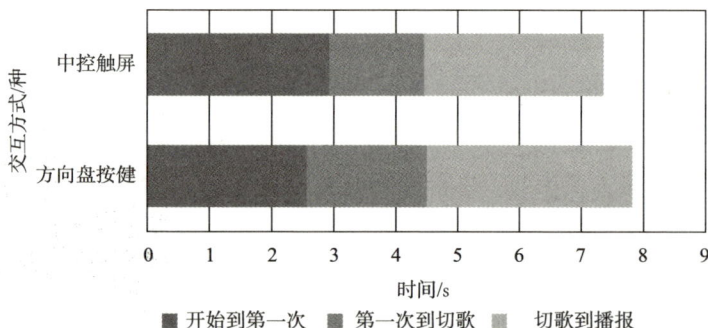

第二节
眼动仪测试

一、眼动仪基本原理

眼动仪利用角膜反射法原理，通过亮瞳孔技术，应用特制的红外摄像头来捕捉眼球的运动。眼动仪工作时，通过加工来自红外线瞳孔摄像机的眼睛视频信息，识别和确定瞳孔中心和角膜反射点之间的距离变化。眼球的运动受三对眼肌的控制，每对眼肌控制眼球在一个平面上转动。图7-7展示了眼球的生理构造以及眼动测试原理。

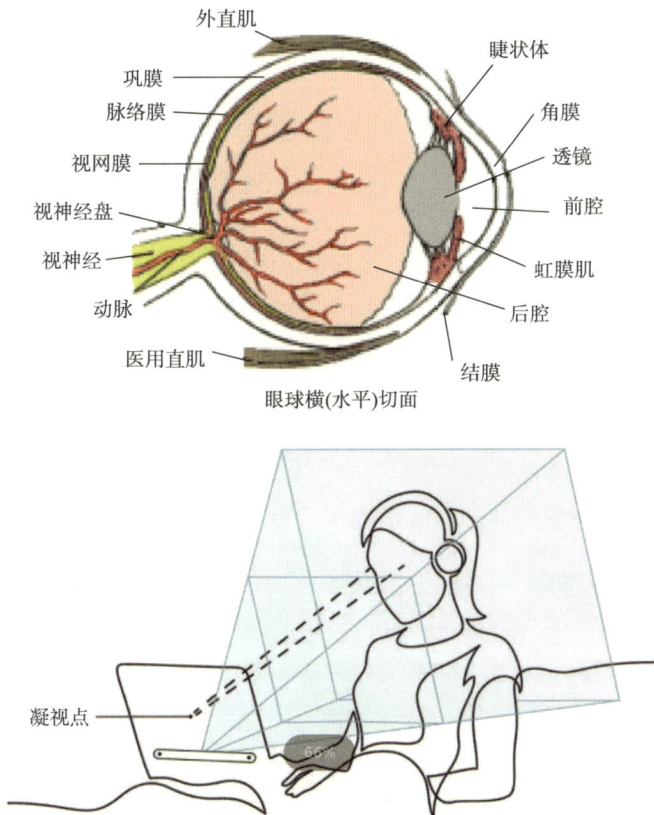

图7-7 眼动测试原理

二、眼动仪在设计中的作用

眼动具有一定的规律性，而这些规律性揭示了认知加工的心理机制。因此，研究人的眼动是具有很大意义的。目前，眼动研究出来的成果已经在心理研究、可用性测试、医疗器械设计和广告效果测试等众多领域发挥重要作用。在软件和页面可用性研究中，研究人员可以通过眼动测试研究用户在执行任务操作时的视线是否流畅，是否会被某些界面信息干扰等。

为获悉用户浏览的行为和习惯，帮助研究人员分析与澄清问题，眼动图是优质的研究结果展示工具，起到良好的信息传达作用，有利于创建高效的页面布局。

三、眼动仪使用注意事项

眼动研究可靠性的前提是大脑—眼睛一致性假说的成立，即人们所看与所想的通常是一回事，尤其是当人们专注于某一特定任务时。

眼动研究的一个重要原则是不要单纯依赖于眼动数据。例如长时间的视线停留既可能是用户看到了感兴趣的东西，也可能是用户对某些内容感到困惑。要了解用户的想法，必须通过询问或其他方法结合进行。

用户的浏览方式随任务不同而变化。如果使用了不合理的任务，得到的结果很容易有误导作用。

单个测试的结果说明不了共性问题。要得到稳定的热点图至少需要30个有效的被试数据，且要获得有普遍意义的结果，需要有多个同类型网站的比较才有可靠性。

四、数据分析

1. 多种眼动测量指标

（1）注视时间、注视次数、视觉扫描路径长度和时间、眼跳次数和眼跳幅度等。

（2）注视热点图（图7-8）：用不同颜色来表示被试者对界面各处的不同关注度，从而可以直观地看到被试者最关注的区域和容易忽略的区域等。

（3）注视轨迹（图7-9）：记录被试者在整个体验过程中的注视轨迹，从而可知被试者首先注视的区域，注视的先后顺序，注视停留时间的长短以及视觉是否流畅等。

（4）兴趣区分析（图7-10）：考察被试者在每个兴趣区里的平均注视时间和注视点的个数，以及在各兴趣区之间的注视顺序。

2. 眼动数据分析注意事项

（1）把握要点。

（2）切忌过度诠释数据，不单纯依赖眼动数据。

（3）不要用定量的语言描述定性的数据。

（4）不要用小样本做整体性推导，对比用户组。

（5）无须呈现无用的结果，关注具有指导意义的结果。

（6）绝对舍弃校对不准或捕获质量低的数据。

（7）充分结合访谈之类的主观用户反馈等进行分析。

图7-8 热点图
（红色区域为注视时间较长的区域）

图7-9 轨迹图
（通过轨迹图可以窥探用户的浏览习惯，并验证界面设计是否符合预期的期望）

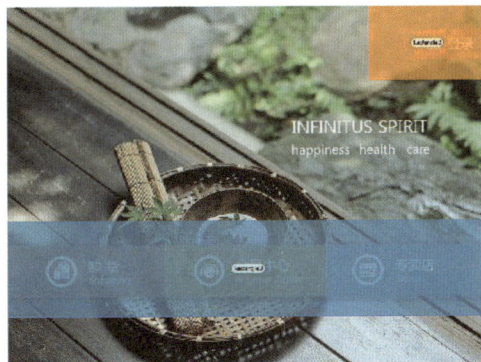

图7-10 兴趣区图
（划分兴趣区并得到兴趣区停留时间和多个受试者注视情况统计）

案例：自动驾驶条件下AR-HUD设计的眼动仪测试

实验流程包含被试信息采集、介绍实验背景和流程、实验前的设备准备、熟悉模拟器操作、正式实验执行以及最后的用户访谈，每个参与者参与一次测试大概花费30~40分钟时间。

1. 信息采集

参与者来到实验场地后首先会被要求填写一些个人基础信息，包含姓名、性别、年龄、驾龄、驾驶频次这类社会人口学因素的问题，以及一些实验相关的背景问题，比如对自动驾驶技术的了解和对车载机器人的了解。

2. 实验介绍

向参与者介绍本次实验的背景、目的和流程。本次实验的背景是在L3级别的自动驾驶下，车辆可以保持恒定速度自动驾驶，驾驶员可以在车内进行看视频等娱乐活动。当系统检测到前方有施工路段需要驾驶员接管时，就会对驾驶员进行接管提示，介绍当前道路情况，接管原因和驾驶员需要进行的操作。AR-HUD上会有几种不同的提示类型和交互方式，通过测量用户的任务响应时间、眼动路径、眼动热点图和主观感受量表，来探索AR-HUD显示的虚拟机器人的交互效果和不同的交互形式的体验差异。当被试完成两个场景下的四个方案后，对其进行访谈。

3. 实验准备

待被试了解清楚实验背景、目的和流程后，研究人员帮助被试人员佩戴眼动仪，来进行眼球活动的追踪，记录眼动数据。研究人员要为被试进行眼动仪视线校准，并检查信号传输无误。经过信号校准确认后，让被试在佩戴眼动仪的情况下练习使用驾驶模拟器，为其调整合适的座椅位置，询问其对于虚拟仿真驾驶环境是否有眩晕等不适感（图7-11）。

图7-11　被试佩戴眼动仪并校准

4. 客观行为数据分析

采集的客观数据主要有视线搜索时间、热点图、路径图、平均瞳孔直径，客观数据结果如下。

（1）视线搜索时间。

根据眼动仪采集到的被试视线开始回到前方的时间点和注意到提示信息的时间点，进行差值计算得到视线搜索时间，各方案的视线搜索时间平均值如下图所示。方案1在两个场景中工作负荷评分的平均值为1.40（SD=0.68），方案2的平均值为1.30（SD=0.58），方案3的平均值为1.31（SD=0.66），方案4的平均值为1.17（SD=0.72）（表7-3）。

表7-3　各设计方案视线搜索时间平均值

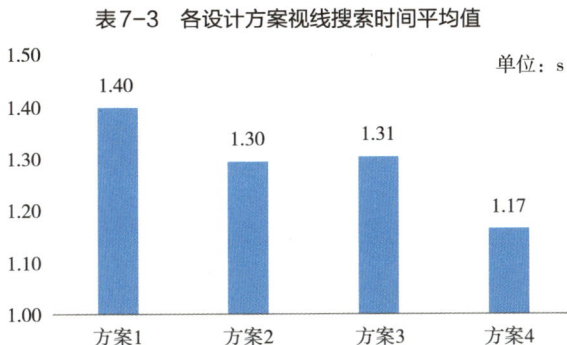

方案1是通过提示符位置指示目标区域位置，方案2和3都是虚拟机器人位置指示目标区域位置，方案4是通过虚拟机器人飞向目标区域的动作来指示目标区域位置。结合统计结果可看出，方案2、3、4的视线搜索时间小于方案1，即通过虚拟机器人来指示目标区域位置能够减少视线搜索时间，其中通过虚拟机器人飞向目标区域的动作来指示目标区域位置能进一步减少视线搜索时间。结合前面自我情绪评定中唤醒度的数据结果，方案4和其他几个方案在唤醒度方面有显著性差异，也就是方案4具有较高的唤醒度，用户能快速被唤醒并做出反应。结合用户访谈可知，方案4虚拟机器人飞往目标区域的动作轨迹能够指引驾驶员视线，以便快速识别并定位到目标区域，明确环境情况。

（2）眼动路径图、热点图。

用Tobii Pro lab软件对采集的眼动画面进行处理分析。截取任务过程中的被试视野变化的视频片段，画出兴趣区，经过匹配后得出视线路径图和热点图。路径图中圆圈大小代表该位置的注视时间长短，圆圈标号代表注视点顺序，能够反映被试的视线跟随情况；热点图中热点区域的颜色深浅代表该区域的注视时间长短，红色到绿色是由深到浅，能够反映被试的注意力分配和对信息的关注度。

前三个方案都是静态展示方式，通过直接出现在目标区域位置来对驾驶员进行区域指示，方案4是通过虚拟机器人飞向目标区域的动作来指示目标区域位置，能够通过动态使驾驶员视线跟随。从图7-12可以看出，静态指示方案中被试的视线从中控屏回到道路前方时，首先会在整个视野寻找信息以了解环境状况，视线路径比较分散。而动态指示方案中，被试的视线是跟随虚拟机器人的飞行轨迹，由下至上直接到达目标点"5"。并且从图7-13可以看出，静态指示方案中被试的注意力分配比较分散，而动态指示方案中被试注意力主要集中在视野前方和障碍物区域。结合访谈可知，被试认为虚拟机器人飞往目标区域的动作在前方道路视野下能很快抓住自己的视线，让自己在视线刚回到驾驶视野对环境状态还比较陌生的情况下能迅速得到指引，提高了效率，缓解了紧张情绪。

图7-12　静态指示路径图（左）、动态指示路径图（右）

图7-13　静态指示热点图（左）、动态指示热点图（右）

（3）平均瞳孔直径。

瞳孔直径与情绪、动机和态度有关，完成任务期间的平均瞳孔直径能够反映被试的心理活动状况，比如情绪状态、紧张程度，心理努力越大，瞳孔扩张越大。根据眼动仪采集到的任务时间段内被试左右眼瞳孔平均直径数据，计算两个场景下各方案的瞳孔直径数据平均值，如表7-4所示。方案1在两个场景中工作负荷评分的平均值为3.81（SD=0.41），方案2的平均值为3.63（SD=0.20），方案3的平均值为3.56（SD=0.32），方案4的平均值为3.54（SD=0.31）。

表7-4　各设计方案平均瞳孔直径平均值

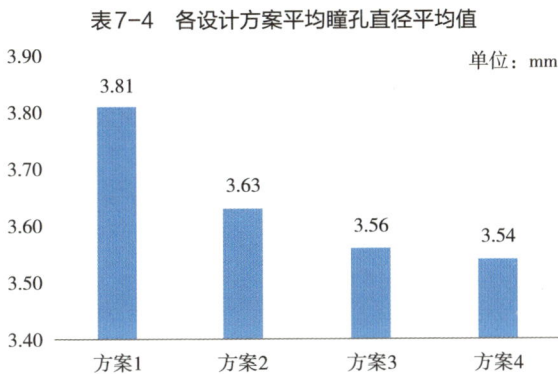

方案1是通过提示符位置指示目标区域位置，方案2和3都是虚拟机器人位置指示目标区域位置，方案4是通过虚拟机器人飞向目标区域的动作来指示目标区域位置。根据统计结果可看出，方案2、3、4的平均瞳孔直径小于方案1，即通过虚拟机器人来指示目标能让被试情绪平和、缓解紧张情绪。并且结合前面的愉悦度的分数显示方案2、3、4的愉悦度高于方案1，故从主观量表和客观数据的角度都能看出通过虚拟机器人来指示目标相比传统的符号提示能够缓解驾驶员在驾驶中的紧张状态，提高愉悦度。

通过记录被试在完成任务的一段时间内左右眼平均瞳孔半径的变化可以看出被试人员在这段时间内的心理状态变化情况。根据眼动数据采集率和任务表现，选取典型被试在任务开始到结束的这段时间，每个时刻的左右眼瞳孔直径，形成如表7-5所示的瞳孔直径变化趋势图。

表7-5　左右眼平均瞳孔直径趋势

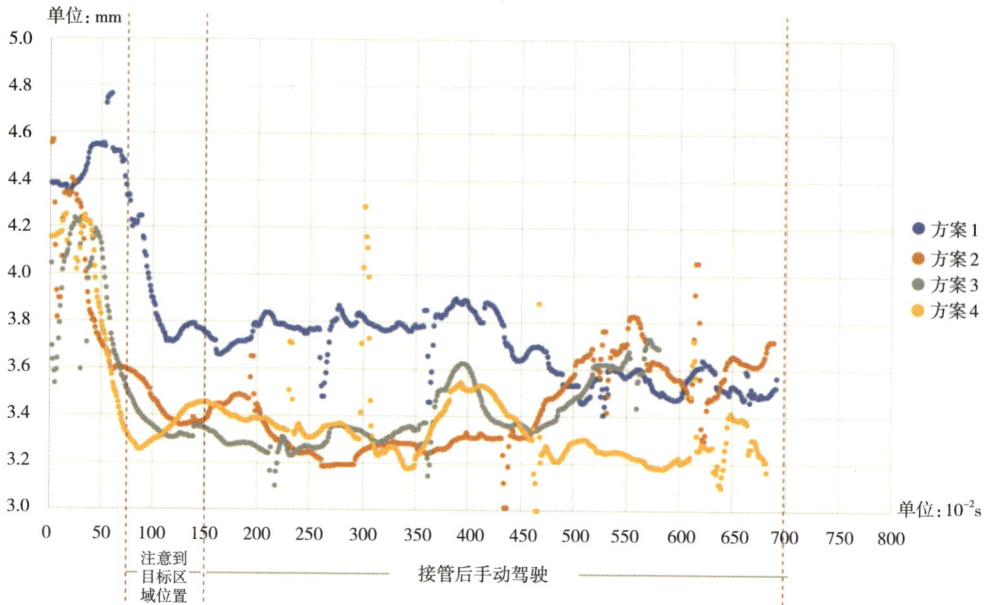

由表7-5可看出，被试接收到接管提示音后0.8~1.5s期间，被试注意到了目标区域位置，瞳孔直径减小。方案4注意的时间最早，方案1和方案2、方案3注意时间较接近。在被试注意到施工区位置到顺利通过施工区的这段时间内，方案1是静态不变的提示符，方案2是静态不变的虚拟机器人形象，方案3和方案4是虚拟机器人会随着和施工区距离的接近而逐渐变大从而展现空间关系变化。根据瞳孔直径变化趋势图可以看出，方案2、3、4的整体平均瞳孔直径较方案1小，如前面平均瞳孔直径数据所示，虚拟机器人相比传统的符号提示能够缓解驾驶员在驾驶中的紧张状态，提高愉悦度。并且方案3和方案4的左右眼平均直径波动范围较小，趋势较为平缓，也就是虚拟机器人大小随着空间距离的变化而变化，能使交互更自然，使被试情绪表现更加平稳。

用户现场测试

第八章

第一节
现场测试概述

现场测试是用户测试的一种，区别于实验室测试。现场测试是由可用性测试人员到用户的实际使用现场进行测试，可以面对面接触用户，能够观察和记录所有的现场情况。虽然实验室测试比较容易控制，但现场测试的好处是更贴近用户的实际使用环境，可以获得用户肢体语言等信息。在保证无干扰的环境和通畅的网络下进行的现场测试可以及时解答用户的问题，用户更能专注于测试本身。有些问题只会在用户的使用环节才会出现，在实验室测试阶段很难发现。最后，不论是测试原型的制作，还是测试环境的搭建，现场测试对工具的要求更低。

然而，现场测试也有局限性，例如对时间和金钱的耗费，并且不容易控制。因此，现场测试只适用于少量、有限制的样本测试。还有一点需要注意的是，现场测试不可能测试全部功能，可以优先测试核心功能。

通常情况下，针对一些公共设备如商场、地铁站、博物馆的自助服务终端等及其交互界面的可用性测试，需要直接在用户现场进行观察与记录，这有助于测试者对用户的真实使用情况做出详细准确的判断。此外，用户使用时的视野范围、可操作范围、交互舒适度等问题也会在现场测试中集中暴露出来，这些问题往往是实验室测试中难以发现的。同样地，随着车联网概念的悄然兴起，车载系统的体验设计也对可用性测试专家提出了挑战，驾驶员与车载对象的交互只是一方面，驾驶场景和任务成为安全性和可用性的重要考虑因素。本章将会分别选取与之相关的案例做进一步的介绍并分析现场测试在公共交互屏幕和车载系统设计中的使用。

现场测试工具需要解决的问题主要是如何记录屏幕以及用户的手势、表情和声音，特别是对于移动空间与移动设备的可用性测试。相比PC可用性测试，移动可用性测试对如何有效观察和记录用户行为操作提出了挑战，一方面，因为移动设备屏幕较小，主持人、记录员和其他观察者都难以直接观察被试者的移动设备屏幕。另一方面，移动互联网时代，用户通过手势与触摸屏之间的交互不同于通过鼠标和键盘与PC端之间的交互。因此测试时不仅要记录界面行为，还要记录用户手势，最好还要同步记录用户表情和语音。

因此，对现场移动可用性测试而言，需要利用工具解决三个问题，即放大移动设备屏幕便于现场观察、记录屏幕和用户手势、记录用户表情和声音。

录制屏幕和记录用户声音比较容易解决，困难的是如何记录用户在移动设备上进行操作的手势。这点对于移动可用性测试来说非常重要，比如用户在屏幕上尝试的滑动手势，或者用户对着一个按钮点了10次但是没有响应。通过记录用户手势信息，这些场景都能够被有效地记录和还原，如表8-1所示。

表8-1　现场测试常用的观察设备对比分析

观察设备	适用系统	功能	优点	缺点
QuickTime	iOS	录屏	操作非常简便，只需要一根数据线	无法观察和记录用户的手势、表情和声音
Mobizen	Android	屏幕镜像	基本无延迟，且可以显示手势	无法记录用户表情和声音
Display Recorder	iOS	记录屏幕和手势	Display Recorder + QuickTime，再配合摄像头、麦克风在PC/Mac上来记录用户的表情和声音	——
SCR	Android	支持开启手机前置摄像头，同步记录用户表情	比较全面地记录用户屏幕、手势、表情和声音的问题，最后输出的视频质量也很高	前置摄像头的画面无法隐藏，用户会很明显意识到自己正在被拍摄
Magitest	iOS	支持对App的测试，把屏幕记录和前置摄像头的画面记录拼到一个视频结果中，这样可以同步看到用户表情和界面上的变化	对比SCR，Magitest是专门为了测试而设计的App，所以它在测试的时候不会显示前置摄像头的画面	Matigest是通过分开记录两段视频后再拼起来，在测试过程中感觉到手机延迟，在测试结束后需要较长的时间拼两段视频及视频生成过程很慢，甚至会出现无法完成的情况

观察设备	适用系统	功能	优点	缺点
AirDroid	Android	Web 版可以实现远程调用手机摄像头	—	目前版本只支持基于 Wifi 的连接，所以镜像同步速度不如 Mobizen
AirDroid + Mobizen	Android	记录前置摄像头和屏幕镜像	在同一 Wifi 下的情况下，前置摄像头几乎没有延迟；用户对于正在被记录这件事情也是完全没有感知的	—
固定摄像机/摄像头记录（如 Document Camera 或 Webcam）		同时捕捉移动设备屏幕和用户的操作手势	全面记录被试者的实际操作，还可以直接与桌面设备上的测试、观察软件整合使用	硬件架设有难度，以及给用户带来的心理压力
雪橇装置，如 MOD1000	iOS / Android	使用户可以连同移动设备一起拿在手中进行测试	被试者可以通过自己的设备进行测试，允许用户调转设备的屏幕方向	雪橇装置有一定重量，用户会感到不习惯、不自然，用户手持一定时间后，容易疲惫，从而将设备放置在桌面上进行测试。其次，画面质量不如实物摄像机
眼动仪		从用户的视角记录交互全过程	第一视角记录用户的所见，更加客观真实，有可能挖掘到更多的操作细节	被试者有时未必会将视线集中在进行操作的位置，因此眼动仪有时记录不到用户的操作手势与过程

　　除了这些移动应用现场测试观察设备的组合方案，自助服务终端的现场可用性测试更多地关注用户在完成不同任务中的点击操作行为，因此选择眼动仪作为观察记录工具。在汽车安全辅助系统 HMI 设计这一项目里，对观察设备的要求更高，要适合安装于车内，还可以同时录像驾驶环境和驾驶员的行为，在本章的第三节介绍案例时将会详细介绍该设备 V-box。

第二节
案例：汽车安全驾驶设计研究

一、项目背景

汽车安全驾驶研究项目为 UXLab 的一个合作研究项目，一共有三个阶段，包括前期调查与场景分析、概念设计与方案论证、安全驾驶服务设计和倒车场景 HUD 设计。第一阶段通过资料收集、产品分析、需求调研、场景分析等过程大量收集了相关资料，并详细分析了影响驾驶安全的因素，结合问卷访谈分析用户需求；第二阶段针对需求产生低保真原型，提炼关键场景，然后进行现场测试以改进原型；第三阶段则是场景进行界面设计。

本章节重点在于讲解用户现场测试方法在实际项目中的运用。

二、场景观察

前期调查与场景分析阶段，项目组安排了 3 次驾驶场景观察，通过对驾驶员的操作以及对环境的处理的观察，以深入了解在实际驾驶场景下通常可能存在的一些安全问题，进一步寻找出具有普遍性的安全驾驶影响因素，便于进行深层次的需求分析。

由于白天的驾驶场景与夜晚的情况相差较大，于是项目组的场景观察安排在白天和夜晚分开进行。

（一）场景观察——白天

1. 第一步：设计场景观察点

针对白天场景，项目组重点观察城市城郊等各种路况的行车安全问题，下面是出发前准备好的观察点列表。

（1）匀速行驶情况下，大型车、公交车对驾驶员心理、行为的影响，特别是驾驶员对车距的把握，会不会导致车道偏离。

（2）不同路况下的变道操作，车辆少时有没有频繁变道，什么情况下会变道，变道时方向灯操作。

（3）不同路况下的超车行为（频率等），超车时对车距的判断，后视镜盲区的影响。

（4）红绿灯十字路口或直角转弯时，对周围车辆行人距离感的判断。

（5）倒车入位时，后视镜的观察，车距的把握，盲区的影响——地下停车场，灯光暗，柱子比较多，停在两车之间。

（6）地下车库停车时，后视镜有没有白斑效应？若有，对驾驶员的影响如何。

2. 第二步：事先规划好行车路线

根据对周边道路的调查，选择一条满足所有观察点的路线，即先后历经各种路况，具体的安排如表8-2所示。

表8-2 计划安排表

场景观察：白天	
时间	11月10日下午3点半
行车路线	校门口——安亭——工业园区——嘉定
被观察人员	陶女士
观察人员	A：观察驾驶环境 B：观察驾驶员操作行为和表情 C：拍照、录音、做记录
目的	白天，城市、城郊等各种路况行车安全问题

3. 第三步：进行观察

如图8-1所示，可以观察到驾驶员的对与前方车辆的车距控制。通过访谈得知该驾驶员车距判断主要凭感觉，对于小型车，原则是车头看不到前车的牌照即可，大概1.2m（注：驾驶员身高不同而使得车距的把握不同，有较强的个人的主观性）。

图8-1　现场观察场景（白天）

4. 第四步：记录观察

首先要记录好被观察人员的基本信息，特别是性别和驾龄，因为性别和驾龄是安全驾驶的重要影响因素。最重要的是，汇总观察结果并进行驾驶分析，如表8-3所示。

表8-3　驾驶员基本信息表

驾驶员基本信息表

性别	女
年龄	27岁
驾龄	约8年
职业	行政人员
车型	福特福克斯

最后的驾驶分析结果如表8-4所示。

表8-4　驾驶分析结果（白天场景）

1	会一下子变两个道，从辅道行驶到正道的中间道
2	想变道超车的情况多是因为前车行驶速度太慢造成
3	当前车突然变道，不打转向灯的时候，变道超车会遇到困难，此时驾驶员会按喇叭示意，实在不行会放弃超车
4	车况较好，车辆较少的时候，驾驶员会频繁变道超车，且行驶速度较快

5	驾驶员变道原因：前方车速较慢为了超车、需要转弯变到相应的道、红绿灯比较多需变到相应的道上。有时候变道不会打转向灯，有的是因为忘了，有的是因为看了后面的路况，觉得没有必要打转向灯
6	红绿灯变道的时候，驾驶员会提前变道，一般不会突然变道。具体的什么时候变道没有明确的标准，往往是靠感觉
7	当车辆靠右行驶时，驾驶员会频繁注意道路的右边，主要是注意辅道或路边的行人、自行车和摩托车等
8	遇到陌生的道路的时候，驾驶员会使用手机导航，在开车前先看好路线，在开车过程中，只听声音，不看手机，手机会放在操作杆后的空位
9	该驾驶员车距判断主要凭感觉，对于小型车，原则是车头看不到前车的牌照即可，大概1.2m，但每个人的身高不一样，所以还是看个人
10	在行驶过程中，有一个路口，因为没有看到地上的路标，而在红路灯前突然变道
11	对于大型车辆，驾驶员不会惧怕，但会保持一定距离，其中土方车是最想避免的，第一，土方车经常会抖出泥土之类的，第二，其行驶过后会扬起沙，影响视线
12	在匀速驾驶的时候，驾驶员习惯一手握方向盘，另一手握操作杆，原因是自己习惯开手动车
13	驾驶员的倒车技术比较熟练，在侧倒、正进、反进的时候速度都比较快，一方面是因为驾驶员驾驶技术比较娴熟，另一方面是因为停车的时候空间比较大，邻近没有车辆
14	驾驶员对上方的路标不会特别在意，因为对路线比较熟

白天驾驶的主要安全影响因素可以总结成图8-2。

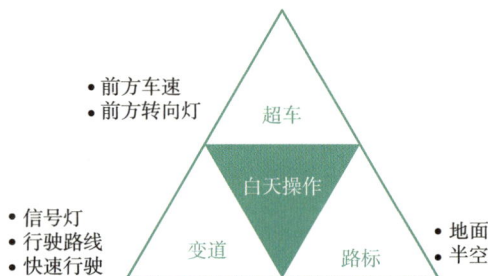

图8-2 白天驾驶的主要安全影响因素

（二）场景观察——夜晚

夜晚的观察与白天的流程一样，主要区别在于观察的重点不同，目的不同。夜晚观察的目的是高速、下班高峰期的夜间行车安全问题，观察点列表如下：

（1）高速行车的速度、超车行为，有没有其他一些开车的行为习惯。

（2）下班高峰期、低速行车时、油门刹车的操作、前后车距的把握。

（3）有没有及时看见各种道路标志、标牌。

另外，还可以在观察之后进行事情景式访谈，问题如下：

（1）高速行车过程中，有没有注意力分散的情况发生？是什么原因导致你分心？

（2）傍晚弱光环境下，有出现白斑效应吗？即后视镜晕眩，干扰正常驾驶的情况。

（3）红绿灯前，或是下班高峰期低速行车时，对车距和行人的把握有没有感到困难？

（4）在什么情况下，你会忘记或是看不到路标？

（5）根据实际情况提问。

夜晚场景的驾驶分析结果如表8-5所示：

表8-5　驾驶分析结果（夜晚场景）

1	因为上海非机动车较多，整个行驶过程中需要经常查看右视镜，来看是否有非机动车行驶过来
2	拐弯或变道时，因习惯提前看后视镜确认是否有车辆在后方，所以会忘记打转向灯
3	在车速较低时会主动看后视镜来观察周围环境
4	爬坡时打开远光灯来判断路线
5	夜间，为了看清路面白线来判断道路走向会开远光灯
6	超车时，判断与后车的相对速度
7	通过两个后视镜的亮度来判断左右侧是否是车辆
8	前方车辆较为平稳地行驶时会习惯跟车，这样会比较轻松

9	晚上更容易急刹，因为相较白天，不能准确判断前车速度
10	遇车辆缓行时，男性会挂空挡刹车踩得比较轻，女性比较不愿意换挡，会一直踩刹车
11	晚上更倾向于跟车，这样更轻松，但也容易发生追尾事故
12	高速路上转到另一条路上时，打转向灯提醒后车不要跟车，以免后车走错路
13	自发光的广告或警示牌光强度过大，给驾驶员带来很大干扰
14	有些车，例如拖车，车后方会安装强度很大的灯来防止后方车辆跟车太紧，但若行驶路线相同，前方会一直有强光照射，干扰很大
15	车内外温度或湿度相差较大，挡风玻璃会突然起雾，视线突然消失，十分危险，只能通过驾驶员或副驾驶手动清除，或马上开窗，但不能马上做出反应

总的来说，夜晚驾驶的安全问题主要涉及 5 个方面，总结如图 8-3 所示。

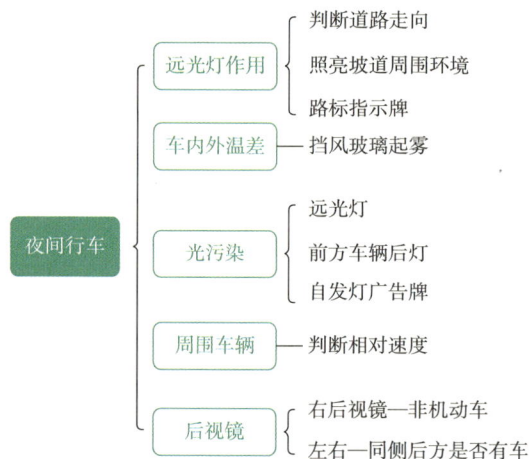

图 8-3　夜晚驾驶的安全问题

三、焦点小组

基于前一节内容提到的场景观察结果，项目组进行了焦点小组，展开讨论所有可能发生安全事故的场景，深入探讨各个安全事故场景发生的原因，并对所有原因进行分类和归纳（图8-4）。

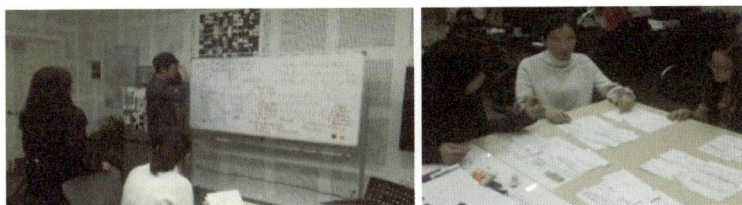

图8-4　焦点小组

经过焦点小组讨论分析，项目组总结了6大类因素，A类道路状况，如窄路、弯道等；B类为机动车，如周围机动车的车速、车距的判断；C类为行人、非机动车较密集的情况；D类路标，包括路面标志、限速标志、红绿灯、广告牌等；E类是一些特殊的自然环境，如夜间、雨天、雾霾等恶劣天气下行车状态；F类则特指驾驶车辆本身的问题，例如新手女性驾驶员开别人的车时，由于无法准确掌握该车的油门力度，可能会发生安全问题。

焦点小组结果汇总如表8-6所示。

表8-6　安全驾驶影响因素以及对应的驾驶场景

A类：道路状况，如窄路、弯道等——路况

A1	路况好，从辅道变到主道时一下子变两个车道
A2	人车较多的窄路行驶，不断踩刹车
A3	前车行驶速度较慢时，频繁变道超车
A4	转弯，确定无车尾随后，不打转向灯
A5	拥挤的窄路，后视镜的盲区
A6	窄道，车距判断不准，发生刮擦

B类：机动车，如周围机动车的车速、车距的判断等——车况1

B1	刹车时与前车最小距离是车头看不到前面的车牌
B2	两车反向变道时不能发现彼此的意向，需临时避让
B3	A车欲冲过绿灯，前车突然刹车导致A车紧急刹车
B4	出入口处，邻道车突然急变道
B5	后视镜没看到后车时变道不打方向灯
B6	前后车辆行驶很慢，尤其是在路口会和前车贴得很紧

B类：机动车，如周围机动车的车速、车距的判断等——车况1	
B7	大型车超速而过，车内乘客莫名尖叫，引起驾驶员的紧张和心慌
B8	夜间，要变道时通过看两边后视镜是否有反光来判断车在左还是右
B9	路口拐弯处有摆摊或其他障碍物，转弯需小心
B10	无法准确想出最有效的停车入位路线
B11	加速变道超车时，前车也突然同向变道且不打方向灯
C类：行人、非机动车较密集的情况——车况2	
C1	观察3个后视镜来确定后方非机动车走向
C2	转弯路口突然出现高速行驶的摩托车，车主立刻急刹车
C3	在无斑马线或红绿灯的路况下，行人和障碍物容易导致紧急刹车
C4	岔路口突然行驶过来的行人或摩托车，特别是导航覆盖不全的乡村岔路口
D类：路面标志、限速标志、红绿灯、广告牌等——路标	
D1	特殊路况下行驶（校内），驾驶员更易于受环境影响而变得更谨慎或放松
D2	无监控路段容易频繁发生小型违规事件
D3	无法判断是否超过停车线（新手）
D4	找不到或误判停车位导致多余倒车操作让人烦躁
D5	前方过亮的发光体带来干扰
D6	本可以直行的路面标志由于箭头被磨掉而被误解不能直行
E类：夜间、雨天、雾霾等恶劣天气——自然环境	
E1	夜间行车，不能准确判断前后车速，不敢超车
E2	夜晚高速行车，打开大灯看清路面白线
E3	前方土方车经过，尘土漫飞，视线受到影响
E4	夜间行车，前方车辆行驶稳定，为减少判断周围环境的动作会选择跟车
E5	车内外温差较大，使挡风玻璃起雾，夜间视线被完全遮挡，无法立即反应
E6	夜间行车、上坡，需要打开远光灯照明
E7	下雨天对比度低，反应较慢
E8	夜间灯光较差，不能准确判断车速，更容易刹车
F类：驾驶车辆本身的问题——车身信息	
F1	开不熟悉的车，无法准确掌握油门力度

四、关键场景描述

经过大量的资料分析、调研和场景观察，以及多次的头脑风暴和焦点小组讨论，我们根据典型的驾驶体验把驾驶场景划分为5个关键场景，即红绿灯路口、变道超车、路边小道、低速行驶和停车，并进行详细的关键场景描述，抽象出具体的安全驾驶问题。

（一）场景概述

李红驾车去幼儿园接5岁的儿子放学。

（二）角色信息

角色信息如表8-7所示：

表8-7　角色信息

姓名	李红
性别	女
年龄	32岁
驾龄	3年
性格	有点急性子，胆子比较大，比较自信

（三）关键场景

1. 路边小道

李红沿着直行的道路一直前行着，这时前方右侧的某个小道中突然出现一辆电动车，在前方划出一个大弧度之后，靠右边向前直行。虽然过程只有几秒，但是李红还是被突然冲出来的电动车吓到了，紧急打了方向盘和减速，幸好没有发生什么事故。该路口较隐蔽，路边有两栋房子挡住了李红的视线，所以李红没有看到。镇定之后，李红继续前行，向儿子的幼儿园开去——路边小道的视线受阻。

2. 变道超车

李红沿着一条大道行驶着，正前方的车正以一个很低的速度行驶着，跟了一段时间后，李红觉得它应该会一直这样低速行驶下去，也没有打转向灯，于是李红决定变道超车。李红看了看自己车后方没有车辆，于是她没有打转向灯直接变道至左边的车道了。但是，此时前方的车辆也突然开始向左变道，李红立即按喇叭，并打转向灯，也更向左侧偏转了，前方车辆注意到后，又回到了原来的车道。这次也是发生在几秒之间，但李红还是受到了惊吓——变道的时候前方车辆也突然变道。

3. 红绿灯路口

受到惊吓后，李红继续前行，由于还没有从刚刚的紧急情况中摆脱出来，所以没有注意到前方的红灯，于是在临近十字路口的时候，采取了急刹车的操作——开小差导致没有注意到红绿灯。

4. 拥挤道路状况下低速行驶

这之后，李红继续前行，但是在快到达幼儿园的时候，她遇上了堵车，而且周围行人和非机动车比较多，难以前进。李红看到右边的车道有些空隙可以变道插入，心急的她立即打方向灯欲变道，但又突然紧急刹车，因为通过后视镜她看到后方一辆摩托车快速逼近——在拥挤道路上，注意力过于集中在前方而忽视了后方车况，特别是非机动车。

5. 停车

在快到幼儿园门口的时候，已经有很多来接孩子的家长了，停车场的车太多，李红最后好不容易找到了一个两车之间的空位，她小心地将车正倒入车位中，倒车过程中她时不时地开窗探头并利用后视镜观察与左右车的距离，以及确定与后墙的距离，在这个过程中，汽车的停车警报系统一直响个不停——停车位不好找，倒车时驾驶员盲区以及对车距和障碍物距离的判断。

五、现场测试

该项目中针对安全驾驶问题进行的概念设计基于抬头显示器（HUD）与增强现实技术结合，而且对仪表盘进行再设计和利用，这也是一个挑战。在进行界面设计时，过于复杂或者是令人费解的交互反而可能会吸引驾驶员的注意力，让路上行驶的驾驶员处于更危险的境地。为了避免这些问题，项目组的汽车HMI设计在驾驶过程中更多地考虑语音交互，手动操作则是在开车前的系统设置，而其他需要触屏的情况也要保证手离开方向盘的时间尽可能地短。另外，从一个屏幕到下一个屏幕的显示布局要一致。保持布局的一致，这样驾驶员才能保持不同情境下的一致的方向感和关联；模式和情境的转换要简单并且易于理解；提供声音反馈等。

由于汽车HMI设计的复杂性，其信息的呈现和提示等交互方式都需要结合具体的车内车外环境进行充分的考虑，项目组进行了现场测试以验证概念原型的可用性。

1. 测试目的

验证问题的重要性和需求的普遍性以及原型设计的信息呈现内容、位置、提醒方式等，为进一步改进原型提供依据。

2. 测试对象

由于技术上的限制，无法在驾驶的同时进行概念测试。于是，项目组先是安排被测者在规定的路线上行驶，体验之前提到的5个关键场景，然后观看概念设计动态测试原型并进行访谈。图8-5为动态原型截图。

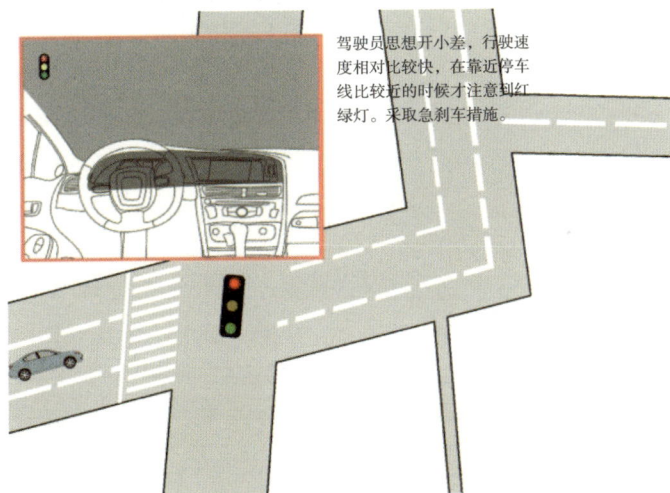

驾驶员思想开小差，行驶速度相对比较快，在靠近停车线比较近的时候才注意到红绿灯。采取急刹车措施。

图8-5 动态原型截图

3. 设备

Vbox，图8-6为Vbox的摆放位置。

图8-6　Vbox在实车上的摆放位置

Vbox由4个摄像头、1个GPS和控制盒组成。测试前，先用手提电脑安装对应的**Vbox**软件对摄像头进行校准，并准备好一个足够大容量的内存卡插入控制盒，用于视频存储。接下来，便是暗转**Vbox**，GPS贴在车顶，用于检测地理位置；一号摄像头贴于车后玻璃，检测车辆后方路况；二号摄像头贴于中央控制台前方玻璃，检测车辆前方路况；三号摄像头贴于车左侧车窗玻璃，监测驾驶员行为；四号摄像头贴于车前玻璃，监测驾驶员表情。驾驶过程，通过控制盒的开关控制摄像头录像的启动。

4. 场景测试过程

图8-7中的被测人员2009年拿到驾照，但不是经常开，特别是倒车的经验很少，只有一次，所以不敢倒车，经常开自动挡的车，不怎么开手动挡。

图8-7　录制视频截图

由于现场测试成本比较大，项目组此次只测试了3个目标用户（新手驾驶员），表8-8是针对各个关键场景的测试结果汇总。

表8-8　关键场景的测试结果

路边小道	挡风玻璃：红点代表非机动车或机动车闪动提醒
	仪表盘：显示周围车况的缩略图
	语音提醒：红点停止闪烁时，语音提醒驾驶员
红绿灯路口	挡风玻璃：显示虚拟红绿灯，并显示相应的秒数
	仪表盘：显示周围车况的缩略图

红绿灯路口	语音提醒："前方停车线，请刹车！"
变道超车	挡风玻璃：显示后车的车速和车距
	仪表盘：显示周围车况的缩略图
	语音提醒：前车或后车车距预警可以语音提醒
安全车距监测	车距预警提醒信息不要变化明显
	语音预警车距，不要在现实影像中叠加
拥挤道路后方 路况监测	直接告诉能不能超车比较好
	主要的问题应该是与周围车车距的问题
	主要看要变的道前后车距离够不够大
停车	可以找停车位会更好
	主要是不好判断车头右侧与右侧的距离
	会对车轮的方向感到疑惑
	最重要的是停车路线，其次是实际的后倒车影像

接着，根据测试结果，项目组对原型进行改进，并绘制了界面流程图。如图8-8所示，原型由两部分组成，包括HUD的设计和仪表盘的再设计。

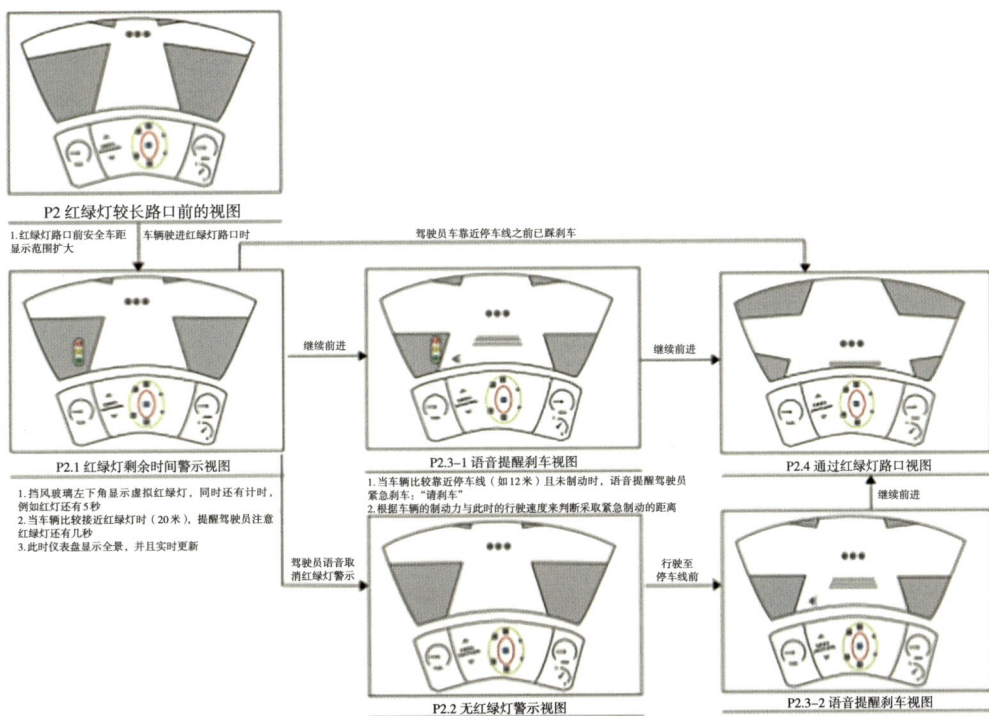

P2 红绿灯较长路口前的视图

1.红绿灯路口前安全车距显示范围扩大

车辆驶进红绿灯路口时

驾驶员车靠近停车线之前已踩刹车

继续前进

继续前进

P2.1 红绿灯剩余时间警示视图

1.挡风玻璃左下角显示虚拟红绿灯，同时还有计时，例如红灯还有5秒
2.当车辆比较接近红绿灯时（20米），提醒驾驶员注意红绿灯还有几秒
3.此时仪表盘显示全景，并且实时更新

P2.3-1 语音提醒刹车视图

1.当车辆比较靠近停车线（如12米）且未制动时，语音提醒驾驶员紧急刹车："请刹车"
2.根据车辆的制动力与此时的行驶速度来判断采取紧急制动的距离

P2.4 通过红绿灯路口视图

驾驶员语音取消红绿灯警示

行驶至停车线前

继续前进

P2.2 无红绿灯警示视图

P2.3-2 语音提醒刹车视图

图8-8 红绿灯路口—安全驾驶HMI概念原型设计

第三节
案例：整车物理集成驾驶行为客户评价现场测试

一、实验设计

1. 项目背景

整车物理集成客户主观评价体系的研究与开发，经过实验设计，获取整车物理集成客户主观评价体系。

2. 项目目的

本研究针对整车物理集成方面内容，研究客户对整车的主观感受及核心关注内容，主要集中在整车视野部分，设计试驾任务及试驾路线，通过试驾获取用户在实际驾车过程中影响视野的因素及其重要性。

针对客户的核心关注内容，深入研究它们对用户购车决策的影响力、权重，以及能够有效提升消费者用户体验水平的设计方式。

3. 实验说明

针对测试目的，并使测试结果具有统计学上的意义，本实验招募51名志愿者完成实车试验。每名志愿者参加包括sedan和SUV两种车型并且完全完成方案中所需求的所有试验。参与测试的志愿者具体条件如下。

志愿者必须满足的分布包括但不限于：

（1）购车经历：首次购买（占比30%），二次购车（占比70%）。

（2）年龄：20～55岁。

（3）性别：男，女。

除此之外，志愿者必须有3名以上身高在95%人群范围以外。

志愿者按年龄、性别、身高等因素进行分类，每一类人群都不得超过50%。

●测试

针对整车物理集成客户评价体系的研究分析，在测试的第一阶段即7~8月。进行本阶段的实验被试共21人，首次购车被试15人，二次购车被试6人，21人分别进行了眼动测试。选取测试车辆主要是英朗、途观、凯美瑞，主测车辆为英朗，在此阶段的内外饰分析针对英朗进行。

4. 实验工具与方法

（1）实验工具

为获取用户对整车物理集成比较客观评价，在设计实验的过程中，采用Tobii Glasses2眼动仪捕捉用户在自然的状态下进行眼动测试（图8-9）。

图8-9　Tobii Glasses 2 眼动仪

Tobii采用创新研发的新技术和设计理念，提供了无可比拟的实验效率和追踪质量，在全球数百所顶级科研实验室广泛使用，包括心理学、人机交互、神经生理学、工业设计、眼科学等诸多应用领域。也使其适用于购物者研究、体育运动研究、可用性测试、培训与评估及其他多个商业和科研领域。

（2）工具使用方法

①眼动安装。

第一，将存储卡及电池装入Tobii电池块，链接电池与Tobii眼镜；

第二，启动surface，确保surface中安装Tobii跟踪软件；

第三，打开Tobii电源，同时打开surface中蓝牙链接Wi-Fi，确保surface与Tobii已连接；

第四，打开软件，进行相关设置，开始使用。

②眼动仪定标（图8-10）。

图8-10 眼动仪定标

③眼动仪测试（图8-11）。

图8-11 眼动仪测试

④眼动仪测试结束。

将测试结果导入Tobii分析软件，进行眼动数据匹配，并根据实验的实际需求，选择需要导出数据的眼动指标，本研究目的主要是获取用户在模拟实际购车过程中，对车的五部分的主要指标的关注度，结合心理学及眼动仪理论，主要采用眼动时长与次数作为我们的指标（图8-12）。

访问总时长
访问总次数

图8-12 测试结果导入分析

二、实验结果分析

1. 车外饰数据分析结果：外饰二级指标眼动时长占比结果

外饰的五部分根据眼动数据得出21名被试的平均关注时长占比可以发现，对于细节较多的车头，侧身，以及后备箱关注时长占比较多，占21%；对于前舱和车尾关注时长较少。但是其中几大部分差异并不是十分显著，具体各部分通过眼动仪得到的关注时长如表8-9所示。

表8-9　车外饰部分关注时长

车头	前舱	车尾	后备箱	侧身
19.86914786	18.41617533	17.15933367	19.97383252	19.70527386

根据访谈结果来看，对于这五大部分，普遍的被试都表明这五大部分代表了车的基本的外饰特点，都比较重要，难以取舍，只是对于车头、侧身和车尾来说，车头和侧身代表了车的外形中很重要的一部分，车尾占比就显得略少些。

车头兴趣区由左右两个车灯和格栅以及雨刮器组成，通过被试观看车头25s，得出对各兴趣区的眼动注时时长，格栅占比57%，其次是较为重视车灯，左右两个车灯占比32%（图8-13）。

车尾兴趣区由左右车尾灯、高位刹车灯、排气管和天线组成，被试观看车尾25s，被试的平均观察各兴趣区的眼动注时时长表明，他们把注意力的94%都放在车尾灯上，而高位刹车灯以及排气管和天线观察的人较少（图8-14）。

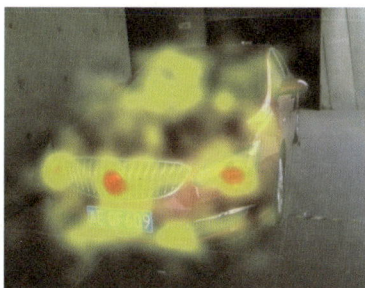

图8-13　车头热点图

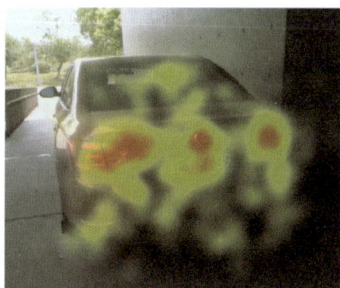

图8-14　车尾热点图

结合访谈结果分析，对于车尾部分来说，被试主要注意车尾的造型，与车头相似，但是车尾主要兴趣区较少，因此被试注意区域主要为左右车灯；高位刹车以及天线和排气管在静止状态其实并不明显，因此被试关注点较少。

2. 主观打分数据分析：车内外饰外观及感知

21位被试在进行眼动测试之后，对车内外饰的外观及感知进行了打分，外饰、内饰、车前舱、后备箱打分结果如表8-10所示。

表8-10　车内外饰部分主观打分统计结果

统计量		外饰	内饰	车前舱	后备箱
N	有效	21	21	21	21
	缺失	0	0	0	0
均值		4.52	4.76	2.90	3.95
中值		5.00	5.00	3.00	4.00
众数		5	5	3	4
标准差		0.512	0.700	0.889	0.805
极小值		4	2	1	2
极大值		5	5	4	5

被试者均对此部分进行了打分，无缺失值。由表8-10可以看出车内外饰部分均值较高，说明在所有参与打分的被试在对车内外饰外观及感知部分比较在意的是内饰、外饰、后备箱、车前舱，这与访谈问题中对四个部分排序的结果吻合。车内外饰外观三级指标总统计结果如表8-11。

表8-11　车内外饰部分主观打分统计结果

统计量		车头灯	格栅	AIP	门把手	门框窗	轮罩	尾灯	天线	前门打开后钣金	后门打开后钣金	前门打开后侧围钣金	后门打开后侧围钣金	门窗和车门之间部位	高位刹车灯
N	有效	21	21	21	21	20	21	21	21	21	21	21	21	21	21
	缺失	0	0	0	0	1	0	0	0	0	0	0	0	0	0
均值		4.24	4.10	3.29	3.90	3.80	3.43	4.29	3.48	3.62	3.52	3.43	3.52	3.43	3.86
中值		4.00	4.00	3.00	4.00	4.00	4.00	5.00	4.00	4.00	4.00	4.00	4.00	3.00	4.00

统计量	车头灯	格栅	AIP	门把手	门框窗	轮罩	尾灯	天线	前门打开后钣金	后门打开后钣金	前门打开后侧围钣金	后门打开后侧围钣金	门窗和车门之间部位	高位刹车灯
众数	4[a]	4	4	4	4	4	5	4	4	4	4	4	3[a]	4
标准差	0.831	0.831	0.902	0.831	0.894	1.207	0.902	1.078	1.244	0.981	1.028	0.928	1.076	0.910
极小值	2	2	2	2	2	1	2	2	1	2	2	2	2	2
极大值	5	5	5	5	5	5	5	5	5	5	5	5	5	5

实验数据显示，对车内外饰部分三级指标的在意程度由强到弱的排序是：尾灯、车头灯、格栅、门把手、高位刹车灯、门窗框、前门打开后钣金、后门打开后钣金、后门打开后侧围钣金、天线、轮罩、前门打开后侧围钣金、门窗和车门之间部位、AIP。

第九章

智能座舱HMI的驾驶模拟评测系统与评测方法

智能网联汽车是汽车和信息、通信等产业跨界融合的重要载体和典型应用，是全球创新热点和未来产业发展的高峰。随着汽车技术发展，车内人机交互界面（HMI）也在不断地发展，尤其在近几年，车内HMI越来越受到用户以及汽车厂商的重视。HMI设计需要经历不断的测试和改进，进行实车测试和评估时，才能准确地考虑人与汽车、人与界面的人机关系。同时，被测试者会有最真实的反应，测试也是最有效的。然而实车测试的时间周期会比较长，耗费较大的人力、物力和其他资源，重要的是，会有一定的安全风险。所以越来越多的设计者提出了在驾驶模拟器上进行前期的车内HMI测试，以便快速检测汽车HMI设计中的可用性相关问题。因此，智能汽车驾驶模拟器对于科学实验与产业研究具有重要意义，不仅能保障被试者的安全，还能通过实验获得与实车实验相近的实验数据。

汽车驾驶模拟器一般是根据典型汽车的功能需求把汽车零部件与车载仪表盘等屏幕组合在一起，运用虚拟驾驶仿真技术，通过模拟和显示汽车的基本功能，为驾驶员提供真实的操作环境。科研型驾驶模拟器不仅能保证在极限行驶工况下为驾驶员提供一个安全的实验环境，还能更便捷准确地采集到实验所需的数据。大型驾驶模拟器实验成本高，而小型驾驶模拟器功能具备不完全，因此，进行汽车人机界面设计的研究，去搭建中小型科研型驾驶模拟器来进行研究具有很好的可行性。同时，虚拟现实等技术的成熟，也极大地推动了驾驶模拟器的研究工作，促进了可用性评估方法的完善。但在一个完整的可用性测试过程中，涉及的不仅仅是模拟器的搭建开发与被测驾驶人员的研究，还包括其他人与人（如辅助驾驶人员与记录人员等）、人与机之间的相互关系。

驾驶模拟器评测就是在模拟器台架中进行车载HMI系统评测，在这个实验环境中，包括物理实验平台的搭建，系统软件的设计、选取与应用，考虑相关人员的相应位置关系，人与机器的交互关系等，一般使用平板等触控设备运行车载HMI系统程序或者原型设计。需要注意的是，实验环境与动态驾驶模拟器评测环境一致，如果有必要，可以通过仿真模拟静止停车的道路场景或者动态驾驶的道路场景，以便营造模拟驾驶舱中的操作环境和情境，然后进行任务操作，去发掘在完成任务过程中会出现的问题。

智能座舱HMI的驾驶模拟评测系统，为同济大学汽车交互设计实验室研发搭建的基于Unity开发的虚拟智能汽车驾驶环境，为驾驶情景中的驾驶员行为、心理活动和智能汽车中的HMI行为研究提供一个平台，围绕安全驾驶的前提，模拟真实场景中的驾驶环境，让设计师、工程师能够花费更少的时间，在虚拟驾驶过程中对汽车HMI进行快速验证设计、优化和完善设计，提升智能驾驶座舱的用户体验。目前该系统已在包括车厂、互联网等企业中建立起实际应用，围绕智能座舱HMI设计、驾驶员行为研究、多屏交互等课题，帮助企业建立基于驾驶模拟座舱应用的车载HMI评测体系。

第一节
驾驶模拟器描述

一、硬件环境

1. 环境分区

驾驶模拟器整体环境包括三个区域：主驾驶台架区、辅驾驶台架区和数据监控区（图9-1）。

主驾驶台架区搭载主驾驶系统、后视镜系统、各类多模态系统以及可替换的HMI系统，为被试进行驾驶场景下的测试提供实验环境；

辅驾驶台架区放置一至多台小型模拟器台架，分别搭载辅驾驶系统，测试人员可以通过辅驾驶系统在同个场景中配合被试驾驶的主驾驶车辆完成驾驶任务；

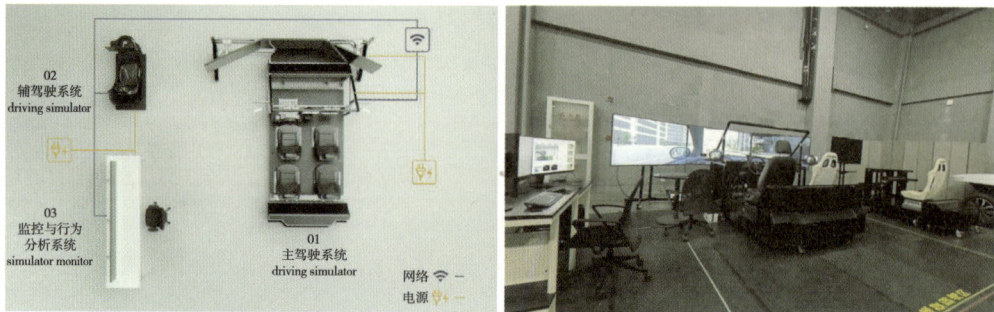

图9-1　驾驶模拟器整体环境

数据监控区搭载监控与行为分析系统，提供实验全程的视频及数据的实时展示和采集。

2. 主驾驶台架区

（1）台架结构。

主驾位台架分为6个部分，分别为环屏显示器、车头、挡风玻璃支架、汽车前排、汽车后排以及车尾，6个部分均可根据实验及场地需要自由移动组合（图9-2）。

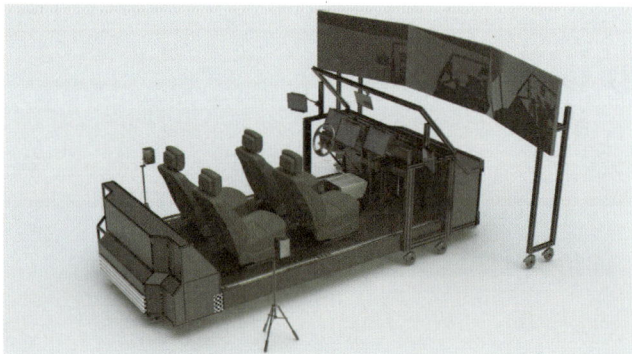

图9-2　主驾位台架

（2）台架中的人机工效学设计。

实验台架的搭建考虑了人体手部操作与视觉范围的不同舒适级别，合理布置设备、机械结构、硬件的位置。台架整体俯视图中展示了硬件设备的接入与摆放位置以及台架设计中人因的相关因素（图9-3）。包括人与智能座舱信息交互屏幕（蓝色线框）、台架自身硬件结构与座椅（黑色线框）、驾驶员视野阅读的便利级别（绿色半透明区域）以及驾驶员右手操作范围的便利范围级别。

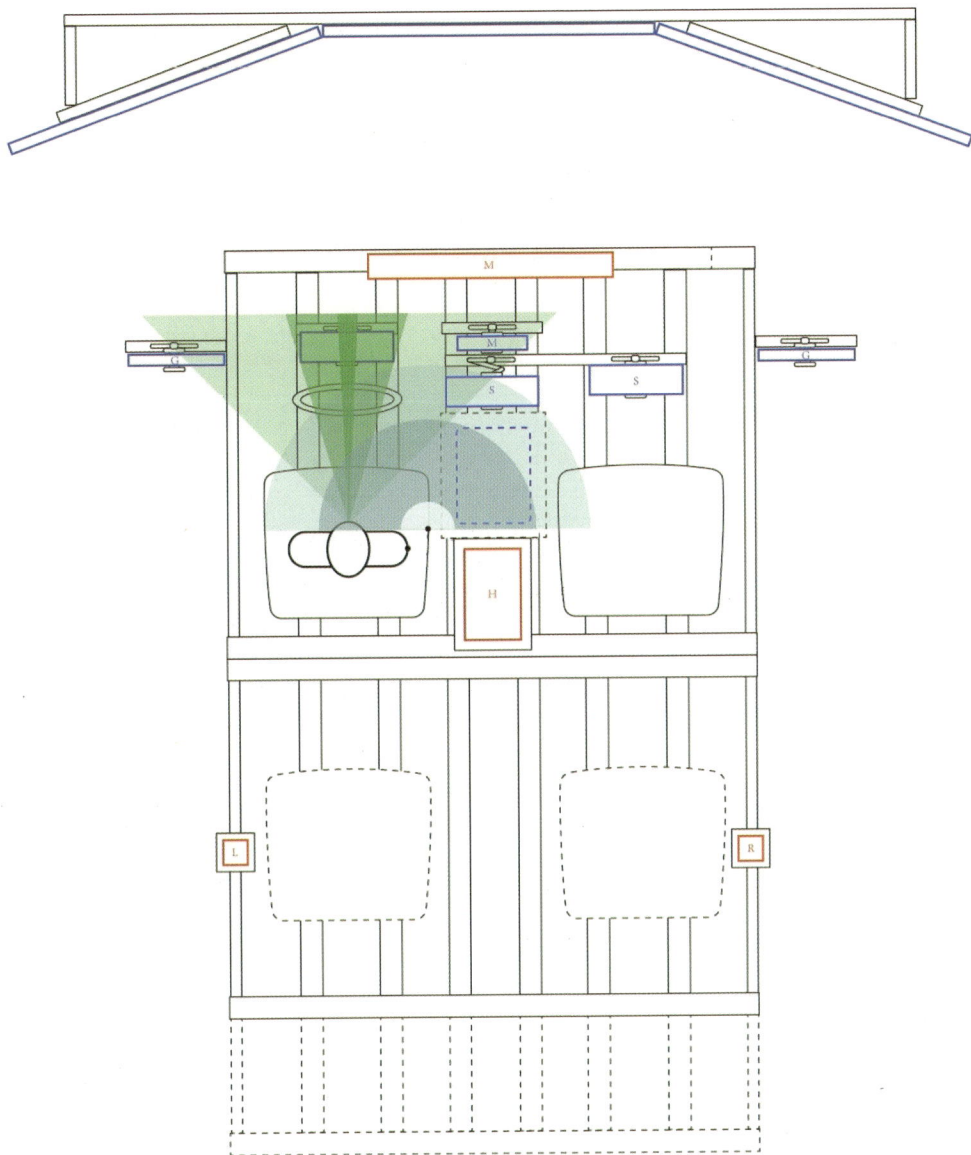

图9-3 台架整体俯视图

（3）方向盘脚踏设备。

模拟器使用Fanatec系列ClubSport Steering Wheel RS+Podium Wheel Base DD2+ClubSport Pedals V3方向盘脚踏设备，通过与真车方向盘完全相同的尺寸、皮革、阻尼以及力回馈来提供接近真实的驾驶体验（图9-4）。

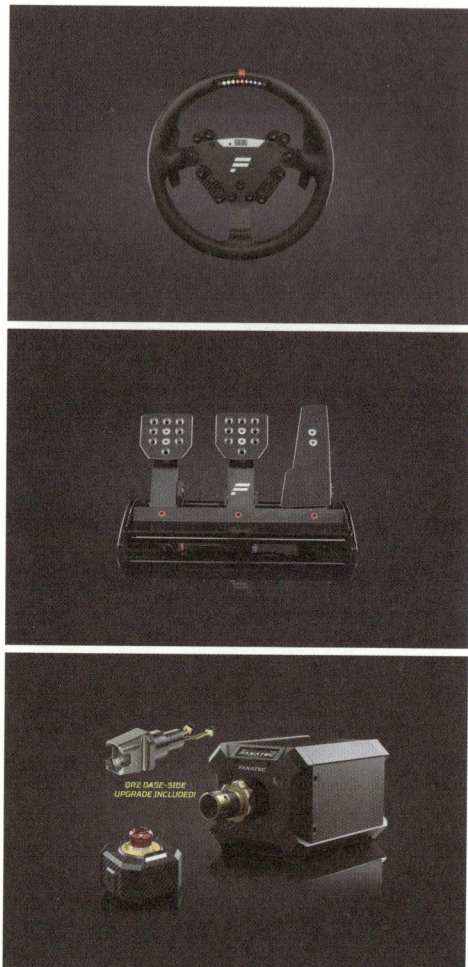

图9-4　方向盘脚踏设备

方向盘提供转动度数、力回馈、转动阻尼等10项可配置参数，可根据不同车型及驾驶习惯配置。

（4）HMI设备。

主驾驶台架搭载三台小型显示器以及若干平板电脑，分别作为后视镜及各类车载HMI屏幕。HMI屏由可调节的支架固定，可根据测试需求调整与被试相对位置，HMI系统以及HMI屏设备本身均可替换。如图9-5所示，在车载机器人相关研究中，将一个3D打印的车载机器人作为HMI设备，固定在台架上进行测试。

（5）多模态。

模拟器提供四个通道的多模态输入，包括方控、语音、手势、

图9-5　HMI设备测试

眼控等。其中方向盘控制接入主驾系统，语音控制和手势控制接入
中控系统，眼控接入副驾娱乐屏（图9-6）。

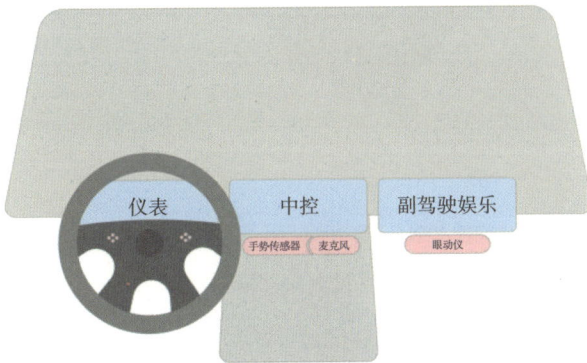

图9-6　多模态输入

　　语音控制使用Unity原生语音识别功能，识别关键词并与场景
对应，并将识别出的指令通过接口发送到服务器；手势控制使用
Leap Motion，获取用户手势指令；眼控使用Tobii Eye Tracker获取
用户眼控指令（图9-7）。

图9-7　获取用户指令

3. 辅驾驶台架区

辅驾驶系统可以与主驾驶系统协同驾驶，协助被试完成跟车、超车等特定场景驾驶任务，所以辅驾驶台架采用了独立可移动的台架设计，屏幕固定在支架前方，占据空间小且方便调整位置（图9-8）。

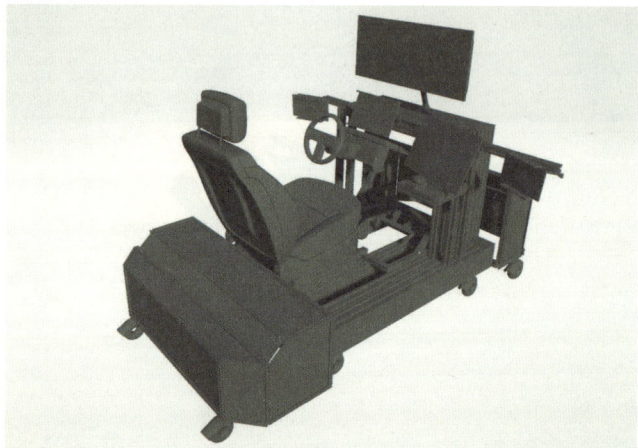

图9-8　辅驾驶台架

4. 监控及数据采集区

监控及数据采集区可以对实验过程中的车辆状态、驾驶状态、场景视频和标签埋点等数据进行采集和可视化展示（图9-9）。

图9-9　监控及数据采集

二、软件系统

1. 模拟器系统架构

模拟器系统由主驾驶系统、HMI系统、多模态交互系统、辅驾驶系统、监控与行为分析系统、可视化平台、服务器，以及场景编辑器八大模块构成，为各类车载HMI测试提供测试支持。以下着重介绍主驾驶系统、监控与行为分析系统、数据可视化平台及场景编辑器（表9-1、图9-10）。

表9-1　模拟器系统

系统名称	系统简介
主驾驶系统	提供场景仿真与模拟驾驶，营造车载HMI系统测试的动态仿真驾驶环境
HMI系统	用于对基于车载HMI的设计进行验证和评测，系统软件设备均可灵活替换
多模态交互系统	针对手势、语音及眼控的三种多模态控制通道打通
辅驾驶系统	与主驾驶系统运行于同一场景，协助被试完成某些特殊场景下的驾驶任务
监控与行为分析系统	设计实验，查看任务状态并记录数据
可视化平台	web端数据可视化浏览
服务器	提供模拟器系统间的数据传输
场景编辑	针对不同测试需求，提供不同光照、天气、路形、交通参与物的测试场景

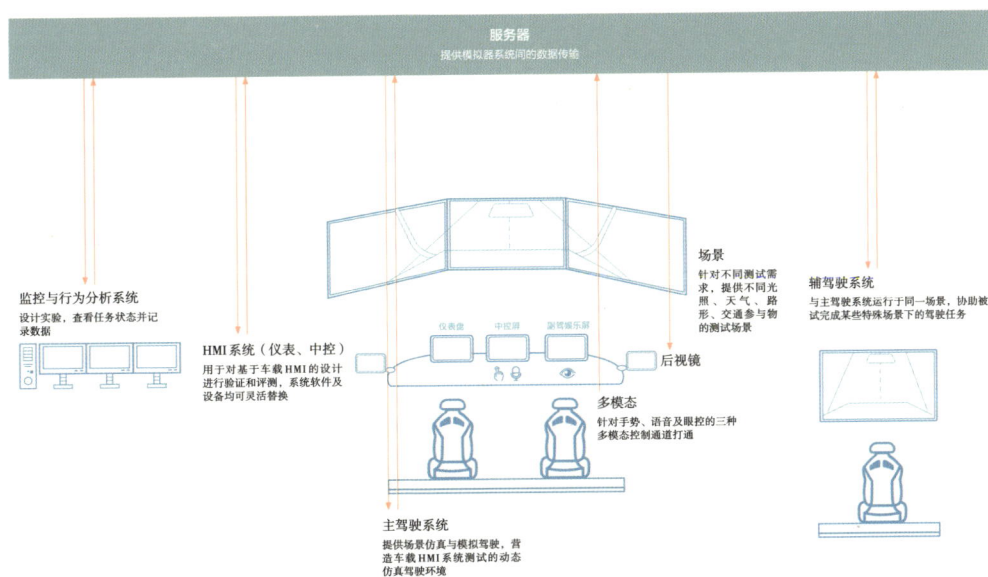

图9-10　模拟器系统架构

2. 主驾驶系统

主驾驶系统为车载HMI的测试提供了实验环境，可以模拟、更换驾驶场景，提供实验过程中的驾驶数据、车辆状态数据、场景交互数据以及事件埋点数据。

实验过程中可随时接入辅驾驶系统，使测试人员与被试在同一场景中驾驶，辅助被试完成实验任务。

通过连接驾驶模拟器的服务器，HMI系统可以接入到模拟器系统中，通过各类接口获取或控制驾驶状态及场景事件，实现与测试任务的耦合。

ADAS功能如下。

主驾驶系统提供基础ADAS能力，例如ACC、FCW、RCW、BSD、LDW等。

在驾驶过程中，被试拨动方向盘上的右拨杆，或者由测试人员按下方向盘的上方向键，可以开启ACC（自适应巡航控制）系统，从而使主驾驶车辆按照预先设定好的速度，沿当前车道行驶。行驶过程中，可以在HMI端控制ACC的开启关闭以及自动巡航速度。

主驾驶系统通过Unity的射线检测功能，模拟激光雷达的工作原理，对主驾车辆100m范围内的周边场景环境进行实时探测（范围可调），将范围内的全部交通参与物的各类信息参数上报，从而可以在HMI系统实现周边环境感知以及各类ADAS预警。

● 周围环境探测接口 Around：

```
[
  {
    name: "car(1)",
    type: "car",
    position: {"X":-93,"Y":156,"Z":588},
    rotation: {"X":349,"Y":338.322,"Z":356.1},
    distence: "47.4",
    speed: "34.6",
  },
```

```
        {

            name: "TurnLeftSign",

            type: "sign",

            position: {"X":-93,"Y":156,"Z":588},

            rotation: {"X":349,"Y":338.322,"Z":356.1},

            distence: "47.4",

            speed: "0",

        },

]
```

● 车道偏离预警接口 LDWStatus:

```
{

        leftLineDistence: 1.2,

        rightLineDistence: 1.5,

        middleLineDistence：0.3，

        alarmType: left/right/middle,

        alarmLevel: 3

}
```

● 前方碰撞预警接口 FCWStatus：

```
{

        objectType:car,

        distance: 2,

        TTC: 2.6,

        alarmLevel: 3

}
```

3. 监控与行为分析系统

监控与行为分析系统（以下简称"监控系统"）是一套可以对驾驶模拟器中各类系统运行时产生的数据进行收集和分析的系统。监控系统包含三个模块，分别为基本设置、测试监控和测试分析（图9-11）。

在基本设置页可以查看驾驶模拟系统及HMI系统的登录状态，

图9-11　监控系统界面

并对实验中的任务、方案、被试进行设计；

实验开始后，可以在测试监控页选择当前测试的任务、方案、被试，并对主驾驶员各类视角、主驾周边环境、驾驶员状态、HMI设备状态以及车辆数据进行实时监控和记录，同时支持手动添加标签记录事件；

测试分析页可以对实验过程中录制的驾驶数据、标签埋点数据以及视频数据进行可视化展示，帮助测试人员整理和分析实验数据。

4. 数据可视化平台

数据可视化平台可以在数据库保存将监控系统收集到的数据，并对其进行统计、切分、对比、可视化等操作，对数据进行更直观的展示和更系统的分析（图9-12）。

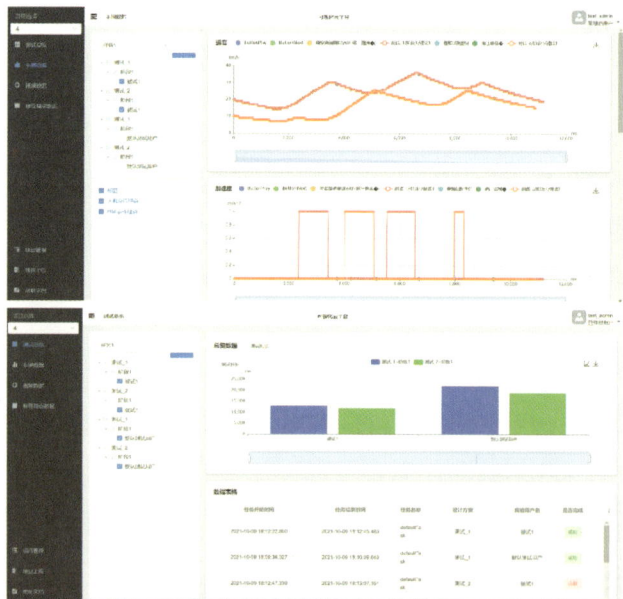

图9-12　数据可视化平台

5. 场景编辑

（1）场景库。

依据测试与场景的关系，我们将场景按照城市、高速、乡村三大类进行场景搭建，结合车道、路口、匝道、交通参与物等变化，搭建了满足大部分模拟驾驶测试需求的基础地图场景库（表9-2）。

表9-2　基础地图场景库

场景1：十字路口	1. 直行20×30+十字路口+直行20×30（总长度可双倍）	城市双向6车道，直道+十字路口+直道三段路拼接	直道	路段1：直行道路600m	直行道路路拼接，路边树、绿化带，路灯；路边一居民区（楼宇/座）；其他建筑类型：商业楼，1/2路段指路牌
			十字路口	路段2：十字路口。直道600m后，拼接十字路口	十字路口处，设置纵横向信号灯；纵向路口设置道路指示牌；绿化、树木、路灯参照直道
			直道	路段3：直道。十字路口后，拼接直道	路边树、绿化带、路灯，路边一居民区（楼宇/座），其他建筑类型：商业楼，1/4处设置限速牌

在基础地图场景库的基础上，可以添加光照、天气、行人、环境车辆等变量，从而组合出符合具体测试需要的场景（图9-13）。

城市·白天·雪天　　　　　　城市·白天·雨天

城市·白天·多云　　　　　　高速·白天·晴天

城市·白天·环岛　　　　　城市·十字路口·红绿灯

图9-13

城市·白天·AI人车　　　　　城市·夜晚·晴天

图9-13　组合场景

（2）场景编辑。

在场景编辑器中，可以对道路及驾驶环境、交通参与物以及场景事件三个维度的内容进行配置（图9-14）。

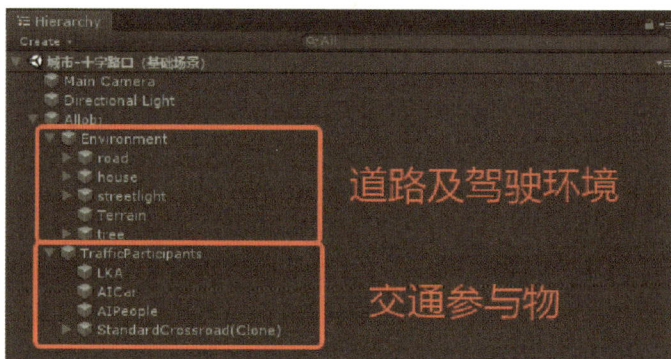

图9-14　场景编辑器

道路及驾驶环境部分的配置包括道路拼接及环境丰富、主/辅驾驶系统初始位置选择、天气设置、光照设置等；交通参与物包括环境人车设置、车道线铺设、红绿灯设置等；场景事件包括物体激活/关闭管理、红绿灯状态管理、埋点信息设置等（图9-15）。

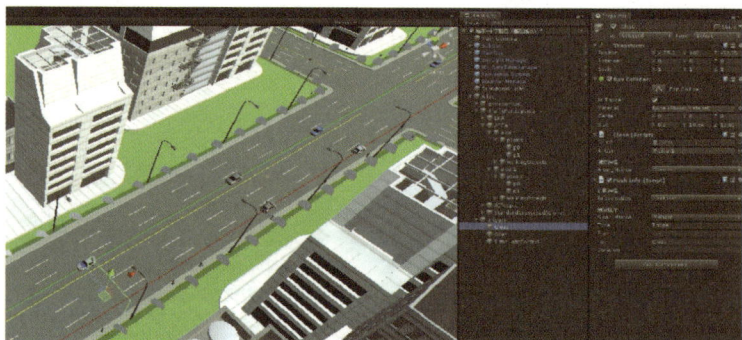

图9-15　道路及驾驶环境部分设置

基于驾驶模拟器的评测体系

一、评测任务构建

评测任务包括需要评测的车载任务和对应的驾驶任务。任务的选取和主次任务的搭配需要考虑一定的因素，要通过调研和预实验等方式不断调整，良好的实验评测任务设计能有效评测出系统重要的可用性问题，改善这一类问题能较好地提升用户体验。

（一）车载任务设置因素

受限于时间，评测人员肯定不能对界面、功能甚至是两者都进行完整的任务测试。通常情况是，只测试有代表性的那部分产品功能。车载任务的确定通常需要考虑用户需求、功能定位等因素。

1. 设置车载任务时首要考虑的是用户实际需求

通常选取使用频率高或者重要的功能，这类功能是用户需求最大的功能，这些功能可用性的好坏会直接影响用户对整个车载HMI的评价，因此这类功能任务具有动态模拟器评测价值，这是车载评测任务选取的重要依据。可以采用前期的用户访谈法、问卷法以及桌面原型评测去确定功能。

2. 在设置车载任务时要明确系统功能的定位

在设计车载HMI时，设计团队会对车载HMI的各个功能有个大致定位，在评测时优先选取核心功能和创新功能去评测。核心功能是指在该模块中主要的功能模块，通常是用户最常使用的重要的功能，比如收听收音机的时候调整频道。创新功能是以往车型或者竞品车型里少见的功能，或者是采用了和以往交互方式或界面设计变化重大的常见功能。

3. 专家评测调整车载任务

在进行用户动态驾驶模拟器评测之前，会先进行专家原型评测或者专家动态模拟器评测，通过专家评测可以调整车载任务的设置。一种情况是车载HMI存在明显可用性问题，专家认为车载HMI某些功能设计在认知模型上与用户不匹配，如果直接进行大量用户动态模拟器评测，则可能花费大量人力物力，因此需要通过迭代优化后再进行原型评测，当优化方案在原型评测条件下达到一定可用性要求后，再进行动态模拟器评测，可以最高效地达到评测优化的目标。另外，专家会对车载任务的细节进行一定调整，如果任务设置得过难或者过易，都会进行调整。

创建车载任务时，要注意以下几点：

① 提供符合现实生活的场景。

② 按照顺序安排任务场景。

③ 任务场景应跟被测试者的实际经验相吻合。

④ 避免给予被测试者暗示性的话语。

⑤ 每个场景中应该安排足够多的任务量。

（二）驾驶任务设计因素

驾驶任务的选取与车载任务的难度负荷和实际使用的场景密切相关。驾驶任务的难度体现在车流量大小、道路复杂程度、道路熟悉程度、具体工况复杂程度等。

驾驶任务的选取要考虑工作量与操作水平的关系。驾驶任务负荷过高与负荷过低都会影响评测的效果。图9-16为工作量与操作水平之间的关系曲线，纵坐标是操作水平，横坐标为工作量，被分为甲、乙、丙3个区。甲区的总体工作量很低，储备能力多，操作特性好，即使车载任务的工作量增加，驾驶操作特性也不会降低，因为驾驶员的能力资源足以弥补工作量的增加。工作负载的增加，对主要测试操作特性影响也不大。甲区的驾驶任务难度过低，驾驶场景和驾驶任务要求过于简单，但实际使用时并不常有简单的驾驶场景，即使驾驶员在该条件下完成较好，也难以说明驾驶员在真实状态使用该车载功能时是在操作水平内的。然而即使在这个区中，仍然要考虑如何减少工作量，这是为了给突发事件预留更多的能力储备，以满足紧急情况的需要。

乙区处于过载临界区，增加工作量会直接影响操作水平衰退。在这个区中，主观测试、生理测试或者车载次要任务工作量测试比主要任务测试更为敏感，因此也更适合去识别潜在过载的目标。从效果上看，假如采用主要任务与次要任务的并行操作，就把工作量从甲区移到乙区。在这个区工作量增加，并超过了驾驶员弥补的能力，因此主要驾驶任务操作特性衰退，工作量与操作特性之间就变成一种单调的对应关系。如果再增加负载，就会引起操作特性的全面失败。评价乙区的工作量，可以通过主要任务的测试，它能够测试出已有信息的处理是否过载。也可以把主观测试、生理测试、次要任务测试用于这个区域。然而，只有当主要任务评价不敏感，无法指示工作量微小差别时，才会采用这些测试。

丙区的工作量特别高，操作特性特别差。在这个区域内很难区分不同工作量的水平。如果驾驶任务难度过大，驾驶场景较为复杂，驾驶要求过高，用户在驾驶任务期间驾驶速度不稳定、横向控制发生明显偏移，甚至发生驾驶危险，则难以说明是由于驾驶难度本身过高影响驾驶情况，还是车载HMI任务导致驾驶出现问题，因此难以衡量车载HMI设计的情况。

在设置驾驶场景时，还应该考虑用户可能会在哪些驾驶场景下使用车载HMI，从实际场景出发去做评测。一方面，考虑实际使用的场景能让用户更容易理解任务要求，在评测时更容易与真实的经验感受联系在一起，得到真实准确的数据；另一方面，通过评测得到的数据分析进行设计优化，能改善车载任务与驾驶任务之间的配合，有效提高实际场景下使用该功能的用户体验。

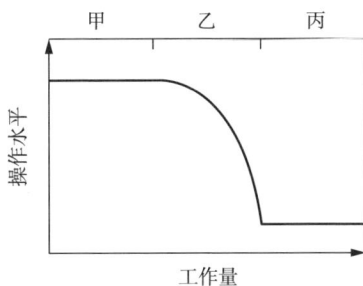

图9-16　工作量与操作水平之间的关系曲线

二、评测维度与指标

（一）评测维度

维度层是评测体系的最高层次，该层次与动态模拟器评测的目标紧密相连，要求其能够全面反映车载HMI的用户体验内容和水平。维度根据需要进行评测的内容来设置。

在车载HMI评测中，可用性评测能反映出车载HMI的可用性问题，ISO 9241中人机交互的可用性定义为有效性、效率和满意度，改善可用性问题可以提升用户使用车载HMI的有效性、效率和满意度。工作负荷是人机交互研究的重要方向，能反映出人在执行任务中的心理压力或信息处理能力的情况，在车载HMI的研究中，也常常将工作负荷作为一个评估维度。此外，随着汽车智能化，人车交互变得越来越复杂，态势感知被引入车载HMI的问题上，个人态势感知可以衡量个人对当前外部状况的动态意识，团队态势感知可以衡量人在团队合作中的动态意识。评测维度与前文认知理论研究中的各个维度进行结合，包括可用性、工作负荷、态势感知等。

表9-3为不同认知理论维度的角度以及涉及的评测方法：

表9-3　认知理论维度和角度

评测维度	评测角度	评测方法
可用性	有效性（effectiveness）、效率（efficiency）和满意度（satisfaction）	实验法、问卷法、观察法
工作负荷	注意力、视觉需求、听觉需求、触觉需求、时间需求、干扰、情境压力	实验法、问卷法
态势感知	团队态势感知	实验法、问卷法

（二）评测指标

指标是指第二个层次，由各种可以直接测量的测评指标构成。而且这些不同的指标与上一层中某个测评维度相对应。

数据分为行为数据、车辆数据、眼动数据、问卷量表、访谈数据，具体如表9-4所示。

表9-4　测评指标构成

数据类型	具体指标
行为数据	任务完成率、任务完成时间、反应时间、任务完成路径、动作行为等
车辆数据	速度、加速度、车道偏移等
眼动数据	扫视次数、扫视时间、眼动轨迹、视线热点等
量表数据	用户满意度、系统可用性、工作负荷、情境意识（SAGAT）等
访谈数据	访谈问卷

1. 量表数据指标

在动态高保真模拟器评测中，量表需要根据实验目的进行选择，通常需要将主观数据与客观数据进行结合分析。可参见前文 UX 相关理论基础中的提到的量表，表9-5是所列举的理论维度常用的主观量表：

表9-5　量表数据指标

类型	名称	考察维度	计分方式	总项目数
可用性	SUS	可用性、易学性	5点	10
	QUIS	满意度	10点	27
	SUMI	效率、情感反应、可控性等	3点	50
	PSSUQ	有效性、界面质量、信息质量、满意度等	7点	19
	ASQ	满意度	7点	3
	UME	"好"与"差"	自定义	1
	USE	有用性、满意度、易用性	7点	30
工作负荷	NASA-TLX	精神需求、体力负担、时间压力、任务绩效、努力程度、挫败感	10点	6
	DALI	注意力、视觉需求、听觉需求、触觉需求、干扰、情境压力、时间需求	10点	7
情境意识	SAGAT	情境意识	0或1点	自定义
	SART	情境意识	7点	10
	沟通量表	流畅性、准确性、压力、努力	10点	4

2. 行为数据指标

行为数据包括定量的绩效指标和定性的行为记录，下面列举常用的行为数据指标，可以根据动态模拟器评测目的和构建的评测体系去选择合适的行为数据指标。

（1）针对任务完成有效性的指标。

① 任务完成率：任务完成率测量的是用户能在多大程度上有效地完成一系列既定的任务。任务完成率一般包括两类数据，一类是指某个用户正确完成所有操作任务。另一类是指所有用户中正确完成某个任务操作的比例。

② 出错次数：是指用户在完成过程中会出现与设计师预定操作序列或方式不一致的情况。

③ 特定操作错误比率：该指标主要反映测试过程中出现某种错误类别的用户数占所有用户数的百分比。一般来说，出现某种错误的用户比率越高，说明此错误越典型，其界面设计或交互设计上存在问题的可能性就越大，越需要引起重视。

（2）针对任务完成效率的指标。

① 任务完成时间：任务完成总时间是指用户完成某个任务操作的总时间，这个时间通常也包括在操作过程中用户出现错误操作但及时改正的时间。一般来说，任务完成总时间越长，表明实际操作绩效越差。

② 反应时间：任务触发条件开始到用户作出操作任务的行为反应，在动态模拟器评测中，行为反应需要根据情况进行判定，通常是指从任务触发条件到被试视线离开前方道路。

③ 任务完成效率：由于人的操作存在速度和准确性权衡问题，所以有时候需要结合任务完成情况和任务完成时间，来综合反应任务完成的情况。此时，一个较为通常的做法是采用任务完成率与每个任务平均用时的比值来表明单位时间内完成任务的情况。

④ 特定行动模式的时间：在某任务上特定功能花费的时间，每个行动的时间、行动之间平均停顿时间等。

⑤ 操作次数：用户在完成任务过程中点击或滑动等操作次数，另外可以单独统计不同类型的操作次数，操作的次数越多，负荷就

越大。

⑥ 最短路径数：用户在完成任务时最短操作路径。

⑦ 有效路径率：最短路径数与用户实际操作路径的比值，能反映用户对任务完成路径的理解。

3. 车辆数据指标

车辆数据包括主驾车辆本身的驾驶数据，还包括驾驶场景中其他的参数，需要根据实验目的去采集和分析，时间段的截取根据任务目的确定，一般取这个完成任务期间或者任务期间特定阶段。下面列举常用的车辆数据指标。

（1）水平控制。

① 水平偏移平均值：一般选取距离左车道线的水平偏移量计算水平偏移平均值，该指标反映在一段时间内车辆整体距离左车道线的平均情况。

② 水平偏移标准差：一般选取距离左车道线的水平偏移量计算水平偏移标准差，该指标反映车辆水平位置的稳定性，与方向盘控制和车速控制均有一定的关系。

③ 偏离车道时间占比：指车辆偏离本车道的时间占任务时间的比例，若评测要求被测保持本车道行驶，该指标能反映出用户驾驶水平控制的危险程度。

④ 方向盘转角平均值：一段时间内用户控制方向盘转角幅度的平均值。

⑤ 方向盘转角标准差：一段时间内用户控制方向盘转角幅度的标准差，该指标能反映用户控制方向盘的稳定性。

（2）垂直控制。

① 速度的平均值：在一段时间内车速的平均值，如果任务要求被试保持指定车速，该指标能看出车速平均情况。速度的标准差：在一段时间内车速的标准差，该指标能反映车速的稳定性。

② 加速度的平均值：在一段时间内加速度的平均值，该指标能反映在一段时间内速度变化的整体趋势。

③ 加速度的标准差：在一段时间内加速度的标准差，该指标能反映在一段时间内速度变化的稳定性。

④ 超速/低速时间占比：驾驶速度超出或者低于规定车速的时间占总时间的比例，该指标能反映速度控制的危险程度。

4. 眼动数据指标

可以通过眼动数据额外信息以更深层次地理解用户的行为，在动态高保真模拟器评测中，常用的眼动数据指标如下。

① 扫视次数：通常指视线离开前方扫视其他区域的次数，如中控屏、空调屏等，该指标能反映驾驶员负荷程度、注意力变化。

② 分心次数：分心是指驾驶员视线前方离开前方到下一次视线回到前方的次数大于2时的次数，该指标能反映驾驶危险，侧面反映出车载HMI信息的有效性等。

③ 分心比例：分心次数占总离开前方次数的比例，该指标越高，说明分心程度越严重，驾驶越有可能发生危险。

④ 注视兴趣区时间：指一段时间内注视兴趣区域的时间总和，一般来说会选取前方视野、中控屏等为兴趣区，该指标可以反映出用户在这段时间内注意不同区域的时间情况，更长的注视表明感兴趣或者困惑。

⑤ 首次注视兴趣区时间：指用户第一次注视到兴趣区的时间，如果不是马上注视，可能视觉上不够明显。

⑥ 首次注视到真正点击时间：指用户首次注视到链接标签到真正点击的时间，如果这个时间较长，说明链接标签不清晰、链接不明显或页面上有其他干扰项。

⑦ 注视点数量：在特定时间在特定区域注视点的总数量。

⑧ 路径图：该指标反映了眼动注视的轨迹。

⑨ 热点图：该指标反映了眼动注视的热区情况。

三、评测方法

方法层是该体系的第三个层次，是指针对各个指标，通过什么评测手段获取数据。

（一）实验法

1. 概述

（1）定义。

实验法是研究者有目的地控制条件或者变量，探讨各种变量与研究对象外显行为之间的关系的一种研究方法。在动态高保真模拟器评测中，采用实验法可以探究车载HMI设计变量与用户体验各指标的关系，从而提炼出车载HMI设计原则，改善设计。

（2）特点。

实验法具有以下几个特点：

① 实验条件严格受到控制，可以排除干扰或无关因素对实验结果的影响，确定变量和行为之间的因果关系和变化规律。

② 可以根据研究目的设置特定的实验情境或条件。

③ 可以对研究结果进行反复观测、验证。

④ 可以方便地运用统计方法对研究结果进行量化分析和推断。

2. 实验设计

（1）实验变量。

实验法应用中通常有自变量、因变量和无关变量三种。

① 自变量：指的是实验研究中被实验者操纵的、能引起因变量发生变化的因素或条件。自变量可以是连续和非连续的变量。在具体动态高保真模拟器评测实验中，研究者需要根据研究问题和研究目的选择合适的自变量。

② 因变量：指的是实验中被试随自变量变化而产生的某种特定反应。因变量的种类繁多且比较复杂，主要分为客观指标和主观指标两大类，其中客观指标包括行为数据、车辆数据、眼动数据等，主观指标包括主观量表等。

③ 无关变量：指的是实验中存在的额外变量。无关变量与自变量对因变量都有一定作用，但是无关变量对因变量的作用可能会影响到自变量对因变量的作用，导致实验结果出现误差。无关变量的控制方法主要有排除法、恒定法、匹配法、随机化法和统计控制法等，不同的方法用于不同的情形。

（2）被试实验处理分类。

① 被试内设计：每个或每组被试接受各种自变量处理的实验设计，又称重复测量设计。在这种实验设计下，同一被试既为实验组提供数据，又为控制组提供数据。这种实验方法只需要较少被试，节约实验成本，同时有效控制被试间的差异。但是，这种实验方法会延长实验时间，被试容易产生疲劳，或者产生练习效应。在实际操作中，需要采用一些平衡技术来克服练习效应，如实验顺序的 ABBA 平衡抵消法和拉丁方平衡设计。

② 被试间设计：每个或每组被试只接受一种自变量处理，不同的自变量处理由不同的被试或被试组接受的实验设计。被试间设计有效减少被试实验疲劳，也可以避免实验处理之间彼此影响而产生的练习效应或者干扰。但是被试间设计需要较多的被试，而且被试间的个体差异可能会影响实验结果，因此实验中才采用匹配法和随机化法来减少被试的个体差异。被试间设计适用于被试选择余地大，且实验处理与被试会产生交互作用的实验。

③ 混合设计：介于被试内设计和被试间设计，混合设计需要两个或两个以上的自变量，不同的自变量有着不同的设计，一部分自变量用被试间处理，另一部分则用被试内处理。混合设计在一定程度上保留了被试内设计或被试间设计的实验误差。但是混合设计的实验设计难度较大，需要判断哪些自变量适合采用被试内设计、哪些自变量采用被试间设计。

（3）实验自变量个数分类。

① 单因素设计：指的是只有一个自变量的实验设计，单因素设计中的自变量可以有两个水平，也可以有多个水平。单因素的优点是设计简单、操作方便，但是不能考察多种因素对人的心理及其行为的影响。

② 多因素设计：指的是有两个或者两个以上自变量的实验设计。在多因素设计中，每个自变量都可以包含多个水平。多因素设计不仅可以得到每个自变量的实验效应，还可以计算不同自变量之间是否存在交互作用。和单因素设计相比，多因素设计有助于研究者了解变量之间存在的复杂关系。

（二）问卷法

1. 概述

（1）定义。

问卷法也称为问卷调查法，是一种通过问卷收集数据的研究方法。在用户研究中，问卷法大多用来了解用户对各种产品（或系统）的主观评价和偏好，也用来获得用户年龄、身高、教育程度等此类的基本数据。

（2）特点。

问卷法相比其他研究方法有以下三个特点：

① 效率高：该方法可以在短时间内获得大量的数据信息，而且不用投入太多的资金和人力。

② 数据便于统计分析：问题的表达、提问的顺序、问答的方法都经过严格的设计规划，得到的数据可以方便地进行统计分析。

③ 数据的可靠性易受被测状态影响：问卷施测时，被测对测试的态度和对问卷中各种问题的理解都会影响到问卷数据的可靠性。

（3）分类。

问卷法中所涉及的量表可按照"实验阶段"和"问题类型"分为两大类。

1）按实验阶段划分

① 测试实验前：实验前被测所填写的问卷一般用于基本信息采集，所涉及的问题也均为被测基础状态的问题。如用于评估资格的自我筛选调查表、人口统计学调查表、模拟器疾病问卷（SSQ）以及心情情绪问卷（PANAS）等。

② 测试实验中：实验中被测填写的问卷一般与实验目的关系密切，为整个实验中主要结果产出的问卷，所以此部分涉及的问题往往与实验内容密切相关。如用于调查被测满意度的ASQ问卷、用于测试系统可用性的系统可用性量表SUS等。

③ 测试实验后：实验后被测填写的问卷往往是以整个实验过程为对象，产出更为宏观的用户结果。如用于对整个实验评测进行总结的测试总结报告等。

2）按问题类型划分

① 定类量：用数字代码作为标号代替类别名称，它也被称为名称量。一般有两种定类量：一种是"标记"，数字仅用来作为编号，不做数量分析（例如身份证号码、公路编号）；另一种是"类别"，用数字代表物体类别号码（例如职业编号）。

② 定序量：按照某种判断标准，将选项进行顺序排列，这样得到的是排列等级或比较顺序。在这种比较顺序中，可以比较重要程度，"大于"或"小于"，"好于"或"差于"，"高于"或"低于"。一般采用李克特量表标定顺序。

③ 定距量：由一系列连续的、同单位的、按顺序排列的选项所组成，且每两个邻近选项之间的距离都是相等的。在等距量表中，加减运算反映数目的大小差距。这些数值不仅显示大小的顺序，而且数值之间具有相等的距离。其主要功用则在于采用连续且等距的分数说明变量特征或属性的差异情形。

④ 定比量：也叫比例量：符合比例的数值之间有相等的比例，比例量具有等距量的全部特征，而且通过该比例坐标系的"零点"。

所提及的四种不同问题类型的问卷具有不同侧重于对应的数据处理方式，具体如表9-6所示。

表9-6　问卷类型与统计方法

问题类型	用途	统计处理方法
定类量	分类	统计次数、计算百分比、卡方检验
定序量	分类、排序	中位数、百分位数、等级相关系数、肯德尔和谐系数
定距量	分类、排序、比较	平均值、标准差、积矩相关系数、T检验、F检验
定比量	分类、排序、比较	统计次数、计算百分比、卡方检验、中位数、百分位数、等级相关系数、肯德尔和谐系数、平均值、标准差、积矩相关系数、T检验、F检验

2. 主要过程

（1）明确调查目的和对象。

要建立一个清晰、具体的调查问卷的目的与对象，这样使整个测试过程中思路清晰，有助于后续拟定问卷。

（2）设计调查问卷。

问卷的设计有确定框架、起草问卷、测试问卷和问卷定稿这四个步骤。具体内容如表9-7所示。

表9-7 问卷设计步骤

设计步骤	具体内容
确定框架	确定问卷框架时，可以按照研究目的和假设列出一个明细表。该列表由与研究相关的问题和这些问题的具体表现组成。明细表有助于根据研究日的决定问卷中各种问题的维度
起草问卷	起草问卷时，要根据被测群体的理解能力，确定合适的题目，并选择合适的回答方式。同时，还需要注意问卷的结构，包括问卷指导语、每个问题和结束语的排版、每个问题的顺序等
测试问卷	指问卷的预测试，可以用来检验问卷在实际测试情景中的可操作性
问卷定稿	指在测试问卷的基础上，修改问卷初稿，并最终定稿

（3）调查效度和信度。

问卷信度是指问卷测试的可靠性程度。根据不同的测试条件，问卷信度可以用内部一致性、复本信度、重测信度和对半信度等不同的相关系数表示。问卷效度指的是有效性程度，即问卷测试确实能测出其所要测试特质的程度。常用的效度有内容效度、效标关联效度和建构效度三种。问卷的信度和效度越高，越能保证问卷测试的科学性。

1）问卷的信度

问卷信度通常用相关系数表示。内部一致性、复本信度、重测信度和对半信度等是常用的信度指标。具体内容如表9-8所示。

表9-8 信度指标及具体内容

信度指标	具体内容
内部一致性	内部一致性指的是问卷内部所有题目的一致性程度。内部一致性通常使用阿尔法系数和协方差矩阵这两种方法来计算
复本信度	复本信度指的是使用两个严格平行的问卷复本测试同一组被测，然后计算同一组被测在两个不同副本上所得结果的相关系数

信度指标	具体内容
重测信度	重测信度指的是使用同一问卷在两个时间段测试同一组被测，然后计算得出的同一组被测在两个不通过时间段所得结果的相关系数。重测信度受到测试环境、测试时间等因素的影响。前后两次测试的环境的不同会造成一定程度上的测试误差。通常两次测试的间隔时间越长，测试误差越大。但是，当两次测试的间隔时间较短时，被测往往能回忆出第一次测试时的问题及答案，这也会一定程度上影响测试的效果
对半信度	对半信度指的是把问卷测试的结果随机分成两半后，计算出这两半问卷结果之间的相关系数

2）问卷的效度

常用的问卷效度有内容效度、效标关联效度和建构效度三种。具体内容如表9-9所示。

表9-9 效度指标及具体内容

效度指标	具体内容
内容效度	内容效度指的是问卷的题目所测得的内容能够包含问卷所需测量的整个领域、技能或行为等范围等程度
效标关联效度	效标关联效度即预测效度，指的是问卷所测得的结果与通过其他方式获得的"金标准"之间的相关系数。效标关联效度会受到群体差异、问卷长度、效标污染等多种因素影响 ·群体差异的影响指的是选取的测试用户群体的性别、年龄、人格特点对效标关联效度的影响。被测群体越同质，效度系数越低。此外，作为某个效标的预测问卷，不仅要对一个用户群体有较高的效标关联效度，对另外一个用户群体也应该有较高的交叉效度（指对不同的用户群体施测同一问卷的结果在不同的用户群体中保持一致的程度） ·问卷长度对效标关联效度的影响表现为：增加问卷长度，并在特征差异较大的用户群体中施测可得到较高的预测效度；缩短问卷长度则只能得到较低的预测效度 ·效标污染指的是研究人员选取的效标本身或效标测量的方法存在问题，对效标关联效度造成的影响
建构效度	建构效度指的是问卷符合研究者的构思的程度。可以通过多种方法检验问卷的建构效度，如专家测评、计算问卷之间的相关系数等

（4）问卷施测。

问卷施测就是发放、要求填写、回收问卷的过程。

根据施测时是否在线，问卷施测可以分成离线施测和在线施测。离线施测也被称为纸笔施测，是传统的问卷施测方式，要求被测用笔在纸质问卷上填写相关内容。在线施测是在相关网站的网页上呈现问卷，要求被测通过点击在网页上填写相关内容。

　　根据施测时的填写方式，问卷施测可被分为自填式施测和代填式施测。自填式施测要求被测本人亲自填写问卷。代填式施测是由施测者按照被测的叙述填写问卷。问卷研究通常采用自填式方式。

　　问卷施测中，问卷回收率是一个重要的指标。通常要求问卷的回收率应不低于70%。另外，问卷样本量与统计置信度和用户总体数等因素有关。一般来说，为保证同一水平上的统计置信度，用户总体数越小，需要的问卷样本量占用户总体数的比例越大。

　　问卷结果统计后，需要编写问卷调查报告。一个完整的问卷调查报告需要包括调查目的、调查方法的详细描述（样本、方法等）、调查结果（调查数据、研究结论和各种支持研究结论的图表等）、问卷的信度与效度检测以及其他附录文档（调查问卷、样本等）。

　　（5）注意问题。

　　1）选用、编制合适的问卷

　　如果有现成的经过信度效度检验的问卷，可以选用现成的问卷，但不能随意将若干问卷叠加使用，或随意增减、修改问题条目。如果需要编制问卷，编制人员需要具备相关专业知识以确保问卷题目与研究目标相匹配。编制问卷在使用前都需要经过信度和效度的检验。

　　信度系数为0.66～0.70的问卷可勉强接受，信度系数为0.70～0.80的问卷可接受，信度系数为0.80～0.90的问卷较为理想。

　　2）选用合适的语言

　　编制问卷时，编制人员需要充分了解测试目的以及被测情况，需要选用被测熟悉的语言，清晰、准确、简短地表达题项，避免使用行话或者专业术语。

　　3）注意用词

　　编制问卷时，编制人员应采用中性态度对题项进行表述，避免使用诱导性或暗示性的词语。

　　4）注意防止反应定势

　　反应定势指的是被测不顾问卷题目内容的差异，都采用某一特定取向进行回答。最常见的反应定势为默许心向反应和社会期望反应。使用反向词语可以防止出现反应定势。这种方法意在鼓励被测更加仔细地阅读问卷的每一个选项。例如在系统可用性量表（SUS）中的偶数题目便应用了反向词语来表述题项。

5）合理使用首页和知情同意书

在施测前还应向被测发放并签署首页和知情同意书。

6）规范施测以及回收问卷

问卷的施测必须规范。问卷回收之后需要对问卷进行筛选，不符合要求的问卷要以作废处理。然后严格按照问卷给出的方式记分、换算和统计分析。

基于智能汽车驾驶模拟器的车载任务评测常用的问卷量表如表9-10所示。

表9-10　车载任务评测常用的问卷量表

类型	名称	考察维度	计分方式	总项目数
可用性	SUS	可用性、易学性	5点	10
工作负荷	NASA-TLX	精神需求、体力负担、时间压力、任务绩效、努力程度、挫败感	10点	6
	DALI	注意力、视觉需求、听觉需求、触觉需求、干扰、情境压力、时间需求	10点	7
情境意识	SAGAT	情境意识	0或1点	自定义
	沟通量表	流畅性、准确性、压力、努力	10点	4
用户满意度	ASQ	满意度	10点	3

（三）访谈法

1. 概述

（1）定义。

访谈法是一种通过面对面的谈话来收集受访者心理和行为数

据的研究方法。访谈法也是用户研究中最常用的方法之一。根据需要，可以设置多种不同类型的访谈。在用户研究中，访谈法主要收集产品用户的潜在动机、信念、态度、情感、需求和主观体验等深层信息，从而指导产品的开发和更新，提升产品等用户体验。

（2）特点。

访谈法具有以下三个显著的特点。

1）技巧性

访谈法中的"交流"是一种有目的、有计划进行的活动。访谈者需要认真做好访谈前的准备工作，而且要善于进行人际交往，熟练访谈技巧，这样才能使受访者积极配合，坦率表达自己的真实想法、态度、情感和观点。

2）灵活性

访谈过程中问题的提问顺序、提问形式以及语言措辞需要具体根据受访者的情况进行调整。并且在此过程中如果发现新的问题可以随时扩展访谈主题和深入发掘相关信息。

3）计划性

在访谈中，访谈计划制订、访谈问题设计、访谈实施、访谈结果整理和分析都有需要遵循的原则。有计划地执行原则，可以有效地避免可能的错误。

（3）分类。

根据不同的分类标准，访谈法可以分为不同的类型。具体如表9-11所示。

表9-11　访谈法分类

分类标准	访谈类型	具体内容
根据交流方式	直接访谈	直接访谈也称为面访，指的是访谈者与受访者进行面对面的交流。直接访谈有助于观察受访者的相关特点以及他们在受访过程中的许多非语言信息，有利于辅助了解受访者的真实想法、情绪、态度和观点，以便访谈者在访谈中调整提问顺序、提问形式和语言措辞等
	间接访谈	间接访谈是指通过一定的中介物（如电话、书信、网络）与受访者进行非面对面的交流
根据受访者人数	个体访谈	个体访谈是访谈者和受访者一对一的访谈。个体访谈便于访谈者在沟通中灵活采用不同的访谈策略，便于访谈者控制整个访谈过程

分类标准	访谈类型	具体内容
根据受访者人数	集体访谈	集体访谈也称座谈，是一个访谈者与多个受访者进行的访谈。集体访谈是对访谈者要求更高、难度更大的访谈方法
根据提问方式	标准化访谈	标准化访谈又称为结构式访谈。这是一种高度控制的访谈。访谈者根据事先设计好的问题逐一询问。标准化访谈的问题组织比较严密，条理清楚，访谈结果便于统计分析
	半标准化访谈	半标准化访谈在访谈过程中需要参考事先拟定的访谈提纲和主要问题，但访谈者具体如何提问，可根据当时的情境灵活决定
根据提问方式	非标准化访谈	非标准化访谈又称为无结构式访谈。这种访谈没有统一的访谈内容和程序，只有一个粗略的访谈提纲，访谈者可根据具体情况灵活地与受访者进行交谈。这种访谈方式有利于发挥访谈双方的主动性、创造性，易于获取较深层次的信息，因此被广泛用于探索性研究和大型调查的前期调研

2. 主要过程

访谈法实施过程主要包括：确定访谈目标、设计访谈提纲、恰当提问、捕捉信息、反馈信息、整理数据以及分析数据。

（1）确定访谈目标。

访谈目标的来源主要有两个：一是产品团队、管理层或者业务方的需求；二是用户的需求，即从用户的期望出发，确定主要目标，并确保这个期望是现实的。

（2）设计访谈提纲。

访谈前首先要设计一个访谈提纲，其内容包括访谈目的、访谈主要内容和问题。访谈的问题需要根据访谈的类型设计为开放式或是封闭式问题。开放式问题在内容上没有固定的答案，允许受访者根据自己的情况做出回答，而封闭式问题要求受访者在事先确定的几个备选项中选择自己认为最合适的答案。

（3）恰当提问。

访谈提问的表述要简单、清楚、明了、准确，并尽可能地适合受访者的文化水平。开放式访谈要适时适度地进行追问以获取受访者深层次的想法。

（4）捕捉信息。

访谈者要通过倾听及时收集有关资料。

（5）反馈信息。

访谈者的反馈信息不要让受访者感到紧张，以确保访谈结果的客观性。

（6）整理记录。

访谈过程中可以选择录音或录像记录访谈过程，访谈结束后安排专人逐字转录。

案例：车道偏移预警（LDW）功能HMI测试

随着大数据、计算机视觉、机器学习、云计算等技术的不断发展，推动了汽车的自动化和智能化，越来越多的汽车正在开发ADAS。通过收集数据，识别、检测和跟踪静态和动态的对象，并结合导航地图数据以执行系统操作和分析，从而让驾驶人员提前察觉到可能发生的危险，有效提高了汽车驾驶的舒适性和安全性。上述的测试实验环境可以适用ADAS中的各项功能，以下以LDW为例分析HMI的测试方法。

1. LDW功能分析

LDW通过在汽车上的一个物理按键被激活，如果驾驶员在驾驶过程中偏离了原来的行驶车道，但没有转向操作（如打转向灯），系统就会发出相应的信号警示，从而减少因车辆偏离行驶车道而造成的交通事故。常见的LDW警报方式有在仪表盘及HUD的提示、声音、方向盘的振动、方向盘的回正力、安全带的缩紧等。图9-17为LDW功能的应用场景。

2. 场景设计

实验假设在使用LDW功能后，不同的纵向驾驶速度下对系统可用性、驾驶员心理、行为因素有不同的影响。

在对LDW进行应用场景设计前，要先确定测试法规，这里选取的美国高速公路安全管理局（NHTSA）制定的标准。车道线的宽度在10～15cm，车辆两侧分别为黄

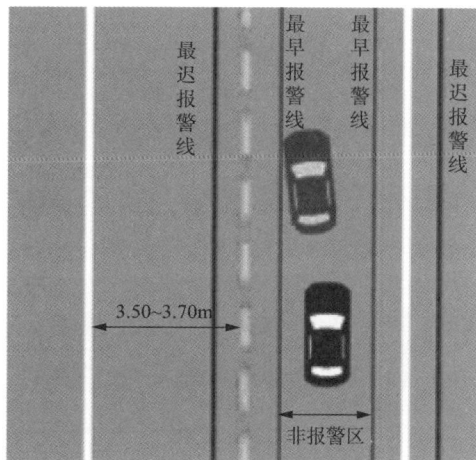

图9-17　LDW功能的应用场景

色不连续虚线与白色连续实线，主要场景选定直道左偏。车辆在最早报警线（距离车道线0.75m）与最迟报警线（距离车道线0.30m）之间发出警报，对应屏幕上的界面随之发生改变，并且伴随着语音提醒。针对LDW的HMI测试，这里主要测试了三种纵向速度下的被试行车反应。车辆以纵向速度分别为40km/h、55km/h和70km/h的速度进行测试，误差允许在±2km/h之内。只要车辆在最早报警线与最迟报警线之间发出警报即视此次测验为有效。当被试开启LDW功能以指定驾驶速度在当前车道平稳行驶后，因无意识车道偏离受到HUD上界面提示后，转动方向盘使车辆回正，界面提示消失，如图9-18所示。每位被试一共以3次测试每完成一次测试，填写系统可用性量表（SUS）、总体工作负荷量表以及进行简短的实验后访谈。

图9-18 LDW功能的界面提示实例

3. 实验对象

共有12名被试参与了这项实验，其中包括5名男性、7名女性。他们年龄在20~30岁，平均年龄24岁（$SD=3.3$），驾龄在1年以上。并且，被试没有眼疾或行为上的疾病。测试前介绍了LDW的功能，并进行了10~20分钟的练习以熟悉模拟器的驾驶。

4. 实验设备和测量

此次实验在上述可用性测试实验环境中完成。实验装置主要硬件部分如下：①一套罗技G29：包括方向盘和三脚踏板，被试通过方向盘上的物理按键开启LDW功能；②一台计算机：控制G29驾驶模拟器，供被试使用；③三台显示器：用于操作监控区实验人员观察实验场景与数据。实验装置软件部分为Unity5.0及Unity相关插件：营造真实的驾驶环境。车辆速度、THW值、方向盘转角、刹车、加速等驾驶信号可以通过Unity获得并导出。

5. 实验结果

根据模拟器采集的回正时间数据可知，不同速度下的平均回正时间有着显著的差异，如图9-19和图9-20所示。经过对比分析，40km/h速度下，回正时间为4.1秒，高于70km/h速度下1.0秒。ANOVA（$\alpha=0.05$）检验了3组数据之间的显著的差异性〔$F(2, 33)=43.80$，$p<0.05$〕。

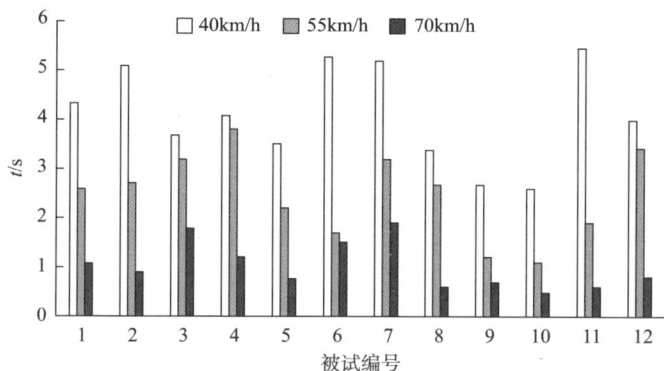

图9-19 不同速度下的回正时间统计图

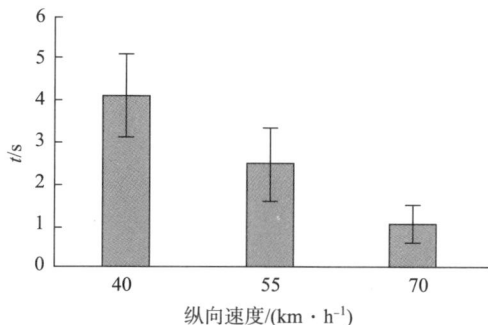

图9-20 不同纵向速度下回正时间对比图

系统可用性量表（SUS）是广泛用于测试产品、系统的可用性的量表，具有很高的信度。其包含10项题目，奇偶题目穿插正面积极与负面消极描述，5点量表（1为强烈反对，5为非常同意）。得到原始数据后需将其转化为百分制的分数。将12名被试的可用性量表总分数据统计表、3组速度的对比分别如图9-21、图9-22所示。

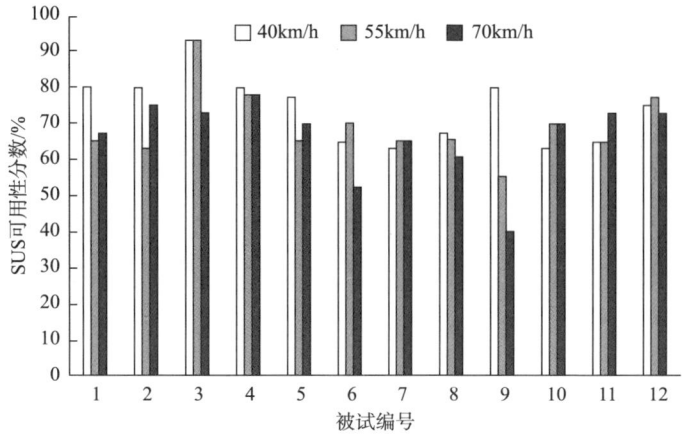

图9-21 SUS系统可用性量表统计图

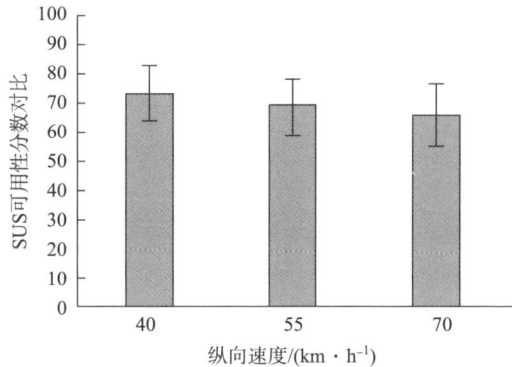

图9-22 不同纵向速度下SUS系统可用性分数对比图

速度为40km/h的平均得分为74.0分（SD=10.6），高于55km/h速度下得分69.1分（SD=9.61）与70km/h速度下得分66.3分（SD=10.7）。说明参与实验的被试人员认为低速时LDW功能的体验更好些。根据上述结果与试验后访谈情况，被试在不同驾驶速度下使用LDW功能有着显著的差异，表现在速度越高时，心理负荷增高，界面可用性略降低，同时回正时间明显减少。因此，在设计LDW的HMI时，应注意尽量避免过多占用被试的行为资源，简洁明了为主，同时提高系统性能，增强系统可用性。

驾驶模拟器评测案例

第十章

第一节
案例：车载中控 HMI 的评估测试

一、评测目的

本案例为 UXLab 对某车型的车载系统进行中控关键功能页面的可用性测试案例。通过前期调研，挑选出 9 个典型车载 HMI 任务进行实验，这里以其中一个任务"FM 调台"为例进行介绍。通过多次预实验验证评测维度、方法和流程，调整驾驶场景和车载 HMI 任务的细节要求。评测维度包括可用性、工作负荷、态势感知等，选取车辆数据、行为绩效数据、眼动数据、主观数据等多类型数据指标，采用问卷法和访谈法。在评测实验后，从用户体验 5 层级的维度进行设计问题分析和优化。

这里介绍的可用性测试案例在驾驶模拟器环境下进行，评测了系列车载中控 HMI 界面中的车辆设置、空调、媒体播放等典型功能，主要达到以下评测目的：

（1）现用系统的典型功能的可用性评价；

（2）使用系统功能时的驾驶安全情况，工作负荷合理性；

（3）人在进行车机交互时的认知分析。

二、测试流程

（一）选择测试用户

本次实验人数为 26 人，14 名男性，12 名女性，平均年龄为 31.1 岁，年龄标准差为 4.26 岁。具体驾龄、开车频率、中控使用频率如图 10-1 所示。

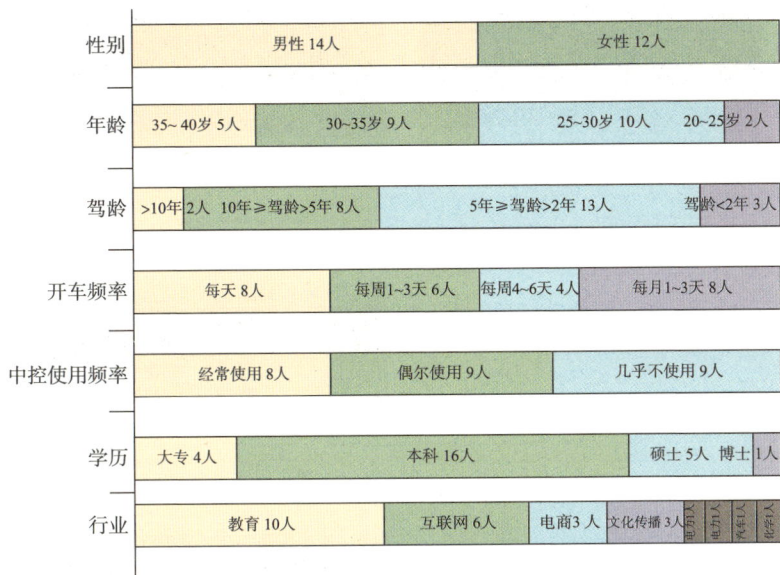

图 10-1　正式实验被试情况

（二）设计测试任务

测试任务根据前期对用户需求的调研及设计点进行设置，应以能有效反映出车载 HMI 设计中存在相关可用性问题为主要评测目的。

以下任务详细介绍以在中控屏幕上进行 FM 调台为例进行说明，如表 10-1 所示：

表 10-1　任务明细表

序号	车载系统任务	驾驶任务
任务	你正在去银行的路上突然想打开你常听的 FM102.0	有车场景，40km/h 行驶于左车道

其次对任务进行分析，得到页面跳转的关系图。为任务为 FM 调台任务设计了两种对比方案，分别为指针调台与点击"下一个"图标调台，如图 10-2 所示。

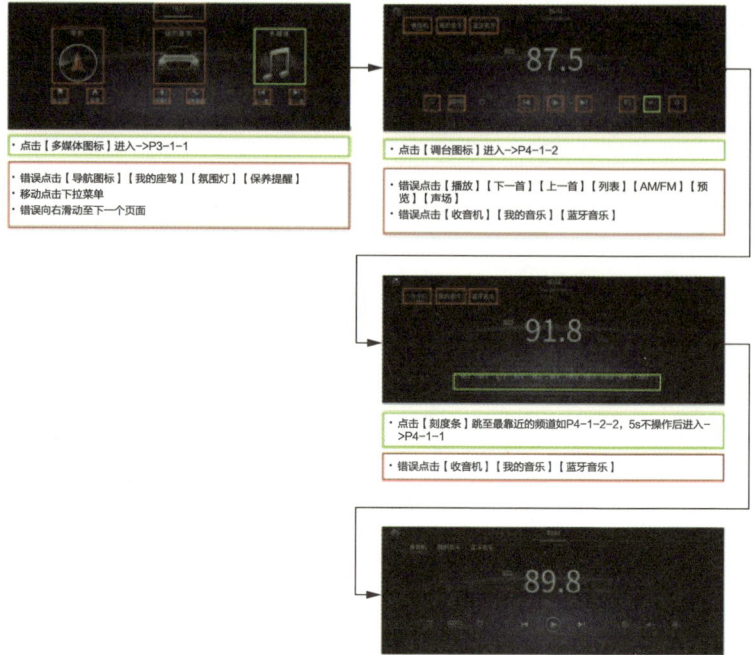

·点击【多媒体图标】进入->P3-1-1

·错误点击【导航图标】【我的座驾】【氛围灯】【保养提醒】
·移动点下拉菜单
·错误向右滑动至下一个页面

·点击【调台图标】进入->P4-1-2

·错误点击【播放】【下一首】【上一首】【列表】【AM/FM】【预览】【声场】
·错误点击【收音机】【我的音乐】【蓝牙音乐】

·点击【刻度条】跳至最靠近的频道如P4-1-2-2, 5s不操作后进入->P4-1-1

·错误点击【收音机】【我的音乐】【蓝牙音乐】

图 10-2　任务页面跳转图

（三）执行测试

每个被试者的测试时间持续 120~180 分钟。测试过程中，主试向被试介绍驾驶模拟器基本情况，引导被试完成任务，并在每一个任务完成后，对被试进行访谈等，如表 10-2 所示。

表 10-2　可用性测试执行具体流程

流程概述	基本信息登记、介绍实验主要内容、学习并熟悉模拟器、佩戴生理仪器、实验执行、进行主观量表评价与访谈
执行说明	·被试填写《基本信息采集表》《实验保密协议》 ·主试向被试介绍实验主要内容和目的 ·主试向被试介绍模拟器驾驶并练习，确保被试能够适应模拟器驾驶，能在无任务的状态下保持安全驾驶 ·被试佩戴眼动仪并完成对标 ·开启监控屏记录，被试以 40km/h 的速度完成安全驾驶 2 分钟 ·主试观察被试处于稳定驾驶状态后，点击屏幕触发"滴"声，任务计时开始，提示被试可打开 FM ·在保证安全驾驶的前提下，被试以触屏方式打开多媒体，点击电台选择指定频道，按下按钮任务计时结束

执行说明	·被试填写相关量表 ·主试对被试进行访谈
人员安排	主试（1人）：负责引导实验，包括向被试介绍实验、实验过程播报任务、辅助被试填写量表、实验后访谈等 记录员（1人）：负责观察并记录用户行为，记录访谈数据 设备员（1人）：负责监控屏的操作

（四）记录指标参数

1. 评测维度

评测维度与动态模拟器评测的目标紧密相连，要求其能够全面反映车载HMI的用户体验内容和水平，可以根据需要进行评测的内容来设置。在本次动态模拟器评测中，评测目的是探究车载HMI可用性和工作负荷，并从态势感知和用户体验五层级的角度去提升车载HMI的设计，因此评测维度包括可用性、工作负荷、态势感知。

2. 评测指标

将具体数据与评测目的中的可用性、工作负荷和认知进行对应，表10-3为各任务需要采集的标准指标与数据。

表10-3　评测指标与具体数据

评测指标	具体数据
行为数据	任务成功、任务完成时间、任务反应时间、滑动次数、点击次数、操作次数、无反馈次数、无反馈操作率、总路径、有效路径、有效路径率
车辆数据	车速平均值、车速标准差、加速度平均值、加速度标准差、左车道线偏移平均值、左车道线偏移标准差、低速百分比、超速百分比、偏离车道时间占比（<0）、偏离车道时间占比（>15）、保持车道占比
眼动数据	扫视次数、分心次数、分心比例
量表数据	SUS、DALI、NASA、SAGAT、沟通

除此之外，根据具体的评测任务，还应增加采集并整理特定数据，如表10-4所示。

表10-4　任务二特定数据

任务	数据类型	具体指标
任务二：FM调台	行为数据	路径选择

（五）评测方法

此次评测主要采用的评测方法包括问卷法、访谈法。

1. 问卷法

此次问卷量表主要分为四大部分，分别是可用性、工作负荷、情境意识、用户满意度，具体分类如表10-5所示。

表10-5　问卷量表类型

类型	名称	考察维度	计分方式	总项目数
可用性	SUS	可用性、易学性	5点	10
工作负荷	NASA-TLX	精神需求、体力负担、时间压力、任务绩效、努力程度、挫败感	10点	6
	DALI	注意力、视觉需求、听觉需求、触觉需求、干扰、情境压力、时间需求	10点	7
情境意识	SAGAT	情境意识	0或1点	自定义
	沟通量表	流畅性、准确性、压力、努力	10点	4
用户满意度	ASQ	满意度	10点	3

以任务二为例，具体问卷内容如图10-3所示。

2. 访谈法

（1）绩效问题。

通过绩效问题引导找出问题所属的层级，进一步追问。

① 主任务失败：请问您在完成中控的任务时是否注意到驾驶出现了威胁（速度、车道偏移等）？您觉得是主要是什么原因导致的（个人使用中控习惯问题，不习惯频繁转移视线；模拟驾驶器

SAGAT——2. FM调台

1. 有几种调FM的路径？［单选题］

A. 1种　　B. 2种

2. 是否注意到调台图标？［单选题］

A. 是　　　B. 否

3. 对▶图标的理解是？［单选题］

A. 下一个电台　B. 电台频率增加0.1

4. 电台下面一列有几个图标？［单选题］

A. 6　　B. 7　　C. 8　　D. 9　　E. 10

5. 这个功能在你的可掌控范围内吗？［单选题］

A. 是　　　　B. 否

6. 你刚刚驾驶时最高速度在哪个范围？［单选题］

A. 35~40　B. 40~45　C. 45~50　D. 50~55　E. 55~60　F. 60~65　G. 65~70　H. 其他

7. 你刚刚驾驶时最低速度在哪个范围？［单选题］

A. 35~40　B. 30~35　C. 25~30　D. 20~25　E. 15~20　F. 10~15　G. 5~10　H. 0~5

8. 驾驶中能时刻关注汽车偏移，防止发生汽车偏离车道［单选题］

A. 是　　　　B. 否

9. 刚才的驾驶是符合驾驶任务要求？［单选题］

A. 是　　　　B. 否

10. 你觉得会发生驾驶危险吗？［单选题］

A. 是　　　　B. 否

图10-3　任务二SAGAT问卷

驾驶感不足以感知到驾驶威胁；次要任务难度大，界面设计不合理等）？

　　② 次任务失败：请问您在完成这个任务的时候碰到最大的困难主要来自哪里（找不到入口的图标；滑动/点击交互方式复杂，次数过多；页面层级过深；触屏交互方式不符合习惯等）？

　　③ 主次任务成功：请问您在完成这个任务的时候是否觉得有不够合理的地方（需求奇怪；层级较深；图标不够明显；布局不够清晰便利等）？您觉得适合什么样的司机使用（新手司机/老司机）？

　　（2）行为问题引导。

　　行为问题需要观察员实时记录被试个性化的行为动作和口头表达，当场复盘给主试进行访谈，问题可以结合5层级关注的评测内容进行访谈。

①我们发现你说了"×××"，当时是因为什么呢？

②我们发现你频繁在××页上点击/滑动，您当时的心理活动是怎样的？

③您在执行任务的时候，为什么长时间停留在××页？

④您在执行任务的时候，有多次在××页和××页之间跳转？

⑤您在这个流程中，用了××步完成了任务，其中××步是多余的，您当时是怎么考虑的？

三、测试结果整理与分析

以下测试结果以任务二为例进行分析。

（一）任务整体分析

综合驾驶、行为绩效、眼动、主观数据，任务二整体表现较好，任务成功率为96%（图10-4）。

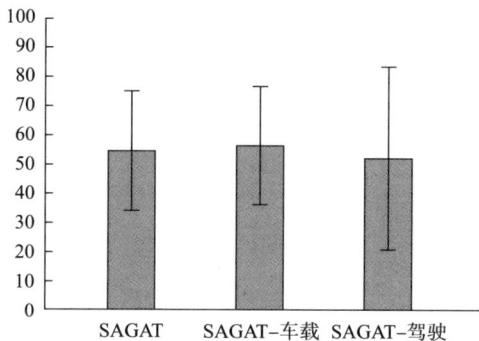

图10-4　任务二SAGAT评分

整体来看，可用性主观评分较高，任务二系统可用性总评价分为60.87（SD=18.75），可用性平均评分为58.05（SD=19.25），易学性平均评分为72.12（SD=24.06）。根据Bangor（2009），从用户的主观可用性评分属于OK等级。

任务二NASA-TLX总平均分为5.45（*SD*=1.61），DALI总平均分为5.36（*SD*=2.08），相对于驾驶对照场景，工作负荷提高，并且具有显著差异性。

任务二SAGAT正确率为54.23%（*SD*=0.21），其中车载HMI任务的SAGAT正确率为56.15%（*SD*=0.41），驾驶任务的SAGAT正确率为52.31%（*SD*=0.32）。30.77%的被测对指针调台路径的感知出现一定问题。此外，大部分被试无法注意到下方功能按键的数目。对于驾驶任务，46.15%的被试无法正确感知最低速度，53.85%的被试无法正确感知驾驶最高速度，34.62%的被试无法时刻关注车道偏移状况，说明在完成任务二时，被试对车载任务和驾驶任务的态势感知均下降。沟通总分为6.18（*SD*=1.62），相比任务一调温调风速，任务二的沟通评价下降。

（二）任务细化分析

任务二FM调台分为两个阶段，分别为阶段1进入FM主页和阶段2调成102.0阶段。从阶段角度分析对比，阶段2的任务完成时间和操作次数较任务1多，相较于阶段1操作难度大。

从操作路径角度分析对比，阶段2调台有两种路径选择，包括下一个调台和指针调台。下一个调台可通过点击的方式进行调整；指针调台可通过滑动的方式进行调整。图10-5为交互种类和操作路径的人数，交互种类的数据来源于OP图分析。阶段2中有4人仅使用了指针调台，20人仅使用了下一个调台，1人使用了下一个调台和指针调台两种方式，1人未进行正确操作。大部分人使用"下一个调台"，相比于"指针调台"，该方式更容易被识别到。

图10-6显示被测采用点击的方式通过下一个路径调节FM时，车辆水平控制能力会变差。

各阶段中"指针调台"和"下一个调台"的车速平均值均在要求的范围内，但阶段2的车速标准差相对更高，且"下一个调台"比"指针调台"的车速标准差高，如图10-7所示。

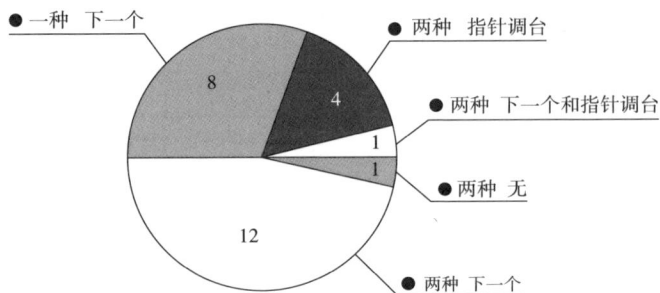

图 10-5　交互种类和操作路径的人数

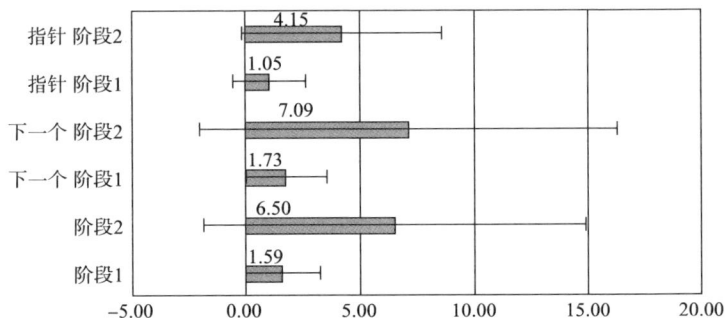

图 10-6　任务二左车道偏移标准差

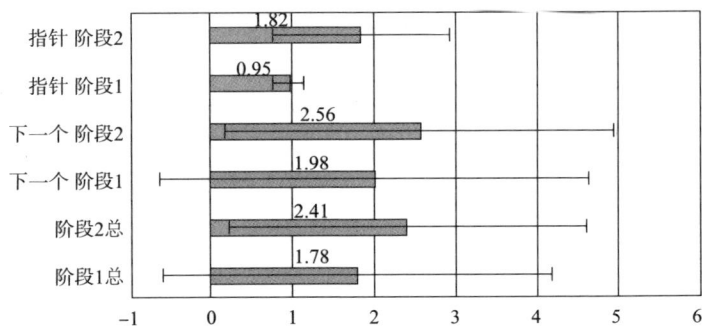

图 10-7　任务二车速标准差

对于行为绩效数据，"下一个调台"的有效路径率高，但操作次数较多，操作无反馈率较高；而"指针调台"的操作次数少，调节精确，操作无反馈率低，但不能很好地被用户识别到，如图 10-8 所示。

如图 10-9 所示，从眼动数据来看，"下一个调台"扫视次数偏多，但"指针调台"分心次数和分心比例更高。

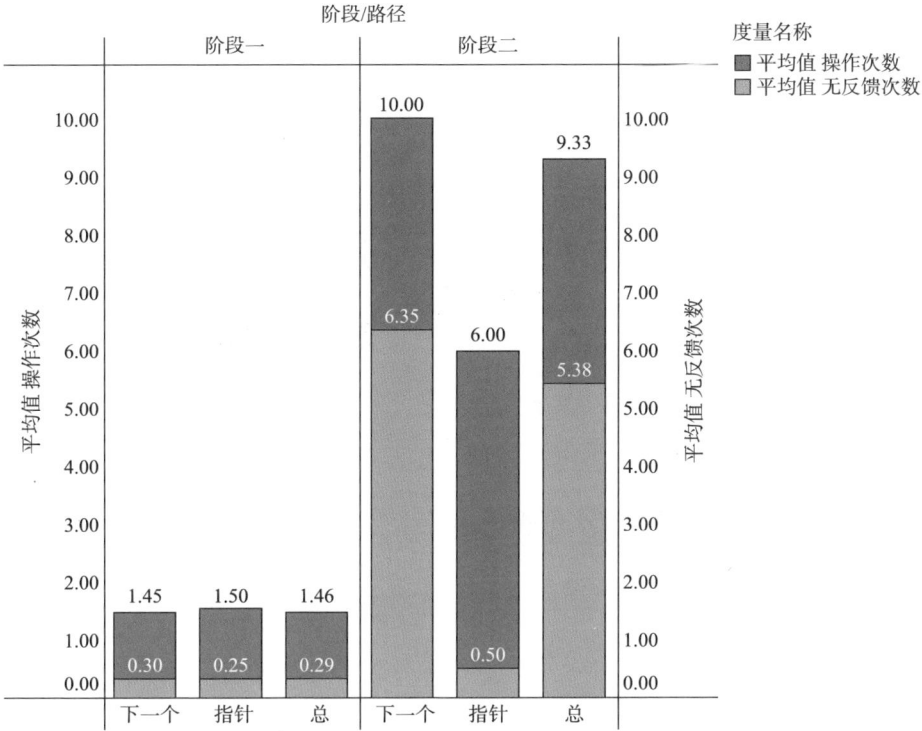

图 10-8　任务二操作总次数与无反馈次数

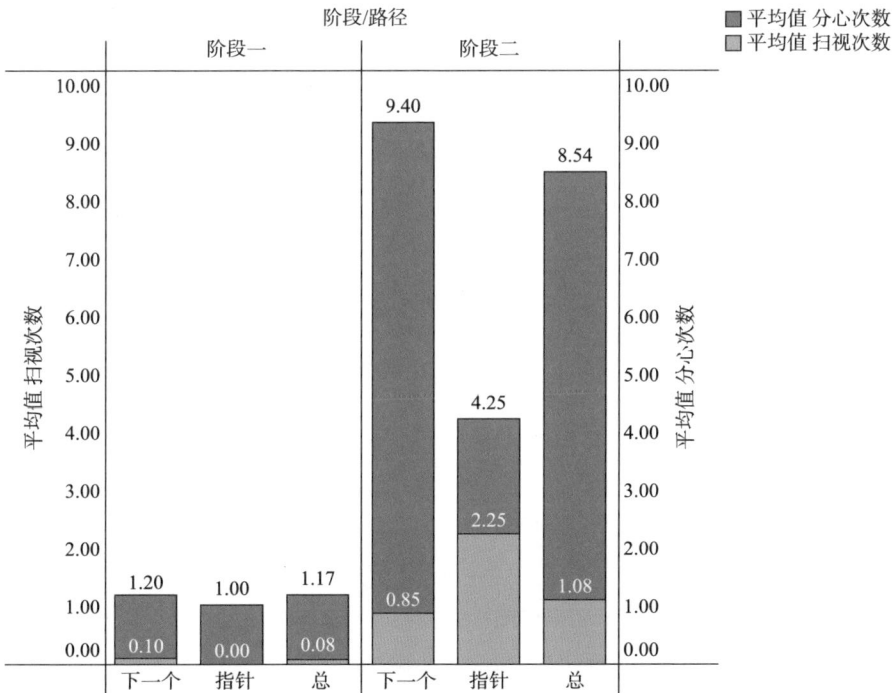

图 10-9　任务二扫视和分心次数

（三）设计分析与优化

1. 场景任务分析

图10-10为任务二场景任务分析。

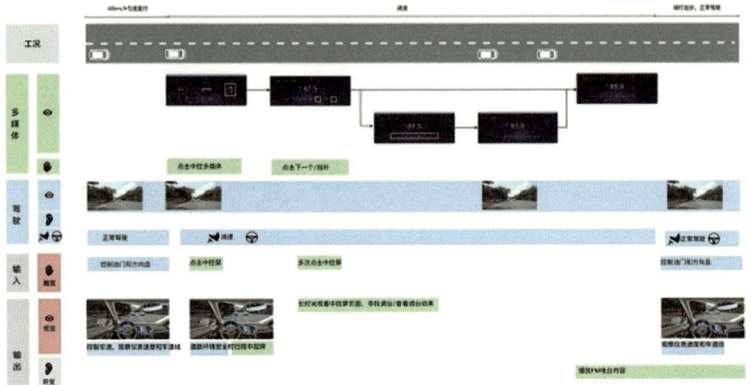

图10-10　任务二场景任务分析

2. SA元素分析

　　任务二分为打开FM和调台至102.0两个阶段，从SA的感知、理解、预判3个阶段去分析中控屏中FM调台所需的SA元素，并从5层级的角度进行分类，具体如图10-11所示。其中，阶段2的感知和理解是相对重要的SA信息元素。

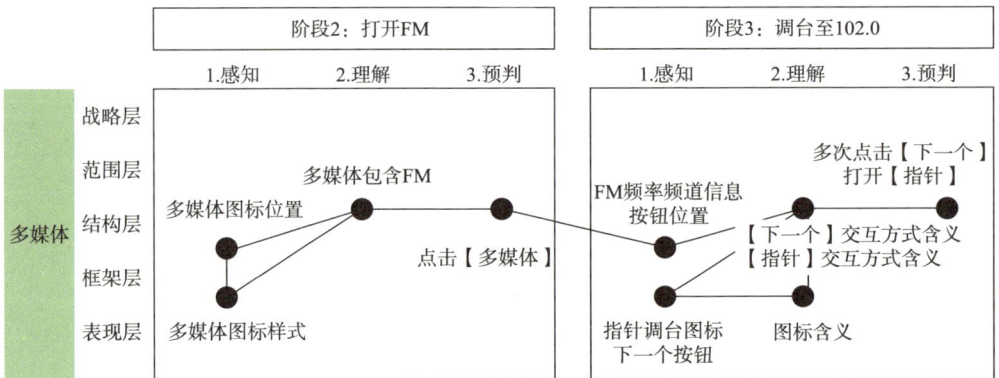

图10-11　任务二SA元素分析

3. 测试结果总结

　　综合驾驶、行为绩效、眼动、主观数据，任务二整体表现较好，任务成功率为96%。可用性和工作负荷主观评分较高，但被试对车载任务和驾驶任务的态势感知均下降，水平控制表现较差，垂直控制表现一般。

从阶段角度分析对比，阶段2的任务完成时间和操作次数较任务一多，相较于阶段1操作难度大。

从操作路径角度分析对比，大部分人使用"下一个调台"，相比于"指针调台"，该方式更容易被识别到。从行为绩效数据来看，"下一个调台"的有效路径率高，但操作次数较多，操作无反馈率较高；而"指针调台"的操作次数少，调节精确，操作无反馈率低，但不能很好地被用户识别到。从眼动数据来看，"下一个调台"扫视次数偏多，但"指针调台"分心次数和分心比例更高。对于驾驶数据，被测采用点击的方式通过"下一个路径"调节FM时，车辆水平控制能力会变差。被测采用滑动或点击的方式通过"指针调台"路径调节FM时，车辆垂直能力更好。

第二节
案例：协同变道场景下 HMI 设计的评测实验

一、实验方法

实验中的自变量为Level4自动驾驶级别下协同变道场景中具有不同信息透明度的两种HMI设计方案；因变量为被试在使用两种不同设计方案完成驾驶任务时对驾驶员工作负荷、态势感知、反应时间。实验中使用目前较为通用的量表对以上各方面进行测量，态势感知采用态势感知综合评测方法（SAGAT），工作负荷采用全局工作负荷量表。实验任务是被试根据不同HMI设计呈现，点击屏幕按钮，选择是否在车辆提供的环境下进行变道，此处的HMI

设计对比是实验中关注的部分。两种设计方案分别包含SAT1+2和SAT1+2+3，态势感知透明度，包括3个层级，分别为SAT1感知层面、SAT2理解层面、SAT3预判层面层级的信息内容，以呈现不同的信息透明度，主要设计的区别如图10-12、图10-13所示。

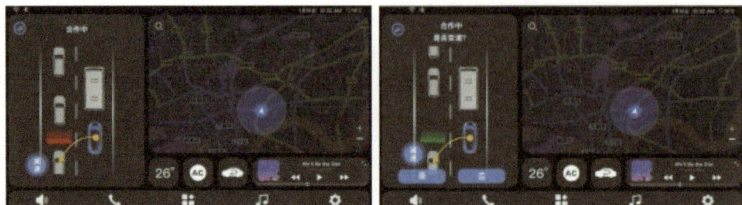

图10-12　合作中阶段提供SAT1+2层级信息的HMI 1设计

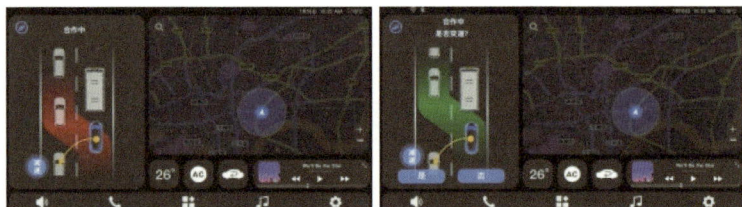

图10-13　合作中阶段提供SAT1+2+3层级信息的HMI 2设计

采取组内实验设计，组1的测试顺序为先使用HMI设计方案1（提供SAT1+2层级信息），再使用HMI设计方案2（提供SAT1+2+3层级信息），组2的测试顺序为先使用HMI设计方案2（提供SAT1+2+3层级信息），再使用HMI设计方案1（提供SAT1+2层级信息），以平衡由于先后顺序带来的影响。同时在任务完成后，驾驶员填写SAGAT问卷、工作负荷问卷以及设计元素的可用性评测问卷。将两种设计方案的实验结果做对比，以便评测不同HMI设计方案对各维度数据的影响，如表10-6所示。

表10-6　组内实验任务顺序

测试顺序	HMI设计方案1 （提供SAT1+2层级信息）	HMI设计方案2 （提供SAT1+2+3层级信息）
组1	1	2
组2	2	1

二、被试选择

实验共有20名被试参加，其中9名男性，11名女性，视力正常（包含矫正视力）。被试年龄介于22~35岁，驾龄介于1~10年，对自动驾驶具有一定的认知，但普遍对于人车协同了解较少。但被试多为学习能力与对新事物接受度较高的年轻人群，且具有一定的驾驶经验，因此被认为是可以参加测试的驾驶员。

三、驾驶模拟器场景设计

驾驶模拟器中的测试道路在Unity里进行建模，尽可能增加驾驶场景的真实性与沉浸感。在本文的实验中，选取了一条笔直的单向双车道，两次模拟驾驶任务均在此道路上完成。车道宽度、车道线尺寸以及类别均为国家标准尺寸。同时为了达到实验目的增加环境的真实感，在道路两边设置了建筑、行人、树木和标志牌、柱形筒等交通辅助设施。在两次实验中，为了获得驾驶员态势感知的变化，两次环境中的交通设施有所区别，HMI设计方案1的实验环境中放置了2个柱形筒、无标志牌以及1名站立的行人，HMI设计方案2的实验环境中放置了1个柱形筒、1个标志牌以及1名骑车的人，如图10-14所示。

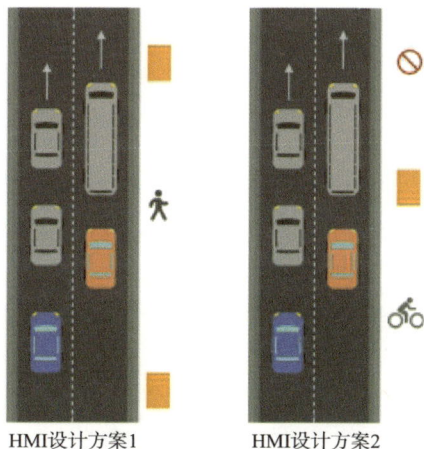

HMI设计方案1　　　　HMI设计方案2

图10-14　环境设施示意图

四、实验环境与数据采集

实验在驾驶模拟器上完成，驾驶员将处于仿真的驾驶环境中，并且可以通过方向盘、脚踏完全实现对车辆的驾驶控制，如图10-15所示。由于本文的实验设置在Level4自动驾驶级别下，具体的控制操作无实质性作用，但能够使驾驶员身临其境、快速地进入自动驾驶状态，可以实现模拟自动驾驶的效果。

图10-15　测试场景搭建

1. 实验装置硬件部分

以上所有设备的空间布局与前文中控屏幕界面设计元素用户实验的驾驶模拟器环境设计保持一致。

2. 实验装置软件部分

Unity软件及相关插件：实现真实驾驶环境等的模拟，例如道路场景搭建、基础车辆控制、本车路线轨迹控制、HMI界面设计的置入等。

3. 实验数据采集

驾驶员基本信息问卷调查表、态势感知综合评测方法（SAGAT）、工作负荷量表、有关HMI设计的可用性问卷、决策反应时间。

五、实验过程

（1）请被试填写信息表，内容包括姓名、年龄、持有驾照的时间、驾驶频率和对自动驾驶和车辆协同的了解；

（2）由测试人员向被试讲解实验的目的及过程的介绍和说明，对车辆协同功能进行介绍，使被试对实验及系统有概述性了解；

（3）被试在任务开始前，了解将会在Level4的状态下行驶并进行车车协同的任务，对车辆的提示做出回应，但对协同的具体交互流程将使用哪一种HMI设计并不知情。在被试准备好后，测试人员向被试发布任务；

（4）在任务正式开始之前，工作人员需要将Surface开启录屏，确保能捕捉到驾驶员与HMI的互动行为，以便于实验后的观察和验证；

（5）被试坐在驾驶模拟器座椅上，主测人员开启前方的驾驶视野和右侧的中控屏幕的程序，开始任务。被试根据驾驶环境和中控屏幕提供的HMI，在关键页面的提示下作出是否变道的决策，完成两次驾驶任务（图10-16）；

图10-16　被试模拟驾驶环境

（6）在每一个任务结束后，被试需要完成态势感知综合评测量表（SAGAT）、工作负荷量表。在过程中，主测人员需要向被试解释量表的评测目的与维度；在两次实验完成后，请被试填写可用性量表，对HMI设计元素可用性进行评测，两部分的结果后续由主测人员进行统计分析；

（7）所有任务完成后，主测人员对驾驶员的决策反应时间进行记录和统计；

（8）所有任务完成，对被试表示感谢。需要说明的是，在被试进行量表评分的时候，可以播放详细的HMI界面，以帮助被试回忆驾驶时的情境，使量表结果更有效。测试过程中，尽量用简短概括性的表达传达任务，用口语化的表达解释各项操作，避免因为误解造成的测试结果不准确等问题。

六、评测结果

1. 态势感知量表结果分析

关于态势感知的实验，设计为被试在完成每次测试任务后，立即完成SAGAT问卷。先前有研究表明，每次停止可以持续5分钟，不会导致被试的记忆衰退。而在此次实验中，每个任务的执行时间不超过1分钟，因此可以将SAGAT放置到单个任务完成后，这样不影响SAGAT的测试效果。SAGAT评分如图10-17所示。

对HMI1和HMI2两配对样本的SAGAT评分数据差值进行K-S检验，结果显示数据符合正态分布（$p=0.118>0.05$）。然后对HMI1和HMI2的SAGAT评分数据进行配对样本T检验，$p=0.086>0.05$，说明HMI1和HMI2的数据无显著性差异，也就是说界面显示不同信息透明度对驾驶员的态势感知无显著性影响。在SAT1+2+3的信息条件下，驾驶员的整体态势感知优于在SAT1+2的条件下，同时驾驶员对环境的感知与预测水平明显高于在SAT1+2的条件下。可以说，提供SAT模型三个层级信息的界面比单独提供SAT1+2层级信息更能够帮助人们理解机器的判断和对未来的预测。

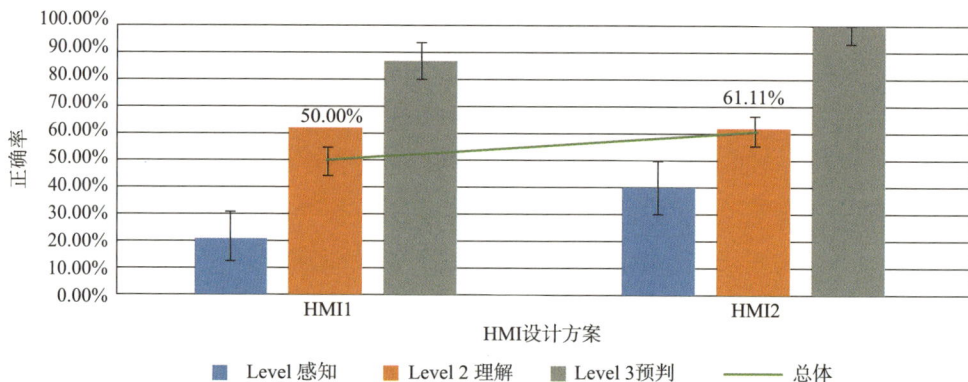

图10-17 不同HMI设计的SAGAT评分

2. 工作负荷量表结果分析

在每个测试任务完成后，驾驶员根据驾驶感受从精神需求、注意力、体力负担、时间压力和挫败感程度五方面综合考虑，为本次测试任务的工作负荷打分，用于衡量对于不同信息透明度下的HMI设计的感受。

对HMI1和HMI2两配对样本的工作负荷评分数据差值进行K-S检验，结果显示数据符合正态分布（$p=0.2>0.05$），如图10-18所示。然后对HMI1和HMI2的工作负荷评分数据进行配对样本T检验，结果表明HMI1和HMI2的可用性无显著性差异（$p=0.906>0.05$），即说明HMI设计显示不同信息透明度对驾驶员的态势感知无显著性影响，从数据客观上来看，协同变道场景中驾驶员使用HMI2的工作负荷略低于使用HMI1。

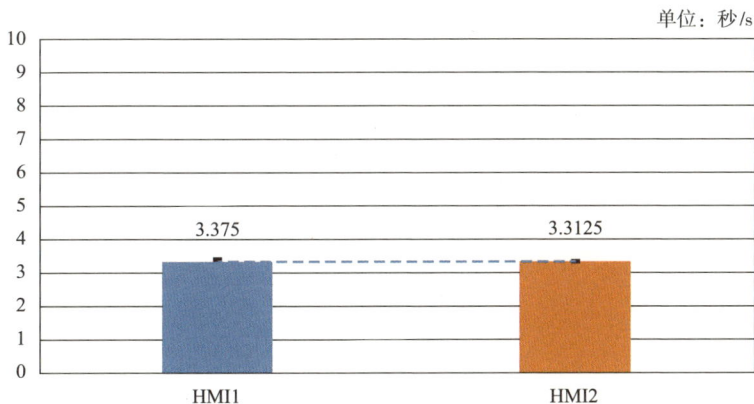

图 10-18　不同 HMI 设计的工作负荷评分

3. 反应时间结果分析

在合作中阶段，HMI的状态从等待合适变道距离到执行变道，需要驾驶员通过界面的提示作出是否变道的决策，而此时的反应时间直接体现出不同的HMI下的决策效率。此组反应时间数据来源于中控屏幕录屏的数据，数据精度到秒，存在一定误差，下图是两次实验任务中反应时间的数据（图10-19）。

对HMI1和HMI2两配对样本的反应时间数据差值进行K-S检验，结果显示数据符合正态分布（$p=0.2>0.05$）。然后对HMI1和HMI2的反应时间数据进行配对样本T检验，结果表明HMI1和

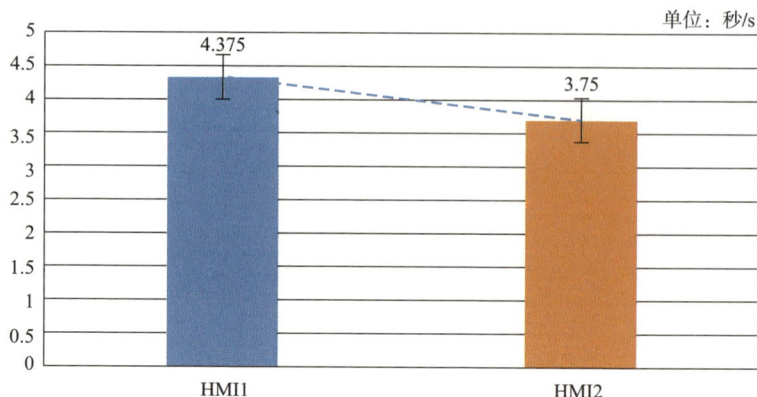

图 10-19　使用不同 HMI 设计的反应时间

HMI2 的反应时间无显著性差异（$p=0.521>0.05$），即说明 HMI 设计显示不同信息透明度对驾驶员的态势感知无显著性影响。从数据客观上来看，协同变道场景中驾驶员使用 HMI2 的作出决策的反应时间明显低于使用 HMI1 时。

4. 可用性评测结果分析

根据实验分析，20 名测试人员均对协同变道场景下的 HMI 设计表示肯定，功能及信息的呈现符合当前驾驶情境下驾驶员的需求，能够清晰地告知驾驶员车辆目前的行为、原因以及对下一步的预测，有效地协助驾驶任务，建立良好的人机交互氛围，其中协同模式图标和 HMI2 中的车辆时距的部分仍需继续改进。实验评分结果由被试各项评分的平均值构成，如表 10-7 所示。

表 10-7　测试评分结果

被试项	可发现性	易理解性	有效性	满意度	安全性	总体
场景化显示	6.25	5.88	6.13	5.88	6.00	6.03
文字提示	6.25	5.75	5.63	5.63	6.00	5.85
协同模式图标	3.50	4.63	4.63	4.25	5.25	4.45
合作对象连接线	5.88	5.13	5.25	5.50	5.88	5.53
合作对象驾驶行为	5.88	5.88	5.38	5.13	5.75	5.60
行车路径	6.50	5.50	5.50	5.50	5.50	5.70
车辆时距（HMI1）	6.75	6.75	6.50	6.25	6.38	6.53
车辆时距（HMI2）	5.38	4.75	5.00	5.25	5.75	5.23

从被试对各项指标评分结果来看，7个测试模块的各项指标都在4分以上，超过量表的平均值，说明该设计方案有较高的可用性及较好的用户体验。通过对车辆时距在不同HMI设计可用性数据的配对样本T检验可知，车辆时距不同的设计表对于可用性具有显著的影响（$p=0.046<0.05$），被试更喜爱直接明了的设计表达。

同时将对实验结果及实验过程中被试反映的问题进行整理和分析，针对需要解决的问题提出相应的解决方案，如表10-8所示。

表10-8　设计元素问题整理及初步解决方案

元素	问题	截图	解决方案
协同模式图标	图标位置不明显且尺寸较小，并不能引起注意		采用颜色对比度更明显的色彩，适当调整图标的尺寸
行车路径	渐变线条以及动态显示会让驾驶员认为前车在前进，注意力从合作对象转移至前车；同时仅通过颜色表达对变道距离的判断过于委婉		线条适当缩短、变细，尽量不要覆盖前方车辆，聚焦在左侧变道距离处
场景化显示	本车在场景中不够突出		突出本车视角，动态跟随变化；同时周围车辆采用白模的形式，减少存在感，释放驾驶员注意力
合作状态连接线	连接线与箭头不明显，易混淆合作对象		适度增加连接线粗细，增大箭头；同时辅助从本车指向合作车辆的动态效果

数据结果表明提供更高机器透明度的HMI设计能够提升驾驶员的态势感知，降低工作负荷。从决策的反应时间维度来看，更高机器透明度的HMI设计在提高决策效率方面也起到了积极作用。

第十一章

封闭测试场
测试

11

第一节
智能汽车 ACC Cut-in 辅助驾驶系统场地测试

一、测试目的

越来越多的车辆上配备了自适应巡航控制系统（Adaptive Cruise Control，ACC）。作为智能驾驶辅助系统的功能之一，ACC 由巡航控制（Cruise Control，CC）功能发展而来。CC 功能下车辆可以按照预设的速度行驶，而 ACC 则可以保持本车与前车在安全范围内的车头时距。前车切入（Cut-in）本车道的事件是开启 ACC 功能后一个典型场景，并且切入场景也是在日常行驶中常见的驾驶场景。在 ACC 的使用过程中，由于系统功能限制（如弯道识别限制、天气限制等），切入场景出现驾驶危险甚至发生交通事故。

2017 年，在上汽汽车工业发展基金的支持下，团队基于自然驾驶数据、ACC 等智能驾驶功能测试工况分析的基础上，提取测试场景和国家智能网联汽车试点示范区测试场地内的路线，对对标车型进行测试任务细化，为后期封闭测试场进行场地路段选择、车型选择和装备安装进行准备。预实验包含两辆对标车辆（Volvo S90 和 Tesla Model X）的 ACC 和对应功能的体验测试，以及测试场地适用性测试。

二、测试场地路线

测试场选择在国家智能网联汽车（上海）试点示范区内进行，测试路线如图 11-1 红框表示：

图11-1　测试路线图

三、测试任务

ACC测试任务中每个细分场景下的工况由本车车速、初始切入时刻THW、初始切入时刻 Δv共同决定。每个细分场景各工况下目标车初始切入时刻的TTC及本车与目标车的相对距离如图11-2所示。

四、ACC前车切入场景工况提取

前车切入（Cut-in）场景危险域工况的筛选：危险工况的筛选综合考虑了纵向加速度、侧向加速度以及横摆角速度与速度关联下偏离正常驾驶范围的程度、制动压力变化率以及TTC触发值等信息，采用模糊综合评价的方法确定出危险工况的筛选标准。从自然驾驶数据库中共筛选得到780例危险工况。在危险工况的筛选过程中以最大制动减速度超过0.4g作为触发条件，并结合视频数据从自然驾驶实验780例危险工况中筛选得到80例对应的危险工况。

PV-L测试工况

工况要求				
本车车速(km/h)	THW(s)	Δv(km/h)	TTC(s)	工况编码
30	0.70	0	∞	21
	1.20	0	∞	20
		10	3.80	
	1.50	0	∞	19
		10	4.50	9
	2.00	0	∞	18
		10	6.00	8
50	0.70	0	∞	17
		10	3.50	
	1.20	0	∞	16
		10	6.00	7
	1.50	0	∞	15
		10	7.50	6
	2.00	0	∞	14
		10	10.00	5
60	0.70	0	∞	13
		10	4.20	4
	1.20	0	∞	12
		10	7.20	3
	1.50	0	∞	11
		10	9.00	2
	2.00	0	∞	10
		10	12.00	1

PV-R测试工况

工况要求				
本车车速(km/h)	THW(s)	Δv(km/h)	TTC(s)	工况编码
20	1.30	0	∞	22
	1.70	0	∞	21
	1.80	0	∞	20
		10	3.60	19
	2.20	0	∞	18
		10	4.40	9
40	1.30	0	∞	17
		10	5.20	8
	1.70	0	∞	16
		10	6.80	7
	1.80	0	∞	15
		10	7.20	6
	2.20	0	∞	14
		10	8.80	5
60	1.30	0	∞	13
		10	7.80	4
	1.70	0	∞	12
		10	10.20	3
	1.80	0	∞	11
		10	10.80	2
	2.20	0	∞	10
		10	13.20	1

图11-2 测试任务

前车切入（Cut-in）场景安全域工况的筛选：首先从32名驾驶员中随机选择10名驾驶员（5名男性和5名女性）2天内的驾驶数据进行分析，结合视频数据和CAN总线数据共从908公里的自然驾驶数据中提取得到213例cut-in场景安全域工况，所有安全域工况中的最大制动减速度均小于0.4g。

前车切入（Cut-in）实验细分场景、工况如图11-3所示。

细分场景、工况	CV-R(1)	PV-L(2)	PV-R(3)
照明情况	好(昼)	好(昼)	好(昼)
第二目标车分布情况	0	0	0
目标车类型	商用车	乘用车	乘用车
目标车切入方向	右	左	右
本车车速(km/h)	40/60	30/50/60	20/40/60
	(20/step)	(20/step)	(20/step)
初始切入时刻THW(s)	1.5/20	0.7/1.2	1.3/1.8
	(0.5/step)	(0.5/step)	(0.5/step)
初始切入时刻Δv(km/h)	0/20	0/10	0/10
	(20/step)	(10/step)	(10/step)
路面湿滑情况	Dry	Dry	Dry
目标车是否被遮挡	否	否	否
目标车变道持续时间(s)	5.5	5.5	5.5

图 11-3 Cut-in实验细分场景、工况

Cut-in实验测试场景如图11-4所示。

左侧切入细分场景

右侧切入细分场景

图 11-4 红色小车为本车，黑色为切入车

第二节
校园道路路试体验

一、体验目的

为对ACC功能与Cut-in场景进行更加深入的分析和探索，开展在校园半封闭道路内的路试体验，为后续封闭测试做前期准备，具体目标如下。

（1）熟悉ACC/Pilot相关的硬件操作。

（2）确定ACC/Pilot启用条件、基本功能、抑制策略及相关HMI反馈。

（3）了解仪器的使用方法，确定具体布置位置，模拟正式测试流程。

二、测试资源

（1）测试车辆：Volvo S90（1.8）和Tesla Model X（1.12）。

（2）测试环境：校园道路、高速公路。

（3）测试设备：四路GoPro、激光测距仪。

（4）摄像头作用说明如图11-5所示。

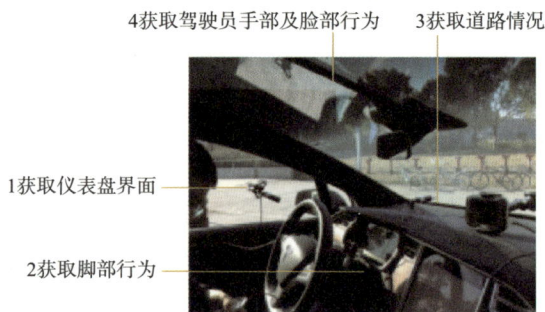

图11-5　红色小车为本车，黑色为切入车

三、测试流程

（1）路试前：仪器安装，熟悉硬件操作设置。

（2）路试中：根据道路情况以及所需工况进行驾驶，随时记录并全程拍摄。

（3）路试后：整理记录、图片、视频，为正式场地测试做准备。

四、测试结果

1. 基本功能路试结果

Volvo S90 、Tesla Model X ACC/Pi10t两款车型基本功能路试结果如表11-1、表11-2所示。

表11-1　测试评分结果（图片来自企业公开使用指南）

ACC基本操作	Volvo S90	Tesla Model X
开启方式	按下方向盘按钮②或③可滚动至符号/功能 🐑④ 在符号/功能 🐑④显示的情况下，按下方向盘按钮 🔘① 	达到启动速度后，出现灰色图标（代表ACC可用），设置设定速度后（朝身体拉动一次控制杆）图标变蓝（代表ACC工作，可松开加速踏板）
设置跟车时距		无

ACC基本操作	Volvo S90	Tesla Model X
设置跟车时距	①缩短时间间隔 ②增加时间间隔 ③距离警示 对于前方车辆，有不同的时间间隔可以选择（共5种），在驾驶员显示屏上显示为1~5条水平线，线条越多，时间间隔就越长。一条线代表与前车相距约1秒，五条线约3秒	车辆静止与行驶中均可调，共有7挡
设置存储车速	 通过短按或长按方向盘按钮+①或–③更改设定速度 ①已存储车速 ②前方车辆速度 ③您的当前车速 （最低存储车速为30km/h）	行驶中出现灰色图标后才能设置，最低设定速度为30km/h
手动取消和恢复	暂时关闭自适应巡航控制系统，并将其置于待机模式 按下方向盘按钮 ⟲ 驾驶员显示屏中的 符号从白色变为灰色，车速表中央的存储车速从米色变为灰色	取消：踩制动踏板或向身体外侧推控制杆 恢复：将巡航控制杆朝着身体方向拉动

ACC基本操作	Volvo S90	Tesla Model X
驾驶模式的切换	共有3种驾驶模式 eco—侧重于节油，与前车保持较长的时间间隔 comfort—侧重于保持与前车的设定时间间隔尽可能平稳地跟车行驶 dynamic—侧重于保持与前车的设定时间间隔更紧密地跟车行驶，在某些情况下可能会有更多的紧急加速和制动	无

表11-2　测试评分结果（图为测试过程中实拍截图）

自适应巡航系统（ACC）

测试功能	Volvo	Tesla
无前车启用速度 （Volvo 15km/h，TESLA 8km/h）	启动速度：16km/h 	9km/h无法启用，启用速度不稳定（13km/h，25km/h）
前车静止，本车从远处靠近前车，测出最大可探测距离	最大可探测距离随跟车时距的增大而增大 跟车时距为五挡时大约为40m 跟车时距为三挡时大约为20m 	 最大可探测距离60m 最大可探测距离与跟车时距挡位无关
前车静止在最大可探测距离处，本车起步后，ACC能否工作	ACC能以低于启动速度启动，停车间距为3~4m	设定速度为30km/h，跟车时距7挡：有前车，10km/h才可进入ACC可用状态，靠近过程中最高18km/h，最终自动停车间距3~4m

自适应巡航系统（ACC）

测试功能	Volvo	Tesla
前车静止在最大可探测距离处，本车起步后，ACC能否工作		
自动启停功能	稳定跟车后，前车缓慢制动至静止，本车也会跟着制动至静止，停车间距为3~4m 在一定时间内（从速度为0开始小于5秒内），前车重新启动，本车会跟着启动继续跟车行驶 否则车辆会自动熄火，此时前车自动启动后，后车无反应	稳定跟车后，前车缓慢制动至静止，停车间距大约为3m 前车重新启动，本车也会启动继续跟车行驶，并且不受停车时长的影响
定速巡航—自适应巡航	无前车时，ACC以设定速度定速巡航（大约车速达到5km/h即开启定速巡航）；检测到跟车目标即进入自适应巡航 更改设定速度/跟车时距，ACC有明显反应 更改驾驶模式，ACC反应不免明显	无前车时，ACC以设定速度定速巡航，调整设定速度的同时车速也随之变化 检测到跟车目标即进入自适应巡航，跟车时距挡位调高后，车速降低车距变大
稳定跟车，跟车目标更换	跟车目标更换后，ACC对于移动中的跟车目标反应较灵敏，对于静止车辆反应较缓慢	（校园未测）
稳定跟车，跟车目标消失	ACC会加速至设定速度	ACC会加速至设定速度
稳定跟车，手动变道，目标车道有/无车辆	在变道过程中ACC始终正常工作	在变道过程中ACC始终正常工作

自适应巡航系统（ACC）		
测试功能	Volvo	Tesla
本车从检测距离范围外开启ACC驶近路桩，是否进入保持状态？拿走路桩后，踩下加速踏板，是否恢复	ACC无法识别路桩，无反应	两个锥筒叠放，界面显示图标为车辆；本车从远处靠近路桩，很近距离ACC才工作，虽有减速趋势，但最终并未成功停车，驾驶员干预 两个锥筒分开放在车道内，未能识别 总之路桩识别效果不佳
有/无跟车状态踩下制动踏板	均会取消	均会取消

2. 表11-3为Tesla Model X 辅助转向功能路试结果

表11-3 Tesla Model X测试评分结果（图片来自使用手册及测试过程买拍截图）

Tesla Model X 辅助转向
开启方式：达到启动速度后，出现灰色图标（代表辅助转向可用）**52**，快速朝身体方向连续拉动控制杆两次，图标变蓝（代表辅助转向工作）**52**

测试工况	测试结果
不开ACC，能否仅开启辅助转向	不可以，须开启ACC才可开启辅助转向，所以TESLA的辅助转向功能类似于Volvo的Pilot功能（自适应巡航+居中保持）
无前车时的启动速度	与ACC的启动速度情况一致
单/双手脱离方向盘，观察多级警告（HMI）	双手始终脱离方向盘行驶，仅在开启时刻有提示但无任何警告； 车辆施加力矩控制方向盘保持车道居中行驶，弯道行驶仍然如此（驾驶员反馈：该力矩大小很合适，驾驶员可以自如地转动方向盘取消该功能）
限速功能	在校园道路使用该功能会限制行驶速度（高速公路不会）

Tesla Model X 辅助转向	
测试工况	测试结果
限速功能	本车以设定速度50km/h定速巡航，开启辅助转向后，以最大速度25km/h行驶（检测到校园限速25km/h），设定速度自动降低为最低（30km/h）且无法调整
手动转动方向盘，辅助转向是否取消，ACC是否仍可使用	手动转动方向盘，辅助转向会取消，ACC仍可使用
踩下制动踏板/向外拨动巡航控制杆/换出D挡，ACC和辅助转向是否均会取消	ACC和辅助转向均会取消

3. 表11-4为Volvo S90 Pilot Assist功能路试结果

表11-4　Volvo S90测试评分结果（图为测试过程实拍截图）

Volvo S90 Pilot Assist	
测试工况	测试结果
无前车，测试启动速度15km/h	启动速度16km/h
在可探测距离内，两车静止时，Pilot能否启用	两车均静止，Pilot不能启用 前车静止在可探测距离内，Pilot能以低于启动速度启动
单/双手脱离方向盘，观察警告（HMI）	车辆不会发出任何警告
从无车道线道路到有车道线道路，Pilot是否自动恢复	无
Pilot启用下，摄像头和雷达能否识别马路边缘	可以识别，但对于马路边缘及车道线的识别不稳定，时断时续

Volvo S90 Pilot Assist	
测试工况	测试结果
使用转向灯超过1分钟，Pilot是否进入待机模式	使用转向灯超过1分钟，Pilot进入待机状态
驾驶员主动转向，Pilot是否进入待机模式	驾驶员主动转向，Pilot不会进入待机模式；但若驾驶员大幅度主动转向，则Pilot下的车道居中保持功能将退出（仪表盘上Pilot方向盘变灰）

4. ACC/Pilot HMI交互逻辑

Volvo S90 和 Tesla Model X 的 HMI 逻辑图如图 11-6、图 11-7所示。

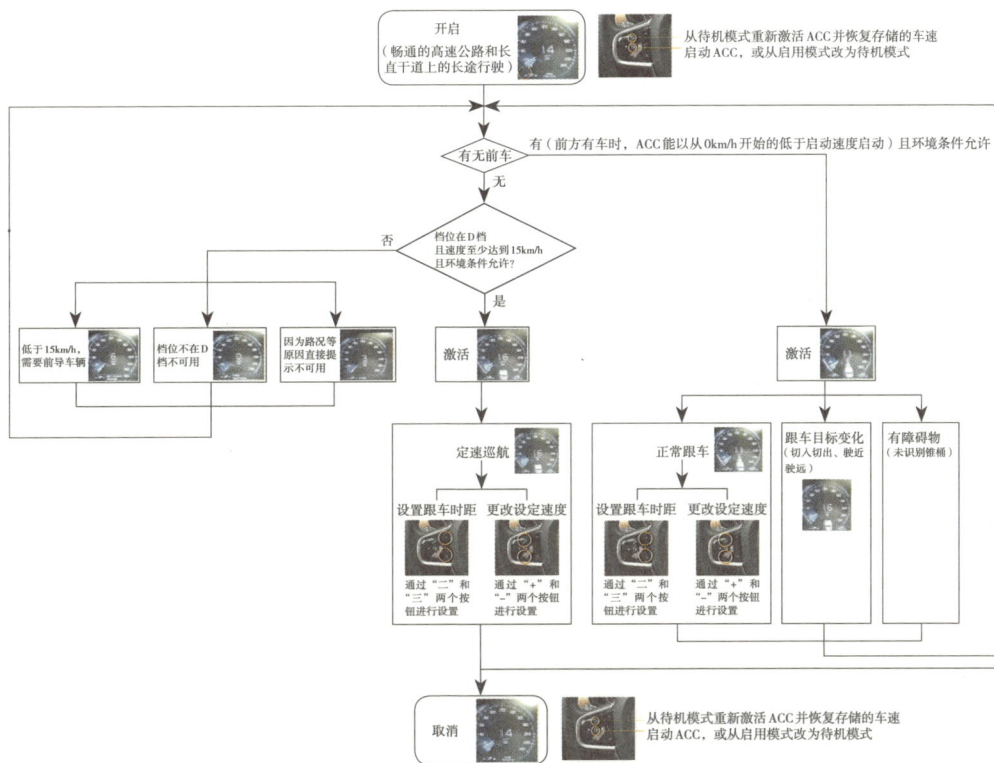

图 11-6　Volvo S90逻辑图

开启
（主要用于在高速公路等干燥的直路上行驶）

朝向身体方向拉动，恢复之前设置的车速
拨杆开启

有无前车 —— 有

无

（设定速度30km/h，跟车时局7档；有前车，10km/h才可进入ACC可用状态，靠近过程中最高18km/h，最终停车间距大约为3-4米。）

档位在D档且达到激活速度且环境条件允许？ —— 否

是

不可用时直接无图显示

激活

激活

定速巡航

正常跟车

跟车目标变化
（切入切出、驶近驶远）

有障碍物
（锥桶叠放，显示为车辆，有叠影；锥桶分开放，未识别）

设置跟车时距　更改设定速度

转动巡航控制手柄，从设置1（最小跟车距离）至7（最大跟车距离）中选择一个

要加速/减速1km/h将手柄向上或向下扳动到第一档位并松开。要加速/减速到以5km/h为单位的最近整数速度，可将手柄向上或向下扳动到第二档位并松开。

设置跟车时距　更改设定速度

转动巡航控制手柄，从设置1（最小跟车距离）至7（最大跟车距离）中选择一个

要加速/减速1km/h将手柄向上或向下扳动到第一档位并松开。要加速/减速到以5km/h为单位的最近整数速度，可将手柄向上或向下扳动到第二档位并松开。

取消

朝向远离身体的方向振动，手动取消巡航控制
拨杆取消

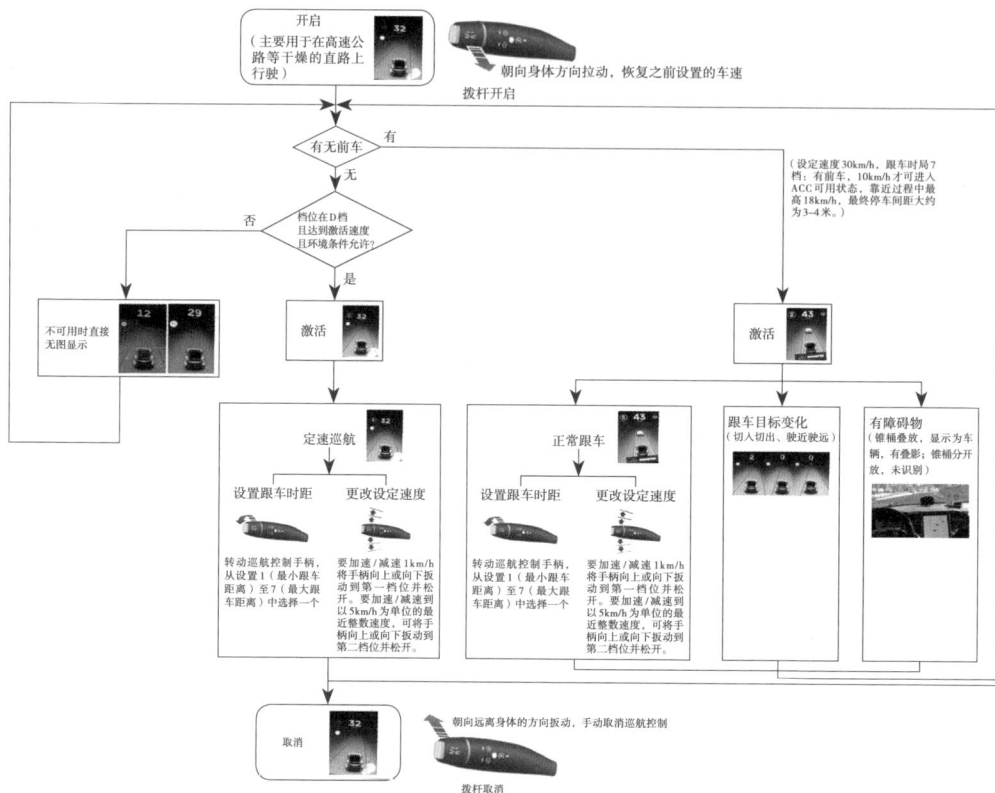

图11-7　Tesla Model X 逻辑图

第三节
案例：封闭测试场 ACC/Cut-in 对标测试

一、实验目的及说明

Cut-in 场景为 ACC 功能的典型应用场景之一，且在特定工况下容易发生危险事故。本实验方案通过结合自然驾驶数据中获得的典型 cut-in 场景设计 Benchmark 实验场景及工况，以期通过实验获得

Tesla Model X、Volvo S90在ACC功能中针对Cut-in场景的控制策略和人机交互策略。

Cut-in实验场景分为危险域场景和舒适域场景两部分。本次实验方案仅包含危险域场景内容。需特别说明的是，本实验方案中的场景均首先基于自然驾驶数据通过聚类分析得到"测试场景"，然后根据基准实验需要及实际实验条件调整后获得"实验场景"，若无特别说明，本文中所提到的场景均指"实验场景"。

二、实验设备

Cut-in测试设备安装（图11-8）。

图11-8　Cut-in测试的设备安装

① 实验车辆（被测车辆：Tesla Model X、Volvo S90；目标车辆：荣威E-RX5）；

② RT系统全套（RT-3002 2个、RT-range 1个、配套专用电脑1台）；

③ 千寻高精度地图；

④ 4路V-box（RT和V-box两套系统基于GPS UTC time和V-box UTC time进行同步）。

三、实验参与人员配置

① 专业试车员1名。

②侧车司机1名。

③实验员3名。

④设备操作员2名。

四、实验步骤

1. 本车实验车辆实验前调整

实验开始前，开启本车实验车辆ACC功能进行路试，以确保ACC功能正常工作。同时要确保被试已熟悉该功能的使用，并且熟悉ACC功能下的人机交互界面。

2. 目标车实验车辆实验前调整

实验开始前，对由驾驶机器人控制的目标车实验车辆进行路试，确保驾驶机器人的控制参数设置能够达到实验工况设定中的要求。主要考察能否在与本车车辆相距指定距离时开始变道，以及变道持续时间是否满足工况要求。

3. 正式测试

为保证实验安全，按照TTC值由大到小进行实验。当两车相对距离符合实验需求时，目标车的实验人员下达切入的指令，当本车稳定跟车5秒时发布结束的指令。

五、实验结果

1. 初始制动时刻本车与目标车横向相对位置关系

本车与目标车横向相对位置定义如图11-9所示。

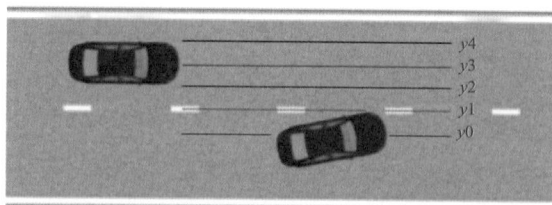

图11-9　本车与目标车横向相对位置定义

根据统计结果，在车辆判断与前车距离较近需要进行制动时，Tesla Model X在初始制动时刻与目标车横向相对位置大部分位于 $y2$ 位置，Volvo S90为 $y3$ 位置，如图11-10所示。

Tesla Model X				
制动情况	制动			无明显制动
	$y2$	$y3$	$y4$	
工况数	26	2	2	5
比例	74.29%	5.71%	5.71%	14.29%

Volvo S90				
制动情况	制动			无明显制动
	$y2$	$y3$	$y4$	
工况数	0	17	1	8
比例	0	65.38%	3.85%	30.77%

图11-10 统计结果

2. 不同工况下自动驾驶车辆制动响应过程参数

（1）最大加加速度（图11-11）。

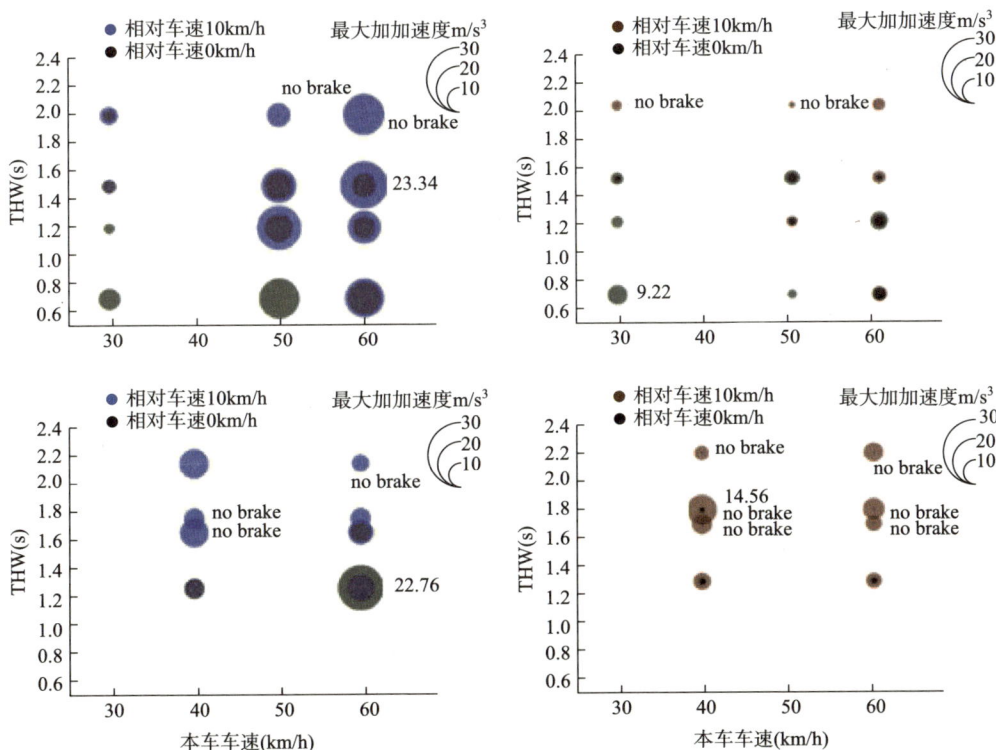

图11-11 不同工况下Tesla和Volvo最大加加速度（左Tesla，右Volvo；上PV-L，下PV-R）

Tesla：

相对车速0km/h工况中，沿水平方向，最大加加速度随着本车车速的增加而增大；沿竖直方向，最大加加速度随着THW的减小而增大。

相对车速10km/h工况中，最大加加速度随本车车速、THW的变化趋势与相对车速0km/h工况相同。相同本车车速、THW值条件下，相对车速越大，最大加加速度越大。

Volvo：

相对车速0km/h工况中，沿水平方向，最大加加速度随着本车车速的变化规律并不明显；沿竖直方向，最大加加速度随着THW的减小而增大。

相对车速10km/h工况中，最大加加速度随着本车车速增加有增加趋势，但规律仍不明显；沿竖直方向，最大加加速度随着THW的变化规律并不明显。

（2）平均制动减速度（图11-12）。

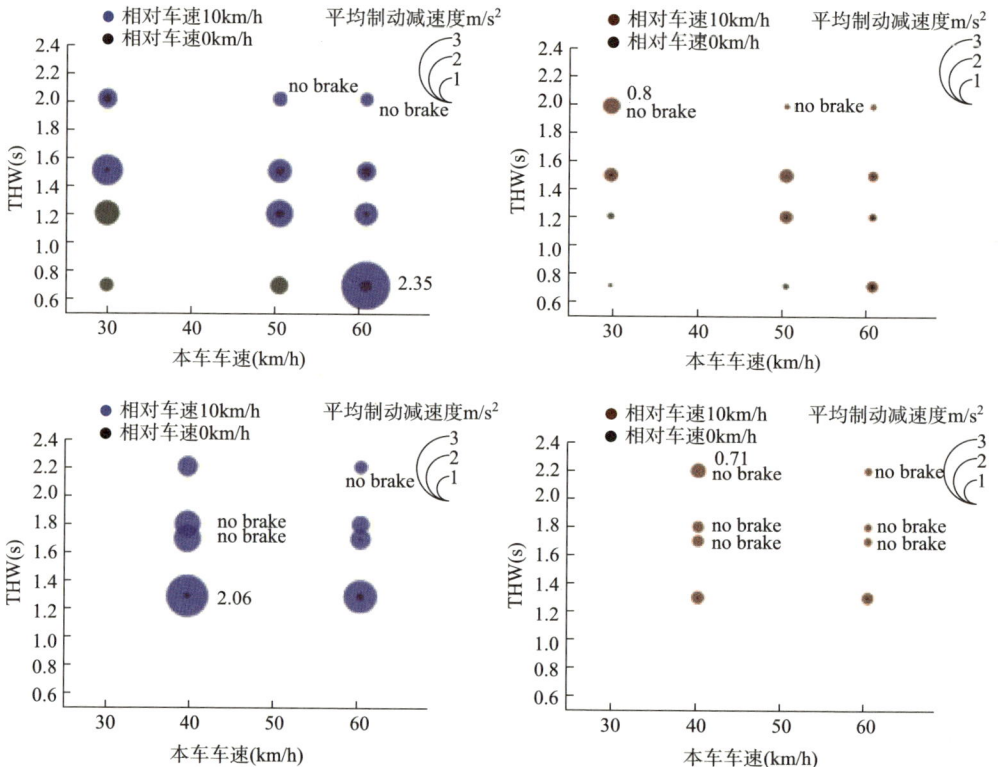

图11-12　不同工况下Tesla和Volvo平均制动减速度（左Tesla，右Volvo；上PV-L，下PV-R）

Tesla：

相对车速0km/h工况中，沿水平方向，平均制动减速度随本车车速的变化规律并不明显。沿竖直方向，平均制动减速度随着THW的减小而增大。

相对车速10km/h工况中，平均制动减速度随本车车速的变化规律并不明显。沿竖直方向，平均制动减速度随着THW的减小而增大。

Volvo：

相对车速0km/h工况中，沿水平方向，平均制动减速度随本车车速的变化规律并不明显。沿竖直方向，平均制动减速度随着THW的减小而增大。

相对车速10km/h工况中，沿水平方向，平均制动减速度随本车车速的变化规律并不明显。沿竖直方向，平均制动减速度随着THW的变化规律并不明显。

（3）最大制动减速度（图11-13）。

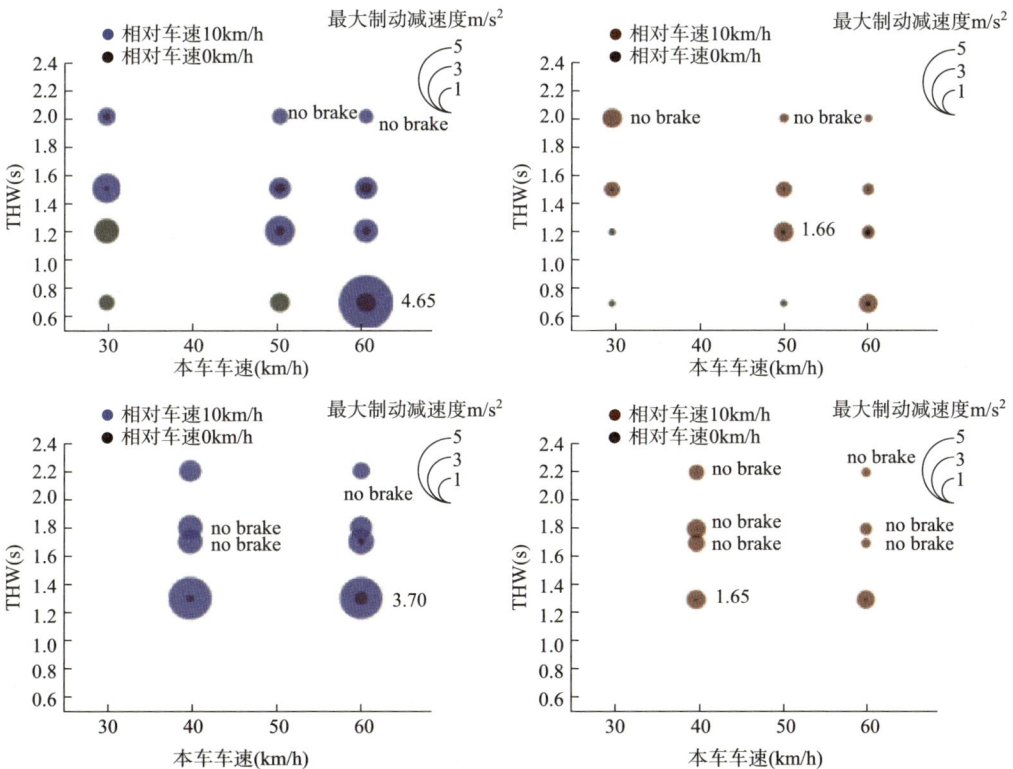

图11-13　不同工况下Tesla和Volvo最大制动减速度（左Tesla，右Volvo；上PV-L，下PV-R）

Tesla：

相对车速0km/h工况中，沿水平方向，最大制动减速度随本车车速的变化规律并不明显。沿竖直方向，最大制动减速度随着THW的减小而增大。

相对车速10km/h工况中，沿水平方向，最大制动减速度随本车车速的变化规律并不明显。沿竖直方向，最大制动减速度随着THW的减小而增大。

Volvo：

相对车速0km/h工况中，沿水平方向，最大制动减速度随本车车速的变化规律并不明显。沿竖直方向，最大制动减速度随着THW的减小而增大。

相对车速10km/h工况中，最大制动减速度随本车车速的变化规律并不明显。沿竖直方向，整体上最大制动减速度随着THW的减小而增大。

（4）制动情况分布（图11-14）。

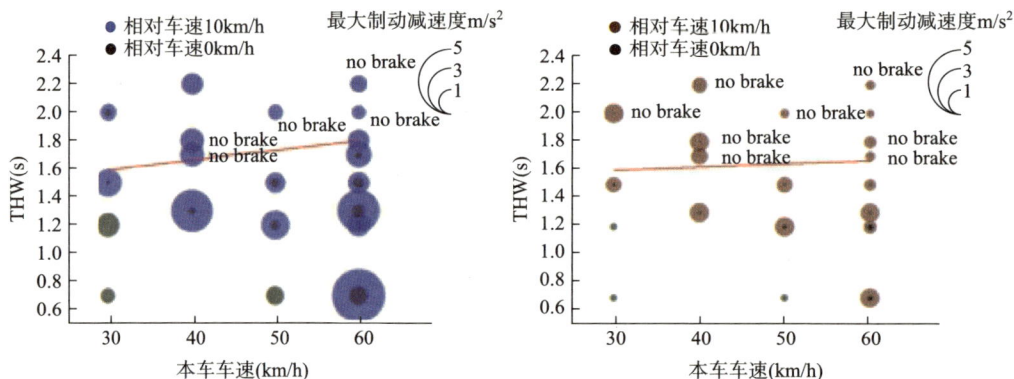

图11-14　不同工况下Tesla和Volvo制动情况分布

参考文献

［1］彭聃龄.普通心理学 [M].北京:北京师范大学出版社,2010.

［2］王甦,汪安胜.认知心理学 [M].北京:北京大学出版社,1999.

［3］石丹丹.基于皮电实验对用户交互行为的分析研究 [D].浙江大学,2017.

［4］王洁,方卫宁,李广燕.基于多资源理论的脑力负荷评价方法[J].北京交通大学学报,2010,34(6):107-110.

［5］王海艳.认知负荷理论在高中思想政治课教学中的运用 [D].苏州大学,2013.

［6］安其梅.认知风格和元认知监控对认知负荷影响的实验研究 [D].贵州师范大学,2016.

［7］曹宝龙,刘慧娟,林崇德.认知负荷对小学生工作记忆资源分配策略的影响 [J].心理发展与教育,2005(1):36-42.

［8］赖日生,曾晓青,陈美荣.从认知负荷理论看教学设计 [J].江西教育学院学报(社会科学),2005:53.

［9］Sweller J. Cognitive load during problem solving: Effects on learning[J]. Cognitive Science, 1998, 12(2).

［10］Ghazizadeh M,Lee D J, Boyle N L. Extending the technology acceptance model to assess automation[J].Cognition, Technology & Work, 2012,14(1).

［11］Parasuraman R, Sheridan B T, Wickens D C. Situation Awareness, Mental Workload, and Trust in Automation: Viable, Empirically Supported Cognitive Engineering Constructs[J]. Journal of Cognitive Engineering and Decision Making, 2008, 2(2): 140-160.

［12］Miwa M, Dibben D, Yamada T. High Accuracy Torque Calculation for a Rotating Machine Using Adaptive Meshing[J]. IEEE Transactions on Magnetics, 2017,40(2): 1001-1004.

［13］王新野,李苑,常明,等.自动化信任和依赖对航空安全的危害及其改进 [J].心理科学进展,2017:1614-1622.

［14］Ekman F, Johansson M, Sochor J. Creating Appropriate Trust in Automated Vehicle Systems: A Framework for HMI Design[J]. IEEE Transactions on Human-Machine Systems, 2018, 48(1):95-101.

［15］Muir, Bonnir M. Trust in automation: Part I. Theoretical issues in the study of trust and human intervention in automated systems[J]. 2018, 37(11): 1905-1922.

［16］Oliver C, Martens M H. How can humans understand their automated cars? HMI principles, problems and solutions[J]. Cognition, Technology & Work, 2018,27(6): 99-107.

［17］闫国利,田宏杰.眼动记录技术与方法综述 [J].应用心理学,2004(2):55-58.

［18］Jakob Nielsen. Usability 101: Introduction to Usability [DB/OL]. [2013-12-08].

［19］PMCAMP.用户研究之访谈法大全——PMCamp 大全系列. [2013-01-01].

［20］关于游戏设计理论研究和设计师角色认知的话题.

［21］NIGHTWIND.可用性测试方法总结(1)概览. [2013-01-01].

［22］周荣刚,张侃.界面可用性评价之认知过程走查法. [2013-01-05].

［23］新浪 UED 团队博客.启发式评估方法介绍. [2013-01-05].

［24］微博 UDC 设计中心.眼动研究介绍:应用价值与问题. [2013-01-05].

［25］腾讯 CDC.CE 的秘密武器——眼动仪. [2013-01-06].

［26］Helicopter 的 UX 笔记. UE 实践笔记:眼动数据分析——诠释与过度诠释. [2013-01-06].

［27］李乐山.人机界面设计(实践篇)[M].北京:科学出版社,2009.

［28］葛列众,许为.用户体验理论与实践 [M].北京:中国人民大学出版社,2020.

［29］由芳,王建民,王文娟.智能汽车 HMI 交互设计与评估 [M].北京:科学出版社,2024.

［30］由芳,王建民,蔡泽佳.交互设计:设计思维与实践 2.0 [M].北京:电子工业出版,2020.

［31］由芳,王建民,肖静茹.交互设计:设计思维与实践 [M].北京:电子工业出版社,2017.

［32］由芳,王建民.可用性测试 [M].广州:中山大学出版社,2017.

［33］王建民.信息架构设计 [M].广州:中山大学出版社,2017

附　录

附录一
可用性测试报告中常用的一些表格信息示例

被测者特征信息表格

附表1-1　被测者特征信息示例表

序号	性别	年龄	教育	职务	职业经验	计算机使用经验
被测者1	男	25	本科	顾问助理	从事人力资源管理相关工作	经常使用电子邮箱、QQ和MSN 熟悉各办公软件的使用，如Microsoft Word 日均使用电脑时间为5小时
被测者2	男	28	硕士	网络维护工程师	在通信类公司从事网络维护方面的工作	本科专业为计算机领域专业，熟悉计算机组成原理和常用编程语言等知识 经常使用电子邮箱、QQ和MSN 懂得操作常用办公软件 日均使用电脑时间为7小时
被测者3	女	26	本科	销售助理	在IT公司从事销售方面工作	本科专业为计算机领域专业 经常使用电子邮箱、QQ和MSN 熟悉常用办公软件 日均使用电脑时间为6小时

（此示例表格中展示的特征都是一些典型的用户特征信息，包含人口统计、职业经验、计算机经验等。）

单个度量结果表格

附表1-2　某任务的有效性结果示例表

任务X	没有帮助情况下的 任务有效性 [（%）完成]	有帮助情况下的 任务有效性 [（%）完成]	任务时间 [最小值（分钟）]	……	出错 次数	帮助 次数
被测者1	100	100	4	……	0	0
被测者2	80	100	6	……	3	2
被测者3	90	100	5	……	2	2
均数	90	100	5	……	1	1
最小值	80	100	4	……	0	0
最大值	100	100	6	……	3	2

（此示例表格描述了被测者执行某任务的有效性结果。）

所有度量结果表格

附表1-3　某任务的所有度量结果示例表

任务X	完成率（%） [度量1]	错误耗费时间（分钟） [度量2]	……	有效帮助率（%） [度量N]
被测者1	100	1	……	100
被测者2	80	3	……	60
被测者3	90	2	……	80
均数	90	2	……	80
最小值	80	1	……	60
最大值	100	3	……	100

（此表格描述了被测者执行某任务的所有度量结果。）

单个度量的被测者行为结果表格

附表1-4　被测者有效性行为结果示例表

所有任务	所有没有帮助任务的 有效性 [（%）完成]	所有有帮助任务的 有效性 [（%）完成]	所有任务 总时间 （分钟）	……	所有出错 总次数	所有帮助 总次数
被测者1	80	90	60	……	10	10

所有任务	所有没有帮助任务的 有效性 [（%）完成]	所有有帮助任务的 有效性 [（%）完成]	所有任务 总时间 （分钟）	……	所有出错 总次数	所有帮助 总次数
被测者 2	90	100	50	……	8	6
被测者 3	100	100	40	……	2	0
均数	90	93	50	……	6	5
最小值	80	90	40	……	2	0
最大值	100	100	60	……	10	10

（此示例表格针对有效性度量，描述了被测者执行所有任务的行为结果。）

所有度量的被测者行为结果表格

附表1-5　被测者在所有度量上的整体行为结果示例表

所有任务	完成率（%） [总度量 1]	错误耗费时间比率（%） [总度量 2]	……	出错总次数（次） [总度量 N]
被测者 1	100	25	……	10
被测者 2	100	10	……	5
被测者 3	100	10	……	3
均数	100	15	……	6
最小值	100	10	……	3
最大值	100	25	……	10

（此示例表格描述了被测者在所有度量上的整体行为结果。）

满意度结果表格

附表1-6　被测者满意度结果示例表

满意度	易用（%）	外观（%）	清晰（%）	……
被测者 1	80	100	70	……
被测者 2	90	90	90	……
被测者 3	70	80	80	……
均数	80	90	80	……
最小值	70	80	70	……
最大值	90	100	90	……

附录二
ISO 9241 系列可用性相关标准及对应的国家标准

ISO国际标准			对应的国家标准（翻译ISO国际标准）		
ISO国际标准号	标准名字	页数	国家标准号	标准名字	页数
ISO 13407:1999	Human-Centered Design Process	26	GB/T 18976-200320210921-T-469（正在审查）	以人为中心的交互系统设计过程	26
ISO/TR 16982:2002	Ergonomics of human-system interaction – Usability methods supporting human-centred design	44	GB/T 21051-2007	人—系统交互工效学 支持以人为中心设计的可用性方法	
ISO/IEC 25062:2006（已被ISO/DIS 25062.2取代）	Common Industry Format (CIF) for usability test reports	46	GB/T 25000.62-2014	软件工程 软件产品质量要求与评价（SQuaRE）易用性测试报告行业通用格式（CIF）	36
ISO 9241-1:1997	Ergonomic requirements for office work with visual display terminals (VDTs) Part 1: General introduction	7	GB/T 18978.1-2003	使用视觉显示终端（VDTs）办公的人类工效学要求 第1部分：概述	18
ISO 9241-2:1992	Ergonomic requirements for office work with visual display terminals (VDTs) Part 2: Guidance on task requirements	3	GB/T 18978.2-2004	使用视觉显示终端（VDTs）办公的人类工效学要求 第2部分：任务要求指南	8
ISO 9241-302:2008	Ergonomics of human-system interaction Part 302: Terminology for electronic visual displays	80	没有对应国家标准（ISO 9241-3:1992及 ISO 9241-7:1998标准已被 ISO 9241-302:2008丨 ISO 9241-303:2011丨ISO 9241-304:2008丨ISO 9241-305:2008丨ISO 9241-307:2008丨ISO/TR 9241-311:2022 修订）		
ISO 9241-303:2011	Ergonomics of human-system interaction Part 303: Requirements for electronic visual displays	43			

ISO 国际标准			对应的国家标准（翻译 ISO 国际标准）		
ISO 国际标准号	标准名字	页数	国家标准号	标准名字	页数
ISO 9241–304:2008	Ergonomics of human–system interaction Part 304: User performance test methods for electronic visual displays	21	没有对应国家标准（ISO 9241–3:1992 及 ISO 9241–7:1998 标准已被 ISO 9241–302:2008 I ISO 9241–303:2011 I ISO 9241–304:2008 I ISO 9241–305:2008 I ISO 9241–307:2008 I ISO/TR 9241–311:2022 修订）		
ISO 9241–305:2008	Ergonomics of human–system interaction Part 305: Optical laboratory test methods for electronic visual displays	183			
ISO 9241–307:2008	Ergonomics of human–system interaction Part 307: Analysis and compliance test methods for electronic visual displays	217			
ISO/TR 9241–311:2022	Ergonomics of human–system interaction Part 311: Application of ISO 9241–307: LCD screens for workstations	14			
ISO/TS 9241–411:2012	Ergonomics of human–system interaction Part 411: Evaluation methods for the design of physical input devices	62	没有对应国家标准		
ISO 9241–5:1998（将会被 ISO/DIS 9241–5 取代，新版本审查中）	Ergonomic requirements for office work with visual display terminals (VDTs) Part 5: Workstation layout and postural requirements	25	没有对应国家标准		
ISO 9241–6:1999	Ergonomic requirements for office work with visual display terminals (VDTs) Part 6: Guidance on the work environment	32	没有对应国家标准		
ISO 9241–8:1997（本标准已撤销，由 ISO 9241–302:2008 I ISO 9241–303:2008 I ISO 9241–305:2008 修订）	Ergonomic requirements for office work with visual display terminals (VDTs) Part 8: Requirements for displayed colours	27	没有对应国家标准		

智能汽车交互设计与评测方法

ISO 国际标准			对应的国家标准（翻译 ISO 国际标准）		
ISO 国际标准号	标准名字	页数	国家标准号	标准名字	页数
ISO 9241-9:2000（本标准已撤销，由 ISO 9241-400:2007 I ISO/TS 9241-411:2012 修订）	Ergonomic requirements for office work with visual display terminals (VDTs) Part 9: Requirements for non-keyboard input devices	47	没有对应国家标准		
ISO 9241-110:2006（即 ISO 9241-10:1996 的修订版本）（注：ISO 9241-110:2020 为最新版）	Ergonomics of human-system interaction Part 110: Dialogue principles	22	GB/T 18978.10-2004（对应 ISO 9241-10:1996）	使用视觉显示终端 (VDTs)办公的人类工效学要求 第10部分:对话原则	12
ISO 9241-11:2018（取代了原 ISO 9241-11:1998 标准）	Ergonomics of human-system interaction Part 11: Usability: Definitions and concepts	22	GB/T 18978.11-2023（全部替代原 GB/T 18978.11-2004 版本）	人—系统交互工效学 第11部分：可用性：定义和概念	32
ISO 9241-125:2017（取代了原 ISO 9241-12:1998 标准）	Ergonomics of human-system interaction Part 125: Guidance on visual presentation of information	40	没有对应国家标准		
ISO 9241-13:1998（将会被 ISO/AWI 9241-130 取代，新版本审查中）	Ergonomic requirements for office work with visual display terminals (VDTs) Part 13: User guidance	32	没有对应国家标准		
ISO 9241-14:1997	Ergonomic requirements for office work with visual display terminals (VDTs) Part 14: Menu dialogues	57	没有对应国家标准		
ISO 9241-15:1997（已撤销）	Ergonomic requirements for office work with visual display terminals (VDTs) Part 15: Command dialogues	29	没有对应国家标准		
ISO 9241-16:1999（已撤销）	Ergonomic requirements for office work with visual display terminals (VDTs) Part 16: Direct manipulation dialogues	32	没有对应国家标准		

ISO 国际标准			对应的国家标准（翻译ISO国际标准）		
ISO 国际标准号	标准名字	页数	国家标准号	标准名字	页数
ISO 9241–143:2012（取代了原ISO 9241–17:1998标准）	Ergonomics of human–system interaction Part 143: Forms	95	没有对应国家标准		
ISO 9241–20:2021（取代了原ISO 9241–20:2008标准）	Ergonomics of human–system interaction Part 20: An ergonomic approach to accessibility within the ISO 9241 series	19	没有对应国家标准		
ISO 9241–110：2020	Ergonomics of human–system interation Part 110：Interation principles	32	没有对应国家标准		
ISO/DIS 9241–112（取代了原ISO 9241–112：2017标准）	Ergonomics of human–system interaction Part 112: Principles for the presentation of information	21	没有对应国家标准		
ISO 9241–125：2017	Ergonomics of human–system interation Part 125:Guidance on visual presentation of information	40	没有对应国家标准		
ISO 9241–143:2012	Ergonomics of human–system interation Part 143:Forms	95	没有对应国家标准		
ISO 9241–151:2008（已撤销）	Ergonomics of human–system interaction Part 151: Guidance on World Wide Web user interfaces	49	没有对应国家标准		
ISO 9241–154:2013	Ergonomics of human–system interation Part 154：Interactive voice response (IVR) applications	35	没有对应国家标准		
ISO 9241–161:2016	Ergonomics of human–system interation Part 161：Guidance on visual user–interface elements	69	没有对应国家标准		
ISO 9241–210:2019	Ergonomics of human–system interation Part 210 Human–centred design for interactive system	33	没有对应国家标准		

ISO国际标准			对应的国家标准（翻译ISO国际标准）		
ISO国际标准号	标准名字	页数	国家标准号	标准名字	页数
ISO 9241–220:2019	Ergonomics of human–system interaction Part 220：Processes for enabling,executing and assessing human–centred design within organizations	90	没有对应国家标准		
ISO 9241–400:2007	Ergonomics of human–system interaction Part 400: Principles and requirements for physical input devices	35	没有对应国家标准		
ISO 9241–410:2008	Ergonomics of human–system interaction Part 410: Design criteria for physical input devices	100	没有对应国家标准		
ISO 9241–171:2008（取代了原ISO/TS 16071:2003标准，将会被ISO/CD 9241–171取代，新标准修订中）	Ergonomics of human–system interaction Part 171: Guidance on software accessibility	88	没有对应国家标准		
ISO/IEC 25010:2011（取代了原ISO/IEC 9126–1:2001标准，该标准将会被ISO/IEC PRF 25002丨ISO/IEC 25010:2023丨ISO/IEC 25019:2023取代，新标准修订中）	Systems and software engineering Systems and software Quality Requirements and Evaluation (SQuaRE) System and software quality models	25	GB/T 25000.10–2016（全部代替原GB/T 16260.1–2006版本）	系统与软件工程 系统与软件质量要求和评价（SQuaRE）第10部分：系统与软件质量模型	36
ISO/IEC 25010:2011（取代了原ISO/IEC 9126–1:2001版本）	Systems and software engineering Systems and software Quality Requirements and Evaluation (SQuaRE) System and software quality models	34	GB/T 25000.10–2016（全部代替原GB/T 16260.1–2006版本）	系统与软件工程 系统与软件质量要求和评价（SQuaRE）第10部分：系统与软件质量模型	24

ISO 国际标准			对应的国家标准（翻译 ISO 国际标准）		
ISO 国际标准号	标准名字	页数	国家标准号	标准名字	页数
ISO/IEC 25023:2016（取代了原 ISO/IEC TR 9126-2:2003 版本）	Systems and software engineering Systems and software Quality Requirements and Evaluation (SQuaRE) Measurement of system and software product quality	45	GB/T 25000.23-2019（全部代替原 GB/T 16260.2-2006 及 GB/T 16260.3-2006 两个标准）	系统与软件工程 系统与软件质量要求和评价（SQuaRE）第 23 部分：系统与软件产品质量测量	28
ISO/IEC 25022:2016（取代了原 ISO/IEC TR 9126-4:2004 版本）	Systems and software engineering Systems and software quality requirements and evaluation (SQuaRE) Measurement of quality in use	41	GB/T 25000.22-2019（全部代替原 GB/T 16260.4-2006 版本）	系统与软件工程 系统与软件质量要求和评价（SQuaRE）第 22 部分：使用质量测量	36
IEC 62366-1:2015（取代了原 IEC 62366:2007 版本）	Medical devices Part 1: Application of usability engineering to medical devices	96	没有对应国家标准		
ISO/IEC 14598-1:1999（已有新版本：ISO/IEC DIS 25040）	Information technology -- Software product evaluation Part 1: General overview	19	GB/T 25000.40-2018（全部代替原 GB/T 18905.1-2002 版本）	系统与软件工程 系统与软件质量要求和评价（SQuaRE）第 40 部分：评价过程	36
ISO/IEC 25041:2012（取代了原 ISO/IEC 14598-3:2000 版本）	Systems and software engineering Systems and software Quality Requirements and Evaluation (SQuaRE) Evaluation guide for developers, acquirers and independent evaluators	52	GB/T 25000.41-2018（全部代替原 GB/T 18905.3-2002，GB/T 18905.4-2002 及 GB/T 18905.5-2002 版本）	系统与软件工程 系统与软件质量要求和评价（SQuaRE）第 41 部分：开发方、需方和独立评价方评价指南	36
ISO/IEC TS 33030:2017（取代了原 ISO/IEC 15504-3:2004 版本）	Information technology Process assessment An exemplar documented assessment process	33	没有对应国家标准		
ISO 9241-220:2019（取代了原 ISO/TR 18529:2000 版本）	Ergonomics of human-system interaction Part 220: Processes for enabling, executing and assessing human-centred design within organizations	90	没有对应国家标准		

ISO国际标准			对应的国家标准（翻译ISO国际标准）		
ISO国际标准号	标准名字	页数	国家标准号	标准名字	页数
ISO 20282–1:2006	Ease of operation of everyday products Part 1: Design requirements for context of use and user characteristics	27	没有对应国家标准		
ISO/TS 20282–2:2013（取代了原ISO/TS 20282–2:2006标准）	Usability of consumer products and products for public use Part 2: Summative test method	50	GB/T 32261.2–2015	消费类产品和公用类产品的可用性 第2部分：总结性测试方法	48
ISO/IEC 29139–1:2009	Information technology Conformance testing methodology for biometric data interchange formats defined in ISO/IEC 19794 Part 1: Generalized conformance testing methodology	26	没有对应国家标准		
Web Content Accessibility Guidelines (WCAG) 2.1（已取代原WCAG 1.0版本）	Web Content Accessibility Guidelines (WCAG) 2.1	—	没有对应国家标准		

致　谢

本书能够顺利出版，离不开广大同事、朋友的支持，是他们的鼓励和反馈，让我们更有动力来分享自己的所做、所思、所感。

撰写过程中，本书入选"十四五"普通高等教育部委级规划教材、同济大学"十四五"规划教材，并得到同济大学研究生教材出版基金、深圳市协同创新专项国际科技合作项目【智能汽车人机合作思维与设计（GJHZ20220913142401002）】的资助。

感谢同济大学艺术与传媒学院用户体验实验室/汽车交互设计实验室的历届学生，本书中涉及的很多案例研究都出自他们的研究实践和研究论文。特别感谢实验室2020级研究生闫旭同学，她协助更新了本书的整体框架，并重点整理了第五、七、九、十章的文字内容，她的工作对于整本书稿的成型至关重要。

感谢陈慧妍、郭阿丽、崔巍、王宇辰等同事，他们对本书第八、九章的内容提出了宝贵的意见与反馈，并对本书的出版工作提供了大力的支持。感谢中国纺织出版社有限公司艺术与科学图书分社的编辑，从选题策划和申报阶段就给予了很大的认可，并在编写过程中不断地给予我们帮助和鼓励。

希望本书能对在智能汽车、互联网及相关产品行业从业者的工作带来一定的参考和启发，也希望与各位读者共勉，一同探索汽车交互设计的新未来。

著者

2024年7月